栗谷集

율곡집

이이 지음
김태완 옮김

한국고전번역원

한국고전선집을 펴내며

근대화, 산업화를 거치면서 멀어졌던 우리 고전이 근래에 들어 새롭게 독자들의 관심을 끌고 있습니다. 더 이상 우리의 것이기에 알아야 한다고, 우리 고전이기에 읽어야 한다고 강변하지 않아도 될 만큼 인식이 많이 변하였습니다.

그러나 우리 고전에 다가서기는 여전히 어렵습니다. 일단 지금은 쓰지 않는 한문이라는 장벽이 앞을 가로막습니다. 망망대해와 같은 방대한 양도 독자들의 선택을 방해하고 주눅이 들게 합니다.

선집은 그러한 장벽을 넘기 위한 사다리입니다. 광활한 바다에서 배를 인도해 줄 등대와 나침반이기도 합니다. 한 점의 고기만 먹어 보아도 그 솥 전체의 음식 맛이 어떤지를 알 수 있다는 말처럼, 잘 만들어진 번역 선집은 그 저자와 작품을 이해하는 훌륭한 길라잡이가 될 것입니다.

'한국고전선집' 시리즈는 저자의 방대한 저작 가운데 역사적, 현대적으로 의의가 있는 작품을 골라 그 인물의 삶과 사유의 흐름을 따라가며 엮은 평전 성격의 선집입니다. 학계의 연구 성과를 반영한 상세한 해설과 정확한 번역, 전문 감수를 거친 신뢰도 높은 판본으로서 청소년부터 일반 교양인에 이르기까지 누구나 쉽게 읽을 수 있습니다. 또한 사상, 철학, 문학, 과학, 역사 등 서종을 폭넓게 아우름으로써 독자들의 인성 함양과 통합적인 사고 형성에 기여하는 바가 클 것입니다.

한국고전번역원은 전신인 민족문화추진회 이래로 지난 수십 년 동안 한문으로 쓰인 수많은 우리 고전을 정리, 번역해 왔습니다. 학계는 물론이고 일반인에게도 많은 도움이 되었다는 것은 자타가 공인하고 있습니다. 한국고전번역원이 번역한 조선왕조실록이 한류의 원천이 된 드라마, 영화 등에 다양한 상상력을 제공한 것은 널리 알려진 사례입니다.

한국고전번역원이 기획하여 펴내는 '한국고전선집'에는 이런 경험과 전문성이 오롯이 담겨 있습니다. 오랜 경력을 지닌 국내 최고 수준의 전문가들이 선집 번역의 품질을 관리하여 가장 정확하고 유익한 책을 만들 것입니다.

고전은 언제나 우리 곁에 있었습니다. 먼지를 뒤집어쓰지도 않았고, 서고 속에 갇혀 있지도 않았습니다. 아무리 밝고 아름다운 달도 고개를 들어 쳐다보지 않으면 그 존재를 알 수 없듯이, 우리가 돌아보지 않았을 뿐입니다. 이 선집 시리즈가 여러분이 고전으로 돌린 시선을 계속 사로잡을 수 있으면 좋겠습니다.

한국고전선집 기획위원

| 차례 |

제2장

길을 찾아 나선 길

제3장

시대의 물음에 답하여

제4장

우국충정을 남기고

이이는 누구인가

어머니의 교육으로 영재를 꽃피우다

율곡栗谷 이이李珥는 1536년중종 31 외가인 강원도 강릉 북평 마을에서 태어났다. 어려서부터 영특한 자질을 보여 말을 배우면서 곧 책을 읽을 줄 알았다고 한다. 외할머니가 석류를 보이면서 무엇같이 보이느냐고 묻자 "석류 껍질 속에 붉은 구슬이 부서져 있다.石榴皮裏碎紅珠"고 시구로 대답할 정도였다. 이 시는 스스로 지은 것은 아니지만 언제 어디에서 듣고 보았건 간에 잘 기억하고 있다가 상황에 맞게 적절히 응대한 것이다. 열 살도 되기 전에 시문을 짓고, 어떤 인물의 됨됨이까지 예견하였다는 몇몇 일화는 그의 천재성을 잘 드러내 준다.

누구나 어릴 때는 얼마간 뛰어난 면을 드러내곤 한다. 심지어 영특한 자질이나 특이한 영재성을 보이는 사람도 많다. 그러나 타고난 자질을 잘 계발하여 문화사에 발자취를 남긴 사람은 많지 않다. 사람은 외부로부터 혹독한 도전과 시련을 겪으면서 타고난 잠재적 재능이 정련되거나 치밀하고 체계적인 훈육을 받으면서 재능을 활짝 피워 나간다. 김시습이나 김병

연 김삿갓은 시대라는 용광로가 그들을 정금精金으로 정련하였다면 이이는 탁월한 교육자의 체계적인 훈육을 통해 영재성을 활짝 꽃피웠다고 하겠다. 이이는 바로 지성과 예술적 감성을 겸비한 어머니로부터 정서적으로나 지적으로 자상한 교육을 받고서 타고난 영재를 활짝 꽃피운 대표적인 예라고 하겠다.

어머니 신사임당申師任堂은 한국 어머니의 표본, 또는 한국인의 어머니상이라고 한다. 이 말은 진부하기도 하고 때로는 전근대 가부장 문화의 낡은 가치를 재현하는 부정적 이미지를 지닌 말로 취급되기도 한다. 하지만 적어도 자녀들의 학문적·예술적 재능을 이끌어서 저마다 성취하게 하였다는 점에서, 그리고 유년기 자녀의 교육에 어머니의 역할이 절대적이라는 점에서 사임당은 한국인의 어머니상이라는 칭송이 어색하지 않다. 우리가 역사상의 위인을 신격화하지만 않는다면 말이다.

이이는 열세 살1548에 진사시進士試에 합격한 뒤 스물아홉 살에 생원시生員試, 진사시에 급제하고 이어서 명경과明經科에 장원을 하기까지 아홉 번이나 장원을 하였다. 그만큼 이이의 명민함은 빛나는 재능을 발현한 조선 시대의 수많은 학자와 선비를 뛰어넘는 강렬하고도 깊은 인상을 우리에게 준다.

과거 지식인이나 학자의 재능을 볼 수 있는 원천은 그들이 남긴 글이다. 이이가 한창 젊은 시절, 뛰어난 총기와 발랄한

재기가 한껏 드러나던 시기인 스물세 살에 제출한 「천도책天道策」은 당시까지 동아시아 사회가 성취한 자연 과학의 지식을 총망라하고 논리적으로 깔끔하게 정리하여서 중국에까지 알려졌다. 실제로 이 책문策文을 읽어 보면 내용도 내용이지만 문장의 표현과 기법, 언어의 구사라는 측면에서도 논리 정연하고 설득력이 있는 명문이다. 이이의 문집에 실려 있는 상소문, 편지글, 수필 같은 글은 고립어인 한문과 교착어인 한국어조선 중세어 사이의 언어적 간극에도 불구하고 문어체 한문의 언어 구사에 탁월한 감각을 보이고 있다.

이이의 어린 시절을 소개할 때 부모가 위독하자 사당에서 기도를 드리고 손가락을 깨물어 피를 내어 입에 흘려 넣었다거나, 여러 형제, 여러 세대의 식구가 한집에서 함께 화목하게 사는 고사를 그림으로 그려서 붙여 두었다는 이야기가 빠지지 않는다. 사실 옛사람들의 사적 삶에 관한 기록은 흔히 특이한 일화 중심으로 구성되기에 인물을 입체적으로 접근하기 위한 자료로 한계를 지니고 있다. 아무튼 이런 일화는 이이가 지성만 아니라 감성의 측면에서도 다정다감하고 섬세한 심성을 지니고 있었음을 보여 준다. 이런 섬세한 감성을 지닌 이이였기에 자애로운 어머니이며 뛰어난 스승이었던 사임당의 죽음은 열여섯 살 사춘기 소년에게 말로 다할 수 없는 커다란 상실감을 주었다. 사임당을 여읜 이이는 아버지가 살아 계셔서 1년간 상복을 입은 뒤 이듬해에 상복을 벗고서 심상心喪을 더 입었다. 심상이란 실제 상복을 입지는 않지만 일상의 모든 기거와 행동을 상복을 입은 것과 똑같이 하는 일이다.

열여덟 살1553에는 성인식인 관례冠禮를 치르고 열아홉 살에 강원도 금강산에 들어가 불교에 몸을 담는다. 어머니의 죽음, 청년기의 정서적 격변, 관례와 같은 잇따른 신상의 변화 때문에 불교에서 생사의 문제를 추구하였으리라. 그러나 이이는 불교에서도 위안을 찾을 수 없었다. 종교적 초극超克을 통해 인생의 문제를 달관하기에는 너무 젊고 지적이었다. 불교는 세간을 초월할 뿐이지만 유교는 세간을 초월한 본체의 세계를 제시하면서도 본체의 세계를 이 세상 밖에 설정하지 않는다. 이이는 솔개가 하늘에 날아오르고 물고기가 못에서 뛰는 현세에 절대의 세계를 설정한 유교야말로 진정한 실학實學임을 자각하였다. 그리하여 자연과 인간과 삶의 진리를 사바세계가 아닌 다른 곳에서 찾고자 어스름한 저녁에 '동문東門'을 나선 지 1년 남짓 만에 다시 산을 내려와 동문으로 들어온다.

성리학의 쌍벽 이황을 만나다

스무 살에 유년을 보낸 강릉으로 돌아와 「자경문自警文」을 지어 학문으로 일생을 보내겠다는 결의와 자기 완성의 각오를 다진다. 이듬해에 서울 집으로 돌아와 시험을 보아 한성시漢

城試에서 장원하였다. 스물두 살에는 성주 목사 노경린盧慶麟의 딸 노씨와 결혼하였다. 장인은 이이를 사위가 아니라 스승이나 친구처럼 대하고 중요한 일이 있을 때마다 자문하였으며, 임종 때는 자기의 장례에 관해 묻는 사람에게 이이가 있으니 잘 처리할 것이라고 하였다 한다. 이런 사례는 이이가 학식이 풍부하고 판단력이 날카로울 뿐만 아니라 자신을 둘러싼 인간관계를 잘 엮어 갔다는 점을 보여 준다.

스물세 살에는 예안에 들러 이황李滉을 만나 며칠 묵으면서 학문을 토론하였다. 돌아온 뒤에도 편지로 학문을 논하였다. 이황은 이이를 격려하였으며 자기 제자에게 '후생가외後生可畏'라고 한 공자의 말이 거짓이 아님을 확인하였다고 칭찬하였다. 이해 겨울에 이이는 별시別試에서 바로 그 「천도책」으로 장원 급제하였다. 이이가 제출한 대책對策을 본 고관考官들이 "우리가 며칠 걸려 출제한 시험을 이 아무개는 짧은 시간에 이렇게 대책을 냈으니 참으로 천재이다."라고 감탄하였다는 말이 전한다.

스물여섯 살에 부친상을 당하고 스물여덟 살에 상복을 벗었다. 스물아홉 살에 호조 좌랑을 시작으로 마흔아홉 살에 병으로 세상을 떠나기 직전까지 벼슬길에 나아가기와 물러나기를 번갈아 하면서 중요한 내직과 외직을 역임하였다. 이이는 명종 말년에 벼슬을 시작하여 선조 초부터 본격적으로 정치와 학문 분야에서 활약하였다.

서른두 살1567에 명종이 죽고 선조가 즉위하였다. 이듬해 봄에 이이는 이황에게 편지를 보내 세상에 나와서 새로 즉위한 왕을 도우라고 권하였다. 스스로도 소년 왕을 위해 서른네 살에 자기의 정치관을 담은 「동호문답東湖問答」을 올려 국정 현안과 시무時務를 논하여서 경륜이 부족한 왕을 계도하였다.

서른다섯 살에는 이황에게 편지를 보내 출처出處에 관하여 묻고 질문을 덧붙여 이황과 『성학십도聖學十圖』에 관해 토론하였다. 특히 이황은 이이의 지적을 받고 원래 「심학도心學圖」와 「인설도仁說圖」로 되어 있던 차례를 바꾸어 「인설도」와 「심학도」로 정하였다. 젊은 이이는 조선의 최대 학자 이황이 마지막으로 심혈을 기울여 자기가 이해한 성리학의 체계를 그림과 글로 간결하게 표현한 『성학십도』의 체제를 확정하는 데 조언을 할 만큼 성리학에 조예가 탁월하였던 것이다. 그리고 그해 12월, 이황의 부고를 듣고 신위神位를 설치하고 곡을 하였다.

시대의 물음에 답하다

서른아홉 살에는 「만언봉사萬言封事」를 올려 시대적 과제에 적절하게 대처하고, 정치가 실질적 목표를 지향하고, 군주가 군주로서 자질을 닦을 것과 인민을 평안하게 하는 현실적이고 구체적인 방안을 제시하였다.

마흔 살1575에는 유교의 철학과 유교 정치의 이념을 핵심만 간추려서 정리한 『성학집요聖學輯要』를 선조에게 올렸다. 『성학집요』는 유교의 정통 경전과 역사서 중에서 유교 사회의 제왕이 지향해야 할 수기치인修己治人과 내성외왕內聖外王의 정치 이념을 중심으로 간결하고도 체계적으로 정리한 제왕학帝王學 교재라 할 수 있다. 그리하여 조선 후기에는 경연經筵에서 『성학집요』를 자주 진강進講하였다고 한다. 사실 『성학집요』만 꼼꼼히 읽어도 수신제가修身齊家와 치국평천하治國平天下의 유교적 정치 이념과 인격 완성의 얼개를 파악할 수 있다.

이 무렵부터 동서 붕당東西朋黨의 대립이 가시화하여 사림과 관료 사회가 분열하였다. 이에 이이는 동서 붕당의 와중에 나름대로 불편부당不偏不黨한 중립의 자세를 견지하고 갈등을 조정하려고 양시양비론兩是兩非論과 보합조제론保合調劑論을 제시한다. 동인이든 서인이든 저마다 옳은 점도 있고 그른 점도 있으며, 붕당은 사류士類 내의 대립이지 군자와 소인 사이의 대립이 아니므로 사림이 서로 화합하여 분열된 국론을 통일하자고 주장한 것이다. 그러나 동인은 이런 중도적 처신을 서인을 옹호하는 것으로 보았고 결국 이이의 노력은 실패로 돌아갔다.

마흔두 살1577에는 해주 석담으로 돌아가 형제들과 함께 살 계획을 세우고 「동거계사同居戒辭」를 지어서 형제들이 한 집에서 살기 위해 지켜야 할 마음가짐과 규범을 정하였다. 이에 따라 초하루와 보름에 사당에 참배하고 온 식구가 서로 배례拜禮하는 의례를 행하였다. 또한 어린 초학자를 위해 학문과 인격 완성을 위한 뜻을 세우는 데서부터 올바른 습관을 형성하고 몸가짐을 바르게 하고 일상생활에서 부모를 섬기고 장례와 제례를 거행하는 일에 이르기까지 유교 사회의 지식인으로 살아가기 위한 기본 교양을 정리한 『격몽요결擊蒙要訣』을 완성하였다. 아울러 해주 지역의 향촌 자치를 위한 향약鄕約을 결성하고, 사창社倉을 논의하여 세웠다.

마흔세 살에는 주희朱熹를 모시는 사당을 세워 조광조趙光祖와 이황을 배향하려고 계획하였으나 완성을 보지 못하였다. 이이가 보기에 주희는 성리학의 여러 학설을 집대성하여 유학의 진리에 들어가는 길을 보여 주었고, 조광조는 우리나라에 도학道學을 밝히고 유교의 정치 이념을 구현하려고 노력하였으며, 이황은 주희의 학설을 수호하고 실천하며 터득하여 후세의 모범이 되는 이였기 때문이다. 마흔네 살에는 『소학』에 관한 여러 주석을 모아 절충하고 약간이나마 자기 견해를 넣어서 보완하여 『소학집주小學集註』를 완성하였다.

이이는 이렇게 하여 비록 자기 집안에 한정되기는 하였지만 한 집안의 구성원을 두루 지배하는 유교적 의례를 정하여 시행하였다. 아울러 한 지역을 중심으로 한 향촌 자치의 규약을 정하였으며, 사창을 세워서 사회 보장의 재원을 마련하고, 『소학』을 보급하여 유교적 교육 체계를 정립하였다. 이와 같은 이이의 활동은 16세기 조선이 명실상부한 유교 사회로 정착해 가는 과정에서 학자 관료이자 사대부 지식인이 한 역할을 대변한다.

지칠 줄 모르는 개혁 정신

마흔여섯 살에는 조광조와 이황의 문묘 종사文廟從祀를 청원하였고 경제사經濟司 설치를 건의하였다. 조광조와 이황의 문묘 종사는 성리학 이념으로 사회를 재구성하기 위한 정신적 구심점 역할을 하며, 경제사 설치는 현실의 폐단을 개혁하는 정책 추진의 중심 기구를 마련하는 일이었다. 그러나 두 일 모두 실현되지 못하였다.

한편으로는 국정에 참여하면서 보고 듣고 겪은 일을 기록한 『경연일기經筵日記』를 정리하였다. 경연에 관하여 다른 사람들이 남긴 기록과 달리 이이의 『경연일기』는 당시 주요한 정치적 쟁점과 정계의 동향, 정책의 득실, 관료의 인물평을 담은 정치 평론집의 성격을 띠고 있다. 내용은 대부분 사건의 배경과 상황을 상세하고 짜임새 있게 설명하고 있어 사건에 관련된 사람의 행태와 심리까지도 생생하게 느낄 수 있을 정도이다.

마흔일곱 살에는 당시의 폐단을 혁신하고 관료 사회의 기강을 정화하는 방안을 여러 경로로 지적하고 지방의 민폐를 해결하는 방책을 건의하였다. 마흔여덟 살에는 여섯 조항으로 된 시대적 과제를 건의하였다. 그 내용은 유능한 인재를 등용하고 인민의 경제적 역량을 강화하고 국방을 튼튼히 하고 교화를 밝히라는 것이었다. 이이는 개혁 정책을 건의하고 추진하는 과정에서 여러 차례 탄핵을 받아 물러나기도 하였다.

여진족 2만 군사가 함경도 종성을 포위하여 북쪽 변경이 위급한 상황에서 병조 판서로 있으면서 비변사備邊司를 책임지고 군사 업무를 전담하여 해결하였다. 이 과정에서 왕의 재가를 받지 않고 임기응변으로 군마軍馬를 징발하는 대가로 일부 사수射手의 병역 면제를 허가하였다는 것과 왕의 소환을 받고 들어가다 갑자기 현기증이 발작하여 병조에 누워 있었던 일로 탄핵을 받아 병조 판서를 사직하고 파주 율곡으로 돌아갔다.

마흔아홉 살이 되는 해1584 정월, 죽기 이틀 전에 북쪽으로 급파되는 순무사巡撫使 서익徐益을 위하여 방략方略 여섯 조항을 구술하였고, 16일에 서울 대사동에서 세상을 떠나 파주 자운산紫雲山에 묻혔다.

1611년광해군 3에 문집이 간행되었다. 1624년인조 2에 도덕을 갖추었고 견문이 넓으며 인민을 편안하게 하고 정치를 세웠다는 뜻에서 문성文成이라는 시호를 내렸다. 1635년인조 13부터 문묘에 종사하자는 청이 잇따랐으나 학파의 대립과 정치적 역학 관계로 인해 지연되다가 1681년숙종 7에 마침내 문묘에 배향되었다. 그러나 노론과 남인의 정치 투쟁이 격화하면서 문묘에서 축출되었다가 복원되기도 하였다.

유교적 이상사회를 꿈꾸다

이이는 조선을 대표하는 학자이며 관료이다. 조선이 건국되고 두 세기가 되어 가는 시점에서 드러날 대로 드러난 사회의 구조적 모순을 개혁하는 데 일생을 바쳤으며, 새로 즉위한 군주를 유교 이념에 입각하여 교육함으로써 유교적 이상 사회를 건설하려고 노력하였다. 관료 사회에 형성되기 시작한 붕당을 화합하려고 동분서주하고, 지방관으로 나가서는 민생을 안정시키고 해주에서 향약을 시행한 경험을 바탕으로 향촌 사회를 인륜 질서가 지배하는 사회로 조직하려고 애썼다. 수많은 상소와 저술을 통해 현실 사회의 폐단과 모순을 개혁하고 유교적 정치 이념을 제시하여 무너진 국가의 기강을 떨쳐 일으키고 민생을 재건하려고 노력하였다.

이이는 이황과 기대승奇大升의 사단칠정四端七情 논쟁에서 기대승의 '칠정은 사단을 포함한다.'는 학설을 계승하고 수정하여 '기발이승일도설氣發理乘一途說'을 확립하여 조선 성리학의 수준을 높였다. 사단칠정 논쟁이란 착한 본성을 실현하는 감정의 유래를 성리학의 핵심 개념인 이理와 기氣에 어떻게 배속시킬 것인가 하는 논쟁이다. 원래 사단은 맹자가 착한 본성을 구현하는 발단으로 인정한 감정이고, 칠정은 『예기禮記』와 『중용中庸』에서 인간의 감정 전체를 일컬은 개념이다.

그런데 사단은 도덕적으로 착한 감정이고 칠정은 착하건 착하지 않건 간에 인간의 감정 전체를 포괄하는 감정 일반이다. 성리학의 이론에 따라 감정이 본성에서 유래한다고 할 때, 사단과 칠정이 모두 감정이라면 왜 어떤 감정은 주로 도덕을 실현하고 어떤 감정은 도덕과 직접 연관이 없거나 착하기도 하고 악하기도 한가 하는 문제가 생긴다. 그래서 이 문제를 해결하기 위해 이황은 사단을 이에, 칠정을 기에 배속시켰는데 기대승은 이렇게 사단과 칠정을 이와 기에 각각 배속하면 감정의 유래가 둘이 되어서 논리적 문제가 생긴다고 보았다.

이이도 기대승의 관점을 받아들여 사단은 착한 감정만 들어서 말한 것이므로 사단은 감정 일반인 칠정에 포함된다고 하였다. 그리고 나아가 이와 기는 서로 떨어질 수 없으므로 사단이든 칠정이든 모두 기가 발동함에 이가 기를 타고서 나타난다는 기발이승일도설을 확립하였다.

이이의 기발이승일도설은 사단을 이가 발동한 것으로, 칠정을 기가 발동한 것으로 보아 이의 적극적 발동을 인정한 이황의 학설을 비판하고 이는 기처럼 발동할 수 없음을 주장한 이론이지만 그렇다고 이의 역할을 소홀히 하는 것은 아니다. 이는 순수한 이념이며 세계와 인간을 구성하는 궁극 원리이고 인간 수양의 최고 목표이다. 기는 이러한 이를 구체적으로 실현하는 통로이며 수단이다. 그래서 기의 작용을 늘 점검하고 단속하여야 착한 본성이 실현된다.

이이의 기발이승일도설은 현실 정치에 적용되면 선과 악이 교착하고 난무하는 기의 현실에서 순수하게 선한 이념인 이를 실현해야 한다는 정치적 관점으로 나타난다. 이황처럼 사단과 칠정, 이와 기를 대립시키면 이념과 현실을 이분법적으로 보게 된다. 그러나 칠정은 사단을 포함하고 있고, 이는 기를 타고 나타난다는 이이의 학설은 이理를 표현하는 수단인 기氣를, 이념을 실현하는 현실에 바탕을 두고서 순수한 이념을 실현하려고 노력한다는 점에서 이념과 현실의 화해和諧를 지향한다.

이이는 이황과 함께 조선 성리학의 쌍벽雙璧으로서 성리학을 학문적으로 발전시키는 데 공헌하였을 뿐만 아니라 자신의 학문과 이념을 현실 정치에 적용하여 이상 사회를 건설하기 위하여 일생을 바쳤다. 현실의 폐단을 날카롭게 지적하고 실현 가능한 대책을 제시한 상소를 올리고, 경연 석상에서 국왕을 유교적 이념으로 단련시키려 애썼다. 죽기 직전에도 북쪽 지방의 민정을 시찰하러 나가는 지방관에게 방략 여섯 조항을 구술한 일은 그가 얼마나 지식인의 책임 의식과 현실에 대한 우환 의식이 강렬하였는지를 보여 준다.

그가 만년에 이르기까지 출사와 은퇴를 반복한 것은 자신이 펴고자 한 정치 이상이 현실의 벽에 부딪혀 번번이 좌절하면서도 끝까지 유교적 이상 사회를 구현하려는 희망을 놓지 않고 있었음을 알려 준다. 이이는 이론과 실천을 삶에서 구현한 유교적 학자 관료의 전형이다.

제1장

사임당의 보살핌 속에

1-16세 · 율곡 이이가 강릉 외가에서 태어나 어린 시절을 보내고, 서울로 올라와 고향인 파주 율곡리를 오가며 신체적·정신적으로 성장하던 시기이다. 이즈음 이이는 타고난 천재를 바탕으로 탁월한 교육자이기도 한 어머니의 자상한 훈도를 받으며 지성과 예술적 정서를 한껏 꽃피웠다.

화석정
花石亭

숲 속 정자에 가을은 깊어	林亭秋已晩
시인의 상념 끝이 없어라	騷客意無窮
긴 강물은 하늘에 닿아 푸르고	遠水連天碧
서리 맞은 단풍잎은 햇빛 받아 붉네	霜楓向日紅
산은 외로운 달을 토하고	山吐孤輪月
강은 만 리 바람을 머금었다	江含萬里風
변방 기러기 어디로 가나	塞鴻何處去
저녁 구름 속으로 울음소리 사라지네	聲斷暮雲中

화석정은 경기도 파주 율곡리 이이의 고향 임진강 가에 있는 정자이다. 이이의 5대조가 지었다고 한다. 임진왜란 때 불에 타 없어졌다가 1673년 현종 14 에 다시 지었다.

이이는 여덟 살 때인 1543년 중종 38 에 이 정자에서 느낀 늦가을의 정취를 읊었다. 자연 경물에 대한 묘사와 주관적 정감을 솜씨 있게 녹여내어 여덟 살 소년이 지은 시라고 하기에는 대단히 원숙하다. 사용한 시어는 가을을 묘사하기에 넘치지도 모자라지도 않는다. 마지막 행의 변방 기러기 울음소리에 상념을 실어 보내는 기법은 애상을 띠면서도 그 기상이 원대하다.

시인이 서 있는 정자에서 눈앞에 있는 강물과 단풍잎, 눈을 드니 바라보이는 먼 산과 산의 발치를 따라 길게 흐르는 강, 기러기 날아가는 저녁 하늘로 시상詩想과 시상視相의 공간 이동이 짜임새 있다. 또한 하늘을 되비추는 강물이 푸르게 보이고, 햇빛에 반짝이는 단풍잎이 붉게 보이는 짧은 가을날의 오후에서 어느덧 산 위로 둥 두렷이 달이 뜨고 어둑한 구름 속으로 기러기 날아가는 저녁나절까지 시간의 전개도 시상을 따라 자유롭다.

돌아가신 어머님 행장
先妣行狀

어머님慈堂의 이름은 아무개로 진사進士 신 공申公의 둘째 따님이시다. 어렸을 때 경전經傳에 통달하였고 글을 잘 지었으며 글씨도 잘 쓰셨다. 또 바느질에 뛰어나고 수놓기도 정교하셨다. 게다가 타고난 자질은 온화하고 우아하였으며 지조는 곧고 깨끗하셨다. 몸가짐의 절도는 의젓하고 고요하였으며 일처리는 안정되고 자상하셨다. 말을 적게 하고 행실을 삼갔으며 스스로 겸손하셨다. 이 때문에 외할아버지께서 사랑하고 중히 여기셨다. 성품이 매우 효성스러워서 부모가 편찮으면 반드시 근심스런 얼굴빛을 띠었고 병이 나은 뒤에야 펴지셨다.

아버님에게 시집을 오시게 되었는데 외할아버지께서 아버님에게 이렇게 말씀하셨다.

"나는 딸이 많다네. 다른 딸이 집을 떠나 시집가더라도 내 서운하지 않더니, 자네 처는 내 곁을 떠나보내고 싶지 않구먼."

혼인을 치르고 오래지 않아 외할아버지께서 돌아가셔서 상을 마친 뒤 한성漢城, 서울에서 신부의 예로 시어머니 홍씨洪

氏를 뵈었는데, 몸을 함부로 움직이지 않고 말을 함부로 하지 않으셨다. 하루는 겨레붙이가 모여서 잔치를 하여 여자 손님들이 모두 웃고 떠드는데 어머님만 그 가운데 말없이 계셨다. 할머니께서 손가락으로 가리키며 "새아기는 왜 말이 없느냐?" 고 하시자 무릎을 꿇고는 "여자는 문밖을 나가지 않아 아무런 소견이 없으니 무슨 말씀을 하겠습니까."라고 하셨다. 온 좌중이 부끄러워하였다.

뒷날 어머님께서 임영臨瀛, 강릉으로 근친覲親하러 갔다가 돌아올 때 친정어머니와 울면서 작별을 하였다. 돌아오는 길에 대관령 중턱에 이르자 북평北坪을 바라보며 어머니에 대한 걱정을 견딜 수 없어 가마를 멈추고 한참 동안 처연히 눈물을 흘리다가 시를 지으셨다.

늙으신 어머님은 임영에 계시는데	慈親鶴髮在臨瀛
나 홀로 서울로 떠나는 심정	身向長安獨去情
고개 돌려 북촌을 바라보니	回首北邨時一望
흰 구름*이 저문 산을 날아 내리네	白雲飛下暮山靑

* 당의 적인걸狄仁傑이 병주幷州에 부임하였을 때 태항산太行山에 올라 남쪽을 바라보니 흰 구름이 한 점 떠 있었다. 주위에 거느린 사람들에게 "우리 부모님 계신 곳이 저 구름 아래이다.吾親所居, 在此雲下"라고 말하고 한참 우두커니 서서 바라보다가 걸음을 옮겼다. 여기서 유래하여 흰 구름은 부모님을 그리워하는 마음을 나타내는 뜻으로 쓰인다. 『구당서』「적인걸전狄仁傑傳」.

한성 수진방에서 살았는데 이때 신축년 1541 이다. 할머니께서 연로하여 가사를 돌보지 못하셨기 때문에 어머님이 맏며느리 역할을 맡아하셨다. 아버님은 성품이 소탈하여 가산을 경영하지 않으셔서 살림살이가 적잖이 어려웠다. 어머님이 씀씀이를 절약하여 어른을 봉양하고 아랫사람을 길렀는데 모든 일을 마음대로 한 것이 없고 반드시 시어머니께 미리 말씀 드리셨다. 할머니 앞에서는 아랫사람들을 꾸짖은 적이 없으며 말은 반드시 따뜻하게 하고 얼굴은 반드시 온화한 모습을 하셨다. 아버님께서 뜻하지 않게 실수를 하시면 반드시 바른말로 충고하고 자녀가 잘못을 저지르면 훈계하셨다. 부리는 사람이 죄를 지으면 꾸짖으셔서 노비가 모두 공경히 받들고 진심으로 좋아하였다.

어머님은 늘 고향 임영을 그리워하여 한밤중에 인기척 없이 고요할 때는 반드시 흐느껴 울었고 새벽이 되도록 잠을 이루지 못하기도 하셨다. 하루는 인척姻戚 어른 심 공沈公의 시녀가 와서 고琴를 뜯었는데, 어머님은 고 소리를 듣고 눈물을 흘리며 "고 소리가 그리움을 품은 사람을 느껍게 한다."라고 하셨다. 온 좌중은 마음이 짠하였으나 아무도 그 뜻을 깨닫지 못하였다. 또 어버이를 생각하는 시를 지으신 적이 있는데 "밤마다 달을 보고 비네, 생전에 뵐 수 있기를夜夜祈向月, 願得見生前"이라는 구절이 있었다. 대체로 그 효심은 천성에서 나온 것이었다.

어머님은 1504년 연산군 10 겨울 10월 29일에 임영에서 태어나 1522년 중종 17 에 아버님에게 시집을 오셨으며 1524년에 한성으로 오셨다. 그 뒤 임영으로 돌아가 계시기도 하고 봉평蓬坪에서 살기도 하다가 1541년 중종 36 에 한성으로 돌아오셨다. 1550년 명종 5 여름에 아버님이 수운 판관水運判官에 임명되어 1551년 봄에 삼청동 집으로 이사하였다.

이해 여름에 아버님이 조운漕運에 관한 일로 관서關西 지방에 가셨는데 아들 이선李璿, 이이의 맏형과 내가 모시고 갔다. 이때 어머님께서 수점水店으로 편지를 보낼 적에 꼭 흐느껴 울며 쓰셨는데 사람들은 아무도 그 뜻을 몰랐다. 5월에 조운이 끝나 아버님이 배를 타고 서울로 향하였는데, 도착하기 전에 어머님의 병환이 심해졌다. 겨우 이삼일 지났을 때 자식들에게 "내가 일어나지 못하겠다."라고 하셨다. 한밤중에 평소와 같이 편히 주무시므로 자식들은 병환이 나은 줄로 생각하였는데 17일 새벽에 갑자기 돌아가셨다. 향년享年이 마흔여덟 살이셨다. 그날 아버님이 서강西江, 마포나루에서 양화나루까지의 한강에 이르렀는데 나도 함께 모시고 왔다. 행장行裝에 넣어 둔 놋그릇이 모두 벌겋게 되어서 사람들이 모두 괴이하게 여겼다. 조금 뒤 돌아가셨다는 기별을 들었다.

어머님은 평소 그림솜씨가 아주 비상하셨다. 일곱 살 때부터 안견安堅의 그림을 따라 그렸고 마침내 산수화를 그리셨는데 극히 절묘하였다. 또 포도를 그리셨는데 세상에 흉내를 낼 수 있는 사람이 없었다. 그 그림을 베껴 그린 병풍과 족자가 세상에 많이 전해지고 있다.

어머니 신사임당이 돌아가신 뒤 이이가 어머니의 일생 행적 가운데 인상 깊은 것을 모아서 엮은 짤막한 전기이다. 열여섯 살 때인 1551년명종 6에 지었다. 이 행장에서 이이는 특별한 일화를 중심으로 사임당의 성품과 재능을 간결하게 서술하였다.

특히 딸만 있던 친정 부모에 대한 사임당의 깊은 그리움과 애달픔을 나타내는 일화가 두드러진다. 이를 통해 이이 또한 유년기를 보낸 외갓집과 외조부모에 대한 그리움을 회고하는 것으로 보인다. 외가와 대조되는 본가 할머니와 아버지의 범속함 때문에 겪은 사임당의 마음고생을 행간에서 읽을 수 있다.

제 2 장

길을 찾아 나선 길

17–29세 · 어머니를 여읜 상실감과 사춘기의 정신적 방황, 빼어난 지성에서 연유한 지적 호기심과 진리 탐구의 열정에 따라 금강산으로 들어가 불교의 가르침을 접한다. 어려서부터 체득한 유교 정신과 갈등을 겪으면서 결국 유교의 실학성實學性을 깨닫고 세상으로 돌아와 퇴계 이황의 격려를 받으며 유학의 진리 탐구에 매진한다. 한편으로 입신을 위한 과거 공부와 인격 완성이라는 유학 본연의 목표 사이에서 딜레마를 겪기도 한다.

최입지에게
與崔立之

천하의 선비에는 재능이 있는 사람도 있고 재능이 없는 사람도 있어 문화가 그 때문에 성하고 쇠하며, 천하의 사람에는 현능한 사람도 있고 현능하지 못한 사람도 있어 도가 그 때문에 통하고 막힙니다. 천하의 현능하고 재능 있는 사람이 때를 만나기도 하고 때를 만나지 못하기도 하여 시대가 그 때문에 막히기도 하고 통하기도 합니다. 재능이 있음과 재능이 없음, 현능함과 현능하지 않음은 사람에게 달려 있고 때를 만남과 만나지 못함은 하늘에 달려 있으니, 나는 마땅히 사람에게 달려 있는 것을 힘쓸 뿐 하늘에 달려 있는 것을 어찌 아랑곳하겠습니까.

우리 무리의 사람으로서 누가 이 말을 외지 않겠습니까. 그대는 불세출不世出의 재능을 타고났고 또 우리 도斯道에 뜻을 두었으니 이는 참으로 고금을 통해 드문 일입니다. 재능이란 그 자체가 도는 아니지만 재능이 없는 사람은 도를 배우기 어렵고, 현능함은 도의 목표는 아니지만 현능하지 않은 사람은 도를 행하기 어렵습니다. 재능은 본래 힘쓰지 않아도 저절로 통달한 사람이 있지만, 현능함은 힘쓰지 않고 저절로 터득하는 사람이 없습니다.

그대는 겨우 머리에 피가 말랐을 무렵부터 동방에 문장의 탁월한 재능을 보였으니 재능이 저절로 통달하였음은 내가 본래 들었습니다. 그러나 모르겠습니다만 바야흐로 현능함에도 힘쓰고 있으신지요? 현능함에 힘쓰지 않으나 저절로 현능해질 수 있으신지요? 이는 내가 알 수 없는 바입니다.

나는 족하足下와 교분이 얕은데 교제가 얕으면서 문경지우刎頸之友로 자처하여 겉껍데기를 벗겨 버리고 속에 있는 중요한 말을 털어 놓는다면 참으로 지기知己의 사람이 아닌 한 비웃지 않을 사람이 없을 것입니다. 비웃기만 할 뿐이겠습니까. 내가 미쳤다, 미혹되었다 할 터인데 그대는 나를 알고 있습니까, 알고 있지 못합니까? 옛말에 추양이 "명월주明月珠와 야광벽夜光璧도 어두운 밤에 길거리에서 갑자기 사람에게 던지면 칼자루에 손을 대고 서로 흘겨보지 않을 사람이 아무도 없는 것은 어째서인가? 까닭도 없이 앞에 닥치기 때문이다."* 라고

* 추양鄒陽은 제나라 사람이다. 전한 문제 때 군국郡國의 하나인 오吳나라 왕 유비劉濞의 문객이 되어 문장과 변론으로 세상에 유명해졌다. 오나라 왕이 반란을 도모하자 중지하라고 간하였으나 듣지 않아서 양梁나라로 가 경제의 아우인 효왕孝王의 문객이 되었다. 나중에 모함에 걸려 옥에 갇혀 죽게 되자 해명하는 글을 올려 풀려나 상객이 되었다. 이 말은 추양이 효왕에게 올린 글에 나오는 말이다. 아무리 탁월한 재능을 지니고 있어도 중간에서 미리 주선을 해주는 자가 없이 곧바로 자기를 드러내면 군주의 인정을 받을 수 없다는 뜻이다. 『사기』「추양전鄒陽傳」.

하였습니다. 내가 한마디 하고자 하는데, 그대가 칼자루에 손을 대지 않을지 모르겠습니다. 비록 그러하나 진정은 속에서 일어나 밖으로 나타나니 내 이 말을 그만둘 수 있겠습니까.

나는 더벅머리 아이 적부터 배움에 뜻을 두었으나 배우는 방법을 몰라서 노성한 유학자 선생을 찾아가 배움을 구하였습니다. 노성한 유학자가 권면하는 것은 과거를 준비하는 공부에 지나지 않았고, 구차하게 세상에 부합되기를 힘쓰는 것이었습니다. 어리고 어리석어 식견이 없어서 마침내 그 일을 향해 달려가서 5, 6년 동안이나 세속이 추구하는 일에 골몰하여 문장 격식을 익히기에 바빴습니다.

성리性理의 학문은 다시 밟아 가지 않았고 과거를 위한 공부는 오히려 무르익지 못하였는데 마침 모친상을 당하여 상복을 입은 몸으로 책을 잡지 못하였습니다. 다만 옛사람의 글을 취해 해학과 과장이 섞인 읽을거리를 때로 넘겨보며 무료함을 달랠 뿐이었습니다. 글을 쓰는 일도 접어 버리고 접하지 않은 채 홀연 3년을 보냈는데 하루아침에 분발해서 가슴속을 돌아보니 텅 비어서 아무것도 없었습니다. 그래서 가만히 스스로 탄식하였습니다.

'사람이 재능이 있고 재능이 없음은 배우고 배우지 않음에 달려 있고, 사람이 현능하고 현능하지 않음은 행하고 행하지 않음에 달려 있다. 나는 본래 자질이 잡박하고 학문과 행실의 바탕도 없다. 지난날에 한 공부는 과거에 매달리는 데 지나지 않았을 뿐이다. 과거 공부에 매달리는 것이 어찌 학문과 행실을 부지런히 닦음만 하겠는가. 장부가 배우지 않는다면 그만이지만 배운다면 마땅히 옛 성현이 덕을 완성한 것을 목표로 삼아야지 어찌 금을 그어 놓고 물러서겠으며* 한 삼태기를 덜 부어서 그동안의 공을 허물어뜨리고* 말겠는가. 그러나 스승의 가르침이 없으면 스스로 통달하고 스스로 터득하기 어렵다. 비록 성인이라도 스승을 좇아 배우는데 하물며 보통 사람이겠는가.'

오늘날 세상에 가르침을 줄 스승은 누구입니까? 공자의 말을 외고 공자의 옷을 입은 사람은 모두 명예와 이익을 추구하고 당대에 재능을 자랑하여 팔리기를 구하니 내가 마땅히 스승으로 삼을 바가 아닙니다. 공경대인公卿大人으로서 비록 도를 아는 자가 있더라도 문호門戶가 깊고 높아서 학생小子이 스스로 나아갈 수 있는 바가 아닙니다. 만일 혹 스스로 나아가면 반드시 자기를 팔려고 한다는 평판을 듣습니다. 그러므

* 공자의 제자 염구冉求가 "선생님의 도를 좋아하지 않는 것은 아니나 힘이 부족합니다."라고 하자 공자가 "힘이 부족한 사람은 가다가 중간에 그만둔다. 너는 미리 금을 긋는구나."라고 한 데서 따온 말이다. 미리 지레 짐작하고 자포자기한다는 뜻이다. 『논어』「옹야雍也」.
* "아홉 길 되는 산을 쌓는데 마지막 한 삼태기 흙을 갖다 붓지 않아 이전의 공적이 모두 허물어진다."는 말에서 따왔다. 『서경』「주서周書·여오旅獒」.

로 공경대인은 내가 감히 스승으로 삼을 바가 아닙니다. 가르침을 줄 스승을 얻을 수 없다면 어찌 나를 도울 벗을 구하지 않겠습니까. 이에 재능 있고 현능한 이를 얻어서 벗을 삼고자 하는 것입니다.

내가 이 뜻을 품은 지 오래입니다. 상복을 벗고 서울에 올라와서 비로소 선비들士林 가운데 최입지崔立之, 최립라는 사람이 있는데, 사람됨은 총명하고 특출하며 학문은 근원이 원대하고 깊으며 문장은 아름답고 전아하다는 말을 들었습니다. 나는 그 명성을 듣고서 그 얼굴을 보고자 하였으나 가만히 스스로 생각하였습니다.

'선비가 서로 만나는 것은 여자가 남편을 따르는 것과 같아서 보기를 원하는 마음이 있어도 스스로 찾아가는 예는 없다. 스스로 찾아가면 바로 예를 잃어서 군자에게 비웃음을 받을 것이다.'

그래서 생각만 하고 표현하지 못한 지 여러 날이 되었습니다. 뜻하지 않게 그대가 김광전金光前을 통해 우리 집에 찾아와서 여러 달 쌓이고 맺힌 뜻을 한번 만나 비로소 풀었으니 참으로 다행스럽습니다.

나는 처음 그대의 이름을 듣고서 그대는 반드시 걸출한 사람이리라 생각하였으나 만나 보았더니 풍모와 도량이 없는 소년이었습니다. 또한 '옛사람은 소문을 듣는 것이 얼굴을 보는 것만 못하다고 하였다.'는 생각을 하였습니다. 옛날 호걸스러운 선비로서 공경할 만한 풍모와 도량을 갖지 않은 이가 없었는데 과연 이 소년이 한 나라의 중한 명망을 짊어질 수 있겠는가, 하고 속으로 적잖이 의문이 들었습니다.

그 뒤 그대가 지은 「차이소경次離騷經」 시와 서계書啓를 본 뒤 비로소 호걸스런 선비는 용모를 가지고 얻을 수 없음을 알았습니다. 사람을 얻으려면 외부에서 찾지 말고 내면에서 찾아야 하며, 사람을 알아보려면 외모를 보지 말고 내면을 보아야 함을 알았습니다. 내 이 말도 내면의 말이지 외부의 말이 아닙니다. 그대 또한 나의 외모를 버리고 나의 내면을 찾으십시오. 그대가 만일 내 말을 취하려 한다면 나는 내가 내면에 쌓은 것을 다 말하려 합니다.

저 주周 말기에 천하가 크게 혼란하였는데 도道를 지닌 이는 공자 한 사람이었습니다. 공자는 과거의 성인을 잇고 미래의 학자를 열어 주었으니 그 공이 요순堯舜보다 뛰어납니다. 가령 제후에게 유세하는 사람들이 모두 공자와 같았더라면 공자는 수수洙水, 사수泗水* 사이의 예를 아는 한 사람에 지나지 않았을 뿐일 터이니 어찌 천년 뒤 사람들이 공자를 우러

* 춘추 시대 노魯나라의 수도였던 산동성山東省 곡부曲阜를 흐르는 하천의 이름. 공자가 이 두 하천 사이에서 제자를 가르쳤다. 그래서 수사洙泗는 유가를 가리키는 말이 되었다.

러 사모하게 되었겠습니까.

주가 망하려 할 무렵 천하가 사술詐術과 무력으로 쏠렸는데 도를 전한 이는 맹자 한 사람이었습니다. 맹자는 인욕人欲을 막고 천리天理를 보존하였으니 그 공이 우禹 임금보다 아래에 있지 않습니다. 가령 제후에게 유세하는 사람들이 모두 맹자와 같았더라면 맹자는 추鄒나라의 논변을 좋아하는 한 사람에* 지나지 않았을 뿐일 터이니 어찌 천 년 뒤 사람들이 맹자를 우러러 사모하게 되었겠습니까.

유학이 여덟 왕조* 동안 떨치지 못할 때 당唐에 한유韓愈라는 사람이 있어서 거짓과 정도를 밝혀서 도를 보위하였습니다. 참으로 당의 모든 사람이 다 한유와 같은 주장을 했더라면 후세 사람 가운데 한유가 있었음을 누가 알겠습니까.

오계五季*에 이단의 무리가 일어났을 때 송宋에 정자程子, 주자朱子 같은 사람이 있어서 성리를 궁구하여 도를 알았습니

* 맹자는 전국 시대 중기에 노魯나라의 후견을 받는 추鄒라는 작은 나라 출신의 사상가이다. 그는 백가쟁명百家爭鳴하는 전국 시대에 여러 학설이 투쟁을 할 때 공자의 도를 지키고 왕도 정치의 이념을 설파하는 것을 임무로 삼고 학술 논쟁의 한복판에 뛰어들었다. 그래서 논변을 좋아한다는 평판을 들었다.

* 여덟 왕조는 후한·위魏·진晉, 남조의 송宋·제齊·양梁·진陳, 수隋이다. 한유는 당대唐代까지 유행한, 기교와 형식을 중시하는 변려체騈儷體 문장을 버리고 진秦·한漢 이전의 순정한 고문체古文體를 쓰자는 고문 운동을 일으켰다. 한유가 추구한 고문 운동은 고문을 그대로 쓰자는 것이 아니라 공자, 맹자의 인의도덕仁義道德을 지키고 사악한 학설을 막으려는 운동이었다.

* 오계는 당 말에서 송 건국까지 약 50여 년 동안 차례로 일어났다 망한 후량後梁·후당後唐·후진後晉·후한後漢·후주後周의 다섯 왕조를 말한다. 오대五代라고도 한다.

다. 참으로 송의 모든 사람이 다 정자, 주자와 같은 학문을 하였더라면 후세 사람 가운데 정자, 주자가 있었음을 누가 알겠습니까.

그러므로 천하에 현능하고 재능 있는 사람이라도 힘을 쓸 때가 아니면 끝내 공을 세울 수 없는데, 공을 세우는 것은 현능하고 재능 있는 사람의 본래 마음이 아닙니다. 형세가 어쩔 수 없기 때문입니다.

현재 이 세상은 선비의 풍습이 옛날과 같지 않아서 도학道學이 날마다 쇠퇴하는데 만약 재능 있고 현능한 이가 나와서 바로잡아 온 강의 물결을 일으켜서 큰 바다로 흘려 넣듯이 하지 않는다면* 우리 도는 흩어지고 낡은 책에 남아 있는 데 지나지 않을 것입니다. 식견이 있는 사람들이라면 마땅히 비분강개할 일입니다. 지금 세상 사람으로서 어떤 사람이 그대와 재능을 겨룰 수 있을지 알지 못하겠습니다.

그대의 재능은 온 나라를 통틀어 둘도 없는 것이니 그대는 아마도 현능하도록 힘써야 할 것입니다. 그대가 성인의 경전, 현인의 해설에 통달하지 않은 것이 없고 도를 행하는 방법에 대해서도 말로 설명해 주기를 기다리지 않고서 다 깨달았으

* "온 강물을 막아서 동으로 흐르게 하고 거꾸로 흐르는 미친 물결을 되돌렸다.障百川而東之 回狂瀾於旣倒"는 말에서 따왔다. 온 강물이 바다로 흘러들어가듯 학문도 성현의 도학을 지향해야 한다는 뜻이다. 한유, 「진학해進學解」.

니 힘쓰고 힘쓰십시오. 나는 그대를 좇으려 합니다.

도는 강이나 바다와 같아서 들어갈수록 더욱 깊고 또 산악과 같아서 오를수록 더욱 높은데, 그대는 과연 깊고 높은 경지에 이르렀습니까? 혹시라도 아직 그러하지 못하다면 큰 그릇을 성취하지 않은 것이니 다른 날 성취한 뒤에 아마도 현능하고 재능 있는 이의 책임을 맡게 될 것입니다. 어찌 이뿐이겠습니까! 지금 나랏일이 태평하다고 하나 그 가운데 어찌 눈물을 흘리며 한숨지을 만한 일이 없겠습니까. 성주聖主가 겸양으로 현자를 기다린 지 오래인데 현능하고 재능 있는 이가 나와서 보필하여 온 나라 사람을 고무하여 태평한 나라로 만들지 않는다면 우리 임금이 선비를 구하는 두터운 바람에 우러러 보답할 수 없습니다. 그대는 힘쓰십시오. 나는 그대를 좇으려 합니다.

그대 같은 사람은 비록 세상에 쓰이지 않으려 해도 세상이 그대를 버려두지 않을 것입니다. 그렇다면 때를 만남과 만나지 못함도 사람에게 달려 있는 것이지 하늘에 달려 있는 것이 아닙니다. 내가 비록 재능 있는 사람은 아니지만 다행히 그대 뒤를 따라 한 세상에서 활동하여 후세 사람이 최 아무개, 이 아무개가 있었음을 안다면 한평생 할 수 있는 일을 마치게 될 것입니다.

가까운 날에 함께 공부하자는 약속을 다시 속히 도모하십시오. 세월이 빠르게 흐르니 참으로 안타깝습니다. 살펴보시기 바랍니다.

숙헌叔獻, 이이 이 절합니다.

최입지라는 비슷한 연배의 청년 학자에게 주는 글이다. 열아홉 살 때인 1554년 명종 9 에 지었다. 이이는 어릴 때는 주위의 기대와 자기가 성취한 일에 고무되어 과거 공부에도 힘을 쏟은 것으로 보이지만 곧 학문 그 자체에 관심과 열의를 갖고 열심히 공부하여 세상에 크게 쓰이고 유학의 도를 세상에 부흥시키려는 각오를 다진다. 그러기 위해 같은 뜻을 품은 사람을 만나 벗을 삼아 함께 학문과 행실을 닦아 나가려고 하였다.

그리하여 최입지라는 당대 유망한 청년에게 교제를 청하면서 이 편지를 보냈다. 이 편지에서 이이가 청소년기에 겪은 정신적 방황의 흔적을 엿볼 수 있으며, 의연히 분발하여 학문과 행실을 추구하려는 열정과 야망을 읽을 수 있다.

입지는 최립崔岦, 1539~1612 의 자이다. 최립의 본관은 통천通川이고 호는 간이簡易, 동고東皐이다. 시문에 탁월하여 대명 외교 문서 작성에 일인자로 일컬어졌다. 문장으로는 석봉 한호韓濩의 글씨, 차천로車天輅의 시와 함께 송도삼절松都三絶로 불렸다.

동문을 나서며
出東門

누가 하늘과 땅을 열고	乾坤孰開闢
해와 달을 갈고 씻었는가	日月誰磨洗
산과 강 얽혀 있고	山河旣融結
추위와 더위 서로 갈마든다	寒暑更相遞
우리네 사람은 만물 가운데	吾人處萬類
지각이 가장 으뜸이라	知識最爲巨
어찌 조롱박처럼 되어*	胡爲類匏瓜
매달린 채 시름에 빠져 있으랴	戚戚迷處所
온 세상 온 나라 사이를	八荒九州間
유유히 노닒에 막히는 곳 어디랴	優遊何所阻
봄이 온 산 천 리 밖으로	春山千里外
지팡이 짚고 떠나가리니	策杖吾將去
나를 따를 자 그 누구랴	伊誰從我者
어스름 저녁에 괜스레 기다리고 섰노라	薄暮空延佇

* 공자가 "내 어찌 조롱박이겠는가, 어찌 매달려 있기만 하고 먹지도 않는 식물이겠는가!"라고 한 말에서 따왔다. 『논어』「양화陽貨」.

어머니를 잃고 사춘기의 정서적 갈등과 실존적 번뇌, 형이상학적 고민과 대결을 감행하여 이이는 열아홉 나던 해에 금강산으로 들어간다. 이 시는 바로 출가하면서 지은 것으로 보인다.
우주와 천지자연은 인간의 존재와 관련 없이 질서 정연하게 운행한다. 그러나 광대한 시간과 공간 속에 존재하는 만물 가운데 인간만이 빼어난 지각을 가져서 시간과 공간의 주인이 되며, 우주와 자연이 운행하는 의미를 인식한다. 그러므로 인간은 시간과 공간에 한정되지 않고 의식을 우주와 천지자연 사이에 끝없이 확장할 수 있다. 이런 의식의 지평을 확장한다면 정신은 자유롭게 된다.
어스름 저녁에 부질없이 서서 같이 길을 따라나설 자를 기다린다는 마지막 행은 이이가 가려는 길이 결코 평탄한 길이 아님을 암시한다. 실제로 이이가 젊은 시절 한때 겪은 정신적 방황은 그를 두고두고 괴롭혔다.

길을 가다가
途中

밥 짓는 연기 한 줄기 닭 우는 한낮	炊烟一抹午鷄鳴
은자는 지팡이 짚고 시냇가에 이르렀다	幽人策杖臨溪水
산골이라 사월에도 봄이 다하지 않아	山家四月春不盡
울타리 두른 나물과 꽃 온통 울긋불긋하다	夾籬菜花紛青紫
샛길엔 때로 뽕 따는 여인이 있고	微行時有採桑女
남쪽 들엔 들밥 내오는 걸 자주 보네	南畝頻看饁擧趾
석양 부슬비에 외진 마을 들어가니	斜陽踈雨入孤邨
목동이 피리 부니 나무꾼은 노래하네	牧笛樵歌相應起
사립문 두드려 주인 부르니	柴門剝啄喚主人
늙은이 나를 보고 반가운 듯 맞는다	老翁見我如相喜
솔 평상 대자리 아주 말끔하고	松床竹席極瀟灑
비단 따위 세상의 사치는 모르고 있네	不知人間羅綺侈
얼마나 살았는지 기억도 못하는 늙은이	翁言閱世不記年
희비애환을 다 겪어 보았다오	勞佚悲歡皆染指
경박한 인정은 무상도 하지	人情蟬翼苦無常
웃으며 말하지만 속에는 칼을 품었네라	刀劍藏於言笑裏

나는 이제 조촐하게 여생을 보내나니	我今持拙保餘年
기릴 것도 없거늘 뉘라서 헐뜯으랴	本來無譽誰爲毁
그대 만난 김에 세상일 묻고 싶소	逢君欲問蝸角事
시운이 몇 번이나 통했다 막혔는가	時運幾泰還幾否
속세에 이름을 퍼뜨리지 마오	莫將名字播紅塵
나는 당년의 피의자被衣子 라오*	我是當年被衣子
그러곤 닭으로 기장으로 주린 나를 배불리고	旋將鷄黍飽我飢
함께 빈집에 누워 성리를 토론했네	伴宿虛齋談性理
범상하지 않은 기이하고 어려운 말도 하며	奇言險語或不經
장자나 열자를 개미처럼 내려다보더군	下視莊列如螻蟻
다음날 잠을 깨니 사람은 간 곳 없고	明朝睡覺寂無人
빈 뜰에 벗어 둔 신만 보였네	只見空庭遺脫屣

* 진晉의 황보밀皇甫謐이 지은 『고사전高士傳』에 나오는, 요 임금 때의 고사이다. 피의자는 요 임금 때 사람이다. 요 임금의 스승은 허유許由이고, 허유의 스승은 설결齧缺이고, 설결의 스승은 왕예王倪이고 왕예의 스승이 피의이다.

금강산으로 가는 길에 지은 시이다. 때는 음력 4월, 봄에서 여름으로 접어들 무렵이라 들일이 한창이다. 마침 석양에 비까지 부슬부슬 내려서 사립문을 찾아들어 주인 늙은이와 대화를 나눈다. 늙은이는 자기가 살아온 삶의 경험으로 얻은 지혜를 이이에게 한 토막 들려준다. 경박한 인정은 무상하니 남의 평판에 흔들릴 것도 없고 굳이 이름을 남기려고 애쓸 필요도 없다고 한다.

청운의 뜻을 품고 세상에 나서야 할 청년 이이는 어머니의 죽음을 계기로 사람이 나고 늙고 병들고 죽는 네 가지 고통의 의미를 찾고자 도리어 산으로 들어가려고 한다. 이이는 늙은이의 입을 빌려 세상의 평판과 명예가 허무한 것임을 스스로에게 확인시킨다.

산중에서

山中

약 캐다가 문득 길을 잃었다	採藥忽迷路
수많은 봉우리 단풍 속에	千峰秋葉裏
산승이 물 길어 돌아가니	山僧汲水歸
숲 저편에 차 달이는 연기 이네	林末茶烟起

산에서 약을 찾아 이리저리 다니다가 그만 길을 잃었다. 문득 고개를 드니 수많은 봉우리에 단풍잎 일색이다. 마침 스님이 물을 길어 숲속으로 들어가더니 어느 암자에선가 차를 달이는 연기가 난다. 그곳에 가면 차를 한 잔 얻어 마실 수 있으리라. 굳이 병을 고치는 귀한 약을 찾을 것이 아니라 담담한 차 한 잔이라도 얻어 마신다면 마음을 맑게 하고 몸을 개운하게 하리라. 진리는 먼 곳에 있지 않으며 힘들여 찾을 것이 아니다. 물을 길어 차를 달여 마시는 데에도 진리가 있다. 이 시도 열아홉 살 때 지었다.

풍악산 작은 암자에서 노승에게 주다
楓嶽贈小菴老僧

내가 풍악산楓岳山, 금강산을 유람하다가 하루는 혼자서 깊은 골짜기를 걸어 들어갔는데 몇 리쯤 되는 곳에서 작은 암자 하나를 발견하였다. 어떤 노승이 가사袈裟를 걸치고 정좌하고 있었는데 나를 보고 일어나지도 않고 말도 한마디 없었다. 암자 안을 둘러보았으나 다른 물건은 아무것도 없었고 부엌에서 밥을 짓지 않은 지도 며칠은 되었다.

"여기서 무엇을 하고 있소?"

내가 물었으나 승려는 웃고 대답하지 않았다.

"무얼 먹고 요기를 하오?"

다시 묻자 승려가 소나무를 가리키며 대답하였다.

"저것이 내 식량이라오."

내가 그의 논변論辯을 시험해 보려고 물었다.

"공자와 석가 중에 누가 성인입니까?"

승려가 말하였다.

"선비는 늙은 중을 놀리지 마시오."

"부도浮屠, 불교는 오랑캐의 가르침이니 중국에서는 시행할 수 없소."

"순舜 임금은 동이東夷 사람이고 문왕文王은 서이西夷 사람인데, 이들도 오랑캐인가요?"

"불교의 진리는 우리 유가를 벗어나지 못하는데 왜 유가를 버리고 불교를 추구해야 합니까?"

"유가에도 '마음이 곧 부처卽心是佛'라는 말이 있습니까?"

"맹자가 본성이 선함性善을 말하였는데 말을 하면 반드시 요순堯舜을 일컬었습니다. '마음이 곧 부처'라는 말과 무엇이 다르겠습니까? 다만 우리 유가는 실리實理를 보았습니다."

승려가 수긍하지 않고 한참 있다가 말하였다.

"색色도 아니고 공空도 아니라는 말은* 어떤 말입니까?"

"이 또한 앞에 펼쳐진 경계境界, 인식 대상의 세계입니다."

승려가 빙긋 웃었다. 이에 내가 말하였다.

"'솔개는 하늘로 날아오르고 물고기는 연못에서 뛴다.'*라고 하였는데 이는 색입니까, 공입니까?"

"색도 아니고 공도 아닌 것이 바로 진여眞如의 본체입니다.

* 색色과 공空은 불교의 핵심 개념 가운데 하나이다. 색은 형체를 가진 만물, 현상, 물질, 인연을 따라 생성 소멸하는 모든 것을 가리킨다. 공은 모든 존재는 인연의 우연적 결합에 의해 이루어진 것일 뿐 궁극적 실체가 없다는 뜻이다. 무無는 0과 같은 절대 무가 아니고 유有는 궁극적 실체가 없는 것이다.

* 『시경』「대아大雅 · 한록旱麓」의 구절이다. 천지 사이에 조화와 생육이 충만하게 일어나는 모습을 표현한 것이라 한다. 『중용』에서는 도가 널리 작용하는 모습을 묘사한 것이라 하였다.

어찌 이런 시로 견줄 수 있겠습니까?"

내가 웃으면서 말하였다.

"이미 말로 표현하면 곧 경계인데 어찌 본체라 합니까? 만약 그렇다면 유가의 진리는 말로 전할 수 없고 불교의 진리는 문자를 벗어나지 못하는군요."

승려가 깜짝 놀라며 내 손을 잡고 말하였다.

"그대는 속된 선비가 아니군요. 나를 위해 시를 지어서 솔개와 물고기의 글귀를 풀이해 주시오."

내가 이에 절구 한 수를 써서 주니 승려는 보고 난 뒤 소매 속에 넣고 몸을 돌려 벽을 향하였다. 나도 그 골짜기를 나왔는데 경황중에 그가 어떤 사람인지 알지 못하였다. 사흘 뒤 다시 가 보았더니 작은 암자는 그대로 있었는데 승려는 이미 떠나 버렸다.

아래에선 물고기 뛰고 위에선 솔개가 나니　　魚躍鳶飛上下同
이는 색도 아니고 공도 아니로다*　　這般非色亦非空

* 색도 아니고 공도 아니라는 말은 궁극의 세계는 색을 초월한 세계이지만 동시에 초월하려는 의식조차도 벗어난 세계라는 말이다. 하늘에는 솔개가 날고 물에는 물고기가 뛰는 세계는 천리天理가 삼라만상에 흘러서 운행하는 유가의 절대 세계이다. 이는 도가에서 말하는 저절로 그러한自然而然 세계와 같다. 이는 불교적 관점에서 보면 색의 세계처럼 보이지만 색의 경지를 벗어난다. 또한 불교에서는 마음의 공을 깨달으려고 추구하지만 공을 깨달으려는 노력 또한 집착이 된다. 그러므로 색도 아니고 공도 아닌 경지는 색이니 공이니 경계를 지으려는 차별적 의식 그 자체를 초탈하는 것을 말한다.

무심히 한 번 웃고 내 몸을 보니　　等閒一笑看身世
비낀 해 숲속에 나 홀로 서 있구나　　獨立斜陽萬木中

열아홉 살 이이가 금강산에서 불교에 몸담고 있다가 어느덧 불교의 가르침과 유학의 가르침 사이의 본질적 차이를 자각하였을 무렵 지은 시와 시의 배경이 되는 일화의 전말을 기록한 글이다.

이이는 금강산을 유람하다가 깊은 골짜기에 있는 암자에서 좌선하는 노승을 만나 불교와 유교의 진리와 그 경지에 관해 대화를 나눈다. 이이는 불교의 핵심 교의敎義가 유학의 범위를 벗어나지 않으니 굳이 유학을 버리고 불교를 추구할 까닭이 없다고 비판한다. 이에 노승은 유가의 가르침은 번쇄한 세속의 예의 규범을 따르므로 '마음이 곧 부처'라는 돈오頓悟의 경지를 깨닫지 못한다고 대응한다. 이이는 인간의 본성을 선하다고 한 맹자의 말을 인용하여 이 또한 마음이 곧 부처라는 입론立論과 같은 경지라고 반론하면서 나아가 유학은 현실을 떠나지 않으므로 더 진실한 것이라 한다.

그러자 노승은 불교의 오묘한 진리는 언어와 문자로 나타낼 수 없다고 주장한다. 이에 이이는 색이니 공이니 하고 이미 언어로 표현하였다면 언어에 국한되는 만큼 불교의 진리 역시 언어 문자를 벗어나지 못한 것이라 비판한다. 또한 불교의 진리가 언어 문자를 초월한다면 유교의 진리 또한 언어 문자를 초월한 것이다. 다만 언어 문자로 표현하는 것은 솔개가 날고 물고기가 뛰는 절대의 세계를 방편적으로 묘사하는 것일 뿐이다. 언어 문자를 방편적으로 사용하는 것은 불교이든 유교이든 마찬가지이다. 다만 불교는 언어 문자에서 초탈하려는 의식이 오히려 집착으로 작용하고 있다. 그러나 유교는 벗어나려는 집착을 버리고 언어 문자를 사용함으로써 언어 문자에서 벗어나려는 집착 그 자체도 벗어 버린 것이다.

이이가 이 담론에서 말하고자 하는 바는, 유학에서 말하는 '솔개가 날고 물고기가 뛰는' 대자연의 본래 그러한 모습은 불교에서 말하는 본래 세계와 다름이 없으며, 나아가 유교는 일상을 떠나지 않으므로 더 참된 이치라는 점이다. 이이는 이 담론을 통해 불교에서 진리를 찾으려고 했던 정신적 방황을 정리하고 유학이야말로 자기가 가야 할 참된 길임을 확신한다.

자경문
自警文

먼저 모름지기 뜻을 크게 가지되 성인을 준칙으로 삼는다. 털끝만큼이라도 성인에 미치지 못하면 내 일은 마치지 못한 것이다.

마음이 안정된 자는 말이 적다. 마음을 안정하는 것定心은 말을 적게 하는 데서부터 시작한다.

말을 해야 할 때 말을 하면 말이 간단하지 않을 수 없다.

오랫동안 놓친 마음을 하루아침에 거두어들이려 하니, 힘을 쓰기가 어찌 쉽겠는가. 마음은 살아 있는 물건이니 확고한 의지력定力을 성취하지 못하면 마구 흔들려서 안정되기 어렵다. 만약 사려思慮가 어지러워지고 흔들릴 때 이를 의식하고서는 싫어하고 미워하여서 끊어 버리려고 하면 더욱 어지러워지고 흔들린다는 것을 깨닫게 된다. 사려가 갑자기 일어났다 홀연히 사라지는 것이 마치 나에게서 나오지 않은 것 같다. 가령 끊어 버린다 해도 다만 이 끊어 버리려는 생각이 가슴속에 가로막혀 있으면 이 또한 망념妄念이다. 사려가 어지러워지고 흔들릴 때에는 정신을 가다듬어 가볍게 비추어 보고서 사려를 따라가지 마라. 이런 방법으로 오래 공부를 하면 반드시 마음이 확고하게 안정될 때가 있을 것이다.

일을 맡아할 때 오로지 한결같이 하는 것도 마음을 안정하는 공부이다.

늘 계구戒懼, 보이지 않고 들리지 않는 곳에서 경계하고 두려워함와 근독謹獨* 의 의식을 가슴속에 지니고, 생각하고 생각하여서 게을리하지 않으면 모든 사악한 생각이 저절로 일어나지 않게 된다.

온갖 악은 근독하지 않는 데서 생긴다.

근독한 뒤라야 기수沂水에서 목욕하고 읊조리며 돌아온다* 는 의미를 알 수 있다.

새벽에 일어나서는 아침에 할 일을 생각하고, 아침을 먹은 뒤에는 낮에 할 일을 생각하고, 잠자리에 들 때는 내일 할 일을 생각한다. 일이 없으면 생각을 내려놓고, 일이 있으면 반드시 생각하여서 일을 처리할 때 사의事宜에 합당한 방법을 얻

* 근독은 원래 『중용』에 나오는 신독愼獨이다. 신독이란 홀로 있을 때 삼간다는 뜻으로, 남들이 보지 못하고 듣지 못하는 자기 혼자만의 의식 속에서도 삼가고 본성의 덕성을 자각하는 것을 말한다. 신독을 근독이라고 바꾸어 쓴 까닭은 송 효종의 이름 글자를 휘諱하기 위해서이다.

* 공자가 제자들에게 포부를 물었을 때 증점曾點이 "기수에서 목욕하고 무우에서 바람 쐬고 시를 읊으면서 돌아오겠다."고 대답하자 이 말을 칭찬하였다. 주희는 증점이 사람의 욕망이 모두 사라진 곳에 천리가 흘러 작용하여 곳곳마다 충만하여서 조금도 부족함이 없는 경지를 보았다고 하였다. 『논어』「선진先進」.

어야 한다. 그런 뒤 글을 읽는다. 독서란 옳고 그름을 변별하여서 일을 하는 데 적용하는 행위이다. 만약 일을 살피지 않고 우두커니 앉아서 글만 읽는다면 쓸모없는 학문이 된다.

재리財利와 영리榮利를 추구하는 마음은 비록 깨끗이 제거했다 하더라도, 만약 일에 처하였을 때 털끝만큼이라도 편하고 이로운 것을 택하려는 마음을 먹는다면 이 또한 이익을 추구하는 마음이니 더욱 성찰해야 한다.

일을 만나서 그 일이 해야 할 일이면 정성을 다하여 하고 싫어하거나 게을리하는 마음을 먹어서는 안 되며, 해서는 안 될 일이면 일체 끊어 버려서 마음속에서 옳고 그름이 갈등을 일으키게 해서는 안 된다.

옳지 않은 일을 한 가지만 행하고, 죄 없는 사람을 한 사람만 죽이면 천하를 얻을 수 있다 하더라도 그렇게 하지 않는다는 의지를 늘 가슴속에 지닌다.

남이 나를 포악하고 무리하게 대하면 스스로 돌이켜서 깊이 성찰하고 감화하기를 기약한다.

한집안 사람이 교화되지 않는 것은 다만 성실한 뜻이 지극하지 못해서이다.

밤에 잠을 자거나 병이 중하지 않으면 드러누워서도 안 되고 기대서도 안 된다. 비록 한밤중이라도 졸리지 않으면 눕지 않으나 다만 이런 생각에 얽매어 다그쳐서는 안 된다. 낮에

졸음이 일면 마땅히 이 마음을 일깨워서 십분 맹렬히 각성해야 한다. 만약 눈꺼풀이 무거우면 일어나 주위를 걸어 다니며 정신을 말똥말똥하게 깨운다.

공부는 느긋하게 해서도 안 되고 조급하게 해서도 안 된다. 죽은 뒤에 끝날 뿐이다. 만약 급히 효과를 얻으려 한다면 이 또한 이익을 추구하는 마음이다.

만약 이렇게 하지 않고서 부모가 남겨 주신 이 몸을 해치고 욕되게 하는 이는 사람의 자식이 아니다.

이이가 정신적 방황을 마치고 다시 유학으로 돌아와 학문을 닦고 인격 완성을 지향하겠다는 각오와 다짐을 서술한 글이다. 스무 살 때인 1555년 명종 10 에 썼다. 이이는 자기를 경계하기 위한 첫째 조항으로 뜻을 세우고 성현을 표준으로 삼아야 한다고 하였다. 『격몽요결』이나 『성학집요』와 같이 학문의 요체를 세우는 글에서 이이는 늘 뜻을 세우는 것을 첫째로 삼는다.

자잘한 이야기
瑣言

퇴계가 병 때문에 고향으로 돌아가 예안현禮安縣 산골짜기에 터를 잡아 집을 짓고 거기서 일생을 마칠 듯이 하였다. 1556년 봄, 내가 성산星山에서 임영강릉으로 가는 길에 예안을 지나가게 되어 퇴계를 뵙고 율시律詩 한 수를 올렸다.

시내는 수수, 사수 냇물에서 나뉘었고	溪分洙泗派
봉우리는 무이산*에서 빼어났다	峯秀武夷山
생계는 경전 천 권이고	活計經千卷
나아가고 들어오되 두어 칸 집	行藏屋數間
툭 트인 가슴 맑게 갠 날의 달 같고	襟懷開霽月
담소는 미친 물결을 그치게 한다	談笑止狂瀾
저는 도를 듣기 원하지	小子求聞道
반나절 한가로움 훔치려는 것 아니랍니다	非偸半日閒

* 중국 복건성福建省 서북쪽에 있는 산으로 복건성과 강서성江西省의 경계를 이룬다. 주희가 이 산에 무이정사武夷精舍를 지어서 강학을 하였다. 그래서 무이라 하면 주희의 학문을 가리킨다.

퇴계는 다음과 같이 화답하였다.

병으로 문 닫아걸어 봄을 보지 못했더니	病我牢關不見春
그대 와서 정신을 시원하게 열어 주네	公來披豁醒心神
명성 아래 헛된 선비 없음을 알았으니	始知名下無虛士
경건한 몸가짐 부족했음이 못내 부끄럽네	堪愧年前闕敬身
좋은 곡식은 잘 익은 돌피 용납 않으며	嘉穀莫容稊熟美
떠도는 먼지 닦은 거울 그냥 두지 않는다네	游塵不許鏡磨新
감정 넘친 시어는 깎아 버리고	過情詩語須删去
저마다 노력하여 날로 진리에 가까워지세	努力功夫各日親

나는 이틀을 묵고 작별하였다. 임영에 있을 때 퇴계가 편지와 시를 부쳐 왔다.

세상에 빼어난 재능을 지닌 자가 어찌 한이 있겠소만 도도한 물결처럼 모두들 기꺼이 옛 학문에 마음을 두려 하지 않는다오. 아마 스스로 세상 흐름에서 벗어난 자가 있어도 재능이 미치지 못하거나 나이가 이미 늙었거나 한데, 그대와 같이 뛰어난 재능과 젊은 나이로 바른 길을 향해 출발하였으니 뒷날 성취할 바를 어찌 헤아릴 수 있겠소. 부디 더욱 원대해지기를 스스로 기약하고 작은 이득에 스스로 만족하지 마오.

세상에선 줄곧 이 학문에 놀라고 의심하니　從來此學世驚疑
이익 탐내며 경서 공부해 도는 더욱 멀어졌네　射利窮經道益離
그대 홀로 끊긴 실마리 찾으려 함에 감동하고　感子獨能尋墜緖
그대 말 듣고서 새로운 깨우침 일어나네　令人聞語發新知

* * *

돌아와 오랜 방황을 탄식하노라　歸來自歎久迷方
고요한 곳에서 틈새로 빛을 엿보았네　靜處才窺隙裏光
그대는 때맞춰 바른 길을 따르고　勸子及時追正軌
궁향窮鄉*에 들어간 일 한탄치 말게　莫嗟行脚入窮鄕

나는 다음과 같이 화답하여 보냈다.

도를 배움에 누군들 의심이 없으랴　學道何人到不疑
병의 뿌리를 나는 온전히 벗어나지 못했네　病根嗟我未全離
응당 차가운 시냇물 움켜 마셔서　想應捧飮寒溪水
속을 차고 맑게 함을 스스로 알았네　冷澈心肝只自知

* 궁향은 "거취가 변하면 지혜로운 자가 멀고 가까운 곳의 복식을 통일할 수 없고, 성현이 궁벽한 고을窮鄕의 다양한 문화와 일부분에 치우친 학문의 수많은 변론을 통일할 수 없다."는 말에서 따왔다. 여기서는 불교를 가리킨다. 『사기』「조세가趙世家」.

젊어선 먼 길 나서서* 사방 달리다가	早歲舂糧走四方
말도 사람도 주리고 여윈 뒤 돌아보았지*	馬飢人瘦始回光
비낀 해는 본래 서산에 있나니	斜陽本在西山上
나그네가 고향이 멀다고 근심하리까	旅客何愁遠故鄉

* "백 리를 가는 사람은 밤새 양식을 빻고 천 리를 가는 사람은 석 달 간 양식을 마련한다."는 말에서 나왔다. 그래서 용량舂糧이라 하면 양식을 빻거나 찧어서 마련하듯이 미리 준비하는 것을 가리킨다. 『장자』「소요유逍遙游」.
* 불교 선종에서는 회광반조回光返照라 하여 외부로 향하는 의식을 자기 내면으로 돌이켜서 자기가 본래 지닌 불성을 비추어 보아 각성하는 것을 가리키는 말로 쓴다.

쇄언이란 자질구레한 말이라는 뜻인데, 자질구레한 일화나 일상사를 기록한 글이라는 뜻도 있다. 1558년 명종 13 에 쓴 이 글은 이이가 예안으로 이황을 찾아가 학문을 토론하고 나서 강릉으로 돌아가 서로 편지를 주고받으며 토론한 사실에 관한 구체적인 정보를 담고 있다.

이이는 이황을 만난 자리에서 시를 올려 이황의 학문이 공자와 주자의 정통을 이었으며 소박한 생활과 높은 학덕을 지니고 있음을 기렸다. 이에 이황은 화답하는 시에서 이이의 영특한 자질이 자기에게도 자극이 되었다는 것과 세속의 성공과 명예를 추구하지 말고 참다운 학문을 하자고 격려하였다.

이이가 강릉으로 돌아간 뒤 이황이 보낸 시와 이이가 화답한 시도 서로 젊었을 때 학문적으로나 정신적으로 겪은 방황을 극복하고 참된 길을 찾은 것에 대한 칭송과 분발하도록 격려하는 내용을 담고 있다.

천도책
天道策

| 물음 | 천도天道, 자연의 법칙이나 질서는 알기 어렵고 말하기도 어렵다. 해와 달이 하늘에 걸려 있으면서 하루 밤낮을 운행하는데 하나는 빠르고 하나는 더딘 것은 누가 그렇게 시키는가? 혹은 해와 달이 한꺼번에 나와서 때로 일식이나 월식이 일어나는 까닭은 무엇인가?

오성五星*이 위緯, 씨가 되고 뭇별衆星, 28수이 경經, 날이 되는 것도 상세히 말할 수 있는가? 경성景星*은 어떤 때에 보이며 혜성彗孛은 또 어떤 시대에 생기는가? 어떤 사람은 만물의 정기가 올라가서 여러 별이 된다고 하는데 이 말은 또한 무엇을 근거로 하는가?

바람이 부는 것은 어디서 시작하여 어디로 들어가는가? 나

* 오성은 목성木星·화성火星·토성土星·금성金星·수성水星이다. 이들 별은 모두 하늘에서 오른쪽으로 운행하므로 행성行星이라는 뜻에서 위성緯星이라고 한다. 황도의 28수宿는 제 위치에 있는 것처럼 보이므로 항성恒星이라는 뜻에서 경성經星이라고 한다.

* 경성은 잘 다스려지는 나라에 나타난다는 상서로운 별로 덕을 상징한다. 하늘이 맑아지면서 나타나는데 모양은 일정하지 않다. 『사기』「천관서天官書」 참조.

뭇가지가 흔들리지 않을 정도로 불기도 하고 나무가 부러지고 지붕이 날아갈 정도로 불기도 하며, 소녀풍少女風*이 되기도 하고 구모풍颶母風*이 되기도 하는 것은 무엇 때문인가?

구름은 어디에서부터 일어나며, 흩어져서 오색五色이 되는 것은 무엇에 반응한 것인가? 연기 같으나 연기가 아니며 매우 곱고 다채로우며 뭉게뭉게 이는 것은 무엇 때문인가?

안개는 무슨 기운이 발한 것이며, 붉기도 하고 푸르기도 한 것은 무슨 징조가 있는가? 누런 안개가 끼어서 사방이 자욱하기도 하고 짙은 안개가 끼어서 대낮에 어둡기도 한 것은 또한 무엇 때문인가?

우레와 천둥과 벼락은 누가 주관하며 빛이 번쩍번쩍하고 소리가 우렁우렁하는 것은 무엇 때문인가? 사람에게 벼락을 치기도 하고 물건에 벼락을 치기도 하는 것은 또한 무슨 이치인가?

서리는 풀을 죽이고 이슬은 만물을 윤택하게 하는데 서리가 되고 이슬이 되는 까닭을 들을 수 있는가? 중국의 남월南越, 오늘날의 광동, 광서 지역은 따뜻한데도 6월에 서리가 내려 변괴變怪가 혹심한 적이 있는데 당시의 일을 상세하게 말할 수

* 소녀풍은 서풍 곧 가볍고 미세하며 온화한 바람을 말한다. 서쪽은 팔괘의 방위로 태兌이며 소녀에 해당하기 때문에 붙은 이름이다.

* 구모풍은 열대성 저기압이 일으키는 바람 곧 태풍을 말한다. 『남월지南越志』에 사방의 바람을 모두 갖추고 있으며 늘 음력 오뉴월에 일어난다고 하였다. 바람 풍風 자와 갖춘다는 뜻의 구具 자를 합한 글자이다.

있는가?

비는 구름이 일어서 내리는데 구름이 짙게 끼어도 비가 내리지 않는 것은 무엇 때문인가? 신농神農 때에는 비를 바라면 비가 내렸고,* 태평한 시대에는 해마다 서른여섯 번씩 비가 내렸다* 하니 천도 또한 사람에 따라 달리 작용하는가? 군사를 일으켰는데 비가 내리기도 하고 옥사獄事를 판결하였는데 비가 내리기도 한 것은 또한 무엇 때문인가?

풀과 나무의 꽃은 다섯 잎이 많은데 눈꽃만은 여섯인 것은 무엇 때문인가? 와설臥雪*·입설立雪*·영빈迎賓*·방우訪友*의

* 전국 시대에 시교尸佼가 쓴 『시자尸子』「군치君治」에서 따온 말이다. "신농이 천하를 다스릴 때 비가 오기를 바라면 비가 왔다. 닷새 만에 내리는 비는 행우行雨이고 열흘 만에 내리는 비는 곡우穀雨이고 열닷새 만에 내리는 비는 시우時雨였다. 네 계절의 질서를 바로잡아서 만물이 함께 이익을 누렸으므로 신우神雨라 하였다."
* 『태평어람太平御覽』에서는 『염철론鹽鐵論』을 인용하여 태평한 시대에는 비가 흙덩이를 파괴하지 않고 열흘에 한 차례씩 내리며 반드시 밤에 내렸다고 하였다.
* 원안袁安이 아직 벼슬을 하지 않았을 때 낙양에서 나그네 생활을 하였는데 현명하다는 이름이 있었다. 어느 해 겨울, 눈이 한 길 남짓 내렸다. 낙양령이 보니 집집마다 나와서 눈을 쓸었고 걸식을 하는 자가 있었다. 원안의 집 문에 이르렀더니 길이 나 있지 않아서 원안이 이미 죽은 줄로 여겼다. 눈을 치고 들어가 보게 했더니 원안이 뻣뻣한 채로 누워 있었다. 왜 밖으로 나오지 않았느냐고 묻자 원안은 "큰 눈이 내려 사람들이 모두 굶주리는데 남을 괴롭게 해서는 안 된다."고 답하였다. 낙양령이 어질게 여기고 효렴孝廉으로 천거하였다. 『후한서』「원안전袁安傳」의 주.
* 양시楊時가 유작游酢과 함께 정이程頤를 처음 찾아뵈었을 때 정이는 눈을 감고 앉아 있었다. 두 사람은 그대로 모시고 서 있었다. 얼마 뒤 정이가 그만 물러가라고 하여 문을 나와 보니 눈이 한 자나 내려 있었다. 『송사』「양시전楊時傳」.
* 왕원보王元寶는 해마다 큰 눈이 오면 하인에게 골목을 쓸어 놓고 그릇을 내놓고 술과 안주를 갖추어서 오가는 사람에게 대접하여 추위를 물리치게 하였다고 한다.

고사를 또한 일일이 말할 수 있는가?

우박雹은 서리도 아니고 눈도 아닌데 무슨 기운이 모인 것인가? 말의 대가리만 하기도 하고 달걀만 하기도 한 것이 사람이나 새나 짐승을 죽인 일은 또한 어느 시대에 있었는가?

천지와 만상萬象의 관계는 만물에 저마다 기가 따로 있어서 그렇게 이루어지는가, 아니면 한 기一氣가 흘러 작용하면서流行 흩어져 개별의 만물萬殊로 되는가? 예컨대 자연의 보편 법칙常道에 어긋나는 현상은 천기天氣가 어그러져서 일어나는가, 인사人事, 인간의 행위가 잘못 되어서 일어나는가?

어떻게 하면 일식·월식이 없고 별과 별자리星辰가 궤도를 잃지 않으며, 우레에서 벼락이 치지 않고 서리가 여름에 내리지 않으며, 눈이 피해를 주지 않고 우박이 재앙으로 되지 않으며, 사나운 바람이 불지 않고 음습한 비가 지루하게 내리는 일이 없이 기상 현상이 저마다 질서에 따라 순조로워서 마침내 천지가 제자리를 잡고 만물이 잘 자라나게 되는가? 그 도리는 어디로 말미암는가?

여러분은 널리 경전과 역사에 통달하였을 테니 반드시 이를 말할 수 있는 사람이 있을 것이다. 저마다 마음을 다하여

* 왕휘지王徽之는 어느 밤 큰 눈이 내려서 사방이 온통 훤하자 문득 대규戴逵가 생각났다. 왕자유는 즉시 작은 배를 타고 대안도가 사는 곳으로 갔다. 밤이 새도록 가서 문 앞에서 그냥 돌아왔다. 누가 들어가지 않은 까닭을 묻자 "흥이 일어서 왔다가 흥이 다하여 돌아가니 하필 대안도를 만나보겠는가."라고 하였다. 『세설신어世說新語』.

대책하라.

| 대책 | 높은 하늘의 일은 소리도 없고 냄새도 없어 그 이치理는 지극히 은미하고 그 모습象은 지극히 뚜렷합니다. 이 말의 의미를 아는 사람이라야 함께 천도를 논할 수 있습니다. 이제 집사執事 선생께서 지극히 은미하고 지극히 뚜렷한 도를 책문으로 제시하여 질문 목록을 삼아서 궁리격물窮理格物*의 설을 듣고자 하십니다. 만일 학문이 하늘과 인간의 관계를 탐구한 사람이 아니라면 어찌 이 문제에 대하여 말할 수 있겠습니까. 저는 평소 선각先覺에게 들은 내용을 가지고서 밝은 물음에 만의 하나라도 대답할까 합니다.

생각건대, 자연 변화萬化의 근본은 한 음양陰陽일 뿐입니다. 이 기氣가 움직이면 양이 되고 고요해지면 음이 됩니다. 움직였다 고요해졌다 하는 것은 기이고 움직이게 하고 고요하게 하는 것은 이理입니다. 하늘과 땅 사이에서 모습을 지닌 모든 것은 오행五行의 바른 기正氣가 모여서 된 것도 있고 하늘과 땅의 어그러진 기乖氣를 받은 것도 있으며, 음과 양이

* 궁窮이란 대상을 끝까지 추구한다는 뜻이니 궁리窮理라 하면 이치를 끝까지 탐구한다는 말이다. 격格은 이른다는 말이고 물物은 대상 사물 또는 대상 사물의 이치이다. 격물이라 하면 대상 사물의 이치를 남김없이 밝혀낸다는 말이다. 대상 사물을 마주하여 그 이치를 끝까지 추구하여서 밝혀내는 것을 격물궁리라고도 하고 궁리격물이라고도 한다.

서로 격돌하는 데서 생긴 것도 있고 두 기二氣가 발산하는 데서 생긴 것도 있습니다. 그러므로 해와 달과 별과 별자리가 하늘에 걸려 있는 것, 비·눈·서리·이슬이 땅에 내리는 것, 바람과 구름이 일어나는 것, 우레가 울고 번개가 치는 현상은 모두 기이며, 하늘에 걸려 있는 까닭, 땅에 내리는 까닭, 바람과 구름이 일어나는 까닭, 우레가 울고 번개가 치는 까닭은 모두 이입니다.

두 기가 조화하면 하늘에 걸려 있는 해와 달이 운행의 도수度數를 잃지 않고 땅에 내리는 기상 현상이 반드시 제때에 맞으며, 바람·구름·우레·번개가 모두 화기和氣에 둘러싸이게 됩니다. 이는 이理의 정상입니다. 두 기가 조화하지 않으면 운행의 도수를 잃고 기상 현상이 제때를 잃으며 바람·구름·우레·번개가 모두 어그러진 기에서 나오게 됩니다. 이는 이의 변괴입니다.

그러나 사람은 천지의 중심이니 사람의 마음이 바르면 천지의 마음도 바르게 되고 사람의 기가 순順하면 천지의 기도 순해집니다. 그렇다면 이의 정상과 이의 변괴를 어찌 하나같이 천도에만 돌릴 수 있겠습니까. 이 때문에 저는 다음과 같이 아뢰고자 합니다.

혼돈의 원기鴻濛가 처음 쪼개져서 해와 달이 교대로 우주를 밝혔는데 해는 태양太陽의 정기이고 달은 태음太陰의 정기입니다. 양의 정기는 빨리 운행하기 때문에 하루에 하늘을 한 바퀴 돌고 음의 정기는 더디게 운행하기 때문에 하룻밤 사이에 하늘을 한 바퀴 돌지 못합니다. 양이 빠르고 음이 더딘 것은 기이며 음이 더디고 양이 빠른 까닭은 이입니다. 저는 누가 그렇게 하는지는 알지 못합니다. 저절로 그러할 뿐이라고밖에 할 수 없습니다.

해는 임금의 상징이고 달은 신하의 상징입니다. 운행하는 궤도가 같고 만나는 도수가 같기 때문에 달이 해를 가려서 일식이 되고 해가 달을 가려서 월식이 됩니다. 달이 미약하면 오히려 일식의 변고가 생기지 않지만 해가 미약하면 음기가 성하고 양기가 미약해져서 아랫사람은 윗사람을 능멸하고 윗사람은 점점 쇠퇴하게 됩니다. 이는 신하가 임금을 거역하는 상징입니다. 그런데 하물며 두 해가 나란히 나오고 두 달이 함께 나타난다면 비정상적인 변괴이니 이는 모두 어그러진 기가 그렇게 하는 것입니다.

제가 옛 사례에서 찾아보니, 재이災異가 일어남은 덕이 닦인 치세에서는 볼 수 없었고 일식·월식의 변괴는 모두 정치가 쇠퇴한 말세에 나타났으니 하늘과 인간이 서로 영향을 주고받고 통하는 관계를 이에서 알 수 있습니다.

저 하늘이 푸르고 푸른 것은 기가 쌓인 것이지 제 색깔이 아닙니다. 찬란하게 빛나는 별과 별자리를 기준으로 삼을 수 없다면 천기天機의 운행은 아마도 탐구할 수 없을 것입니다. 저 밝고 빛나는 것이 저마다 운행 도수가 있는 것은 무엇 때문입니까? 모두 원기元氣의 운행입니다. 뭇별은 하늘의 운행을 따르고 스스로 운행하지는 못하기 때문에 경經이라 하며 오성五星은 때에 따라 저마다 나타나고 하늘의 운행을 따르지 않기 때문에 위緯라고 하니, 하나는 일정한 자리가 있고 하나는 일정한 도수가 없습니다. 큰 틀을 말하면 하늘은 경이 되고 오성은 위가 되지만 자세하게 말하고자 한다면 종이 한 장으로 다할 수 있는 바가 아닙니다.

별 가운데 상서로운 것도 늘 나타나지는 않으며 변괴의 별도 늘 나오지는 않습니다. 그러므로 경성景星은 반드시 밝은 시대에 나타났고 요사한 혜성妖彗은 반드시 쇠퇴한 세상에 살별이 되었습니다. 우나라 순舜 임금이 하늘과 땅의 이치를 파악하여 사방을 잘 다스렸기 때문에 경성이 나타났고 춘추 시대에는 혼란하였기 때문에 살별이 나왔습니다. 우나라 순 임금같이 잘 다스려진 때가 한 시대만이 아니었고 춘추 시대 같이 혼란한 때가 한 시대만이 아니었으니 어찌 하나하나 들어가며 진술하겠습니까.

만물의 정기가 올라가서 뭇별이 되었다고 한다면 저는 납득하지 못하겠습니다. 하늘에 있는 별과 별자리는 오행의 정기이며 자연의 기운입니다. 저는 어떤 물건의 정기가 바로 어떤 별이 되었다는 것은 알지 못합니다. 팔준八駿* 은 방수房宿의 정기가 되었고, 부열傅說* 은 항성이 되었다고 하는 종류의 말은 이른바 "산하山河와 대지大地가 하늘에 그림자를 보낸다."* 는 설과 무엇이 다르겠습니까. 이는 유학자가 믿을 바가 아닙니다. 별의 기운은 허공에서 응결된 것입니다. 혹 음기가 채 응결되지 않으면 떨어져서 운석隕石이 되기도 하고 떨어져서 언덕이 되기도 한다는 말은 제가 소자邵子, 소옹에게서 들었으나 물건의 정기가 별이 된다는 말은 듣지 못하였습니다.

또 하늘과 땅 사이에 가득한 것이 모두 기인데 음기가 엉긴 것이 있어 밖에 있는 양기가 들어가지 못하면 빙빙 돌아 바람이 됩니다. 만물의 기가 비록 간艮, 동북쪽에서 나와 곤坤, 서남쪽으로 들어간다고 하지만 음기가 엉기는 것이 정해진 장소가 없고 보면 양기가 흩어지는 것도 방향이 없습니다. 대자연大塊이 불어 내는 기운이 어찌 한 방향에서만 나올 수 있겠습니까. 동쪽에서 불어오는 바람은 만물을 길러 내는 바람인데 동쪽에서 시작한다고 할 수 있겠습니까. 서쪽에서 불어오는 바

* 팔준은 주 목왕周穆王이 타던 준마 여덟 마리이다. 방수房宿는 28수에서 동쪽 일곱 별자리의 하나로, 천마를 상징한다.
* 부열은 상商의 고종高宗을 보좌한 현명한 재상이다. 부열은 죽어서 하늘에 올라가 부열성傅說星이 되었다고 한다.
* 소식蘇軾의 시 「황 수재 감공각 시에 화답함和黃秀才鑒空閣」 가운데 "공중에 거울처럼 걸려 있어서 산하의 그림자를 그려낸다.掛空如水鑒, 寫此山河影"는 구절이 있다.

람은 싸늘하게 얼려 죽이는 바람인데 서쪽에서 시작한다고 할 수 있겠습니까. "구불구불한 탱자나무에 새들이 둥지를 짓고 빈 굴에서 바람이 분다."* 해서 어찌 빈 굴에서 바람이 시작한다고 할 수 있겠습니까. 정자는 "올해 우레는 일어나는 곳에서 일어난다."*고 하였습니다. 저도 세찬 바람 산들바람調調刁刁은 기가 접촉하면 일어나고 기가 그치면 멈추는 것으로 애초에 드나듦이 없는 것이라고 생각합니다.

잘 다스려지는 세상에서는 음양의 기가 펴지고 맺히지 않기 때문에 흩어지는 것도 반드시 온화하여서 불어도 나뭇가지를 흔들지 않고, 세상의 도가 쇠퇴하면 음양의 기가 뭉쳐서 펴지지 않기 때문에 흩어지는 것도 반드시 격렬하여 나무를 부러뜨리고 지붕을 날려 버립니다. 소녀풍은 온화하게 흩어지는 바람이고 구모풍은 격렬하게 흩어지는 바람입니다. 성왕成王이 한 번 생각을 잘못하자 큰 바람이 곡식을 쓰러뜨렸고,* 주공周公이 여러 해 교화를 펼치자 바다에 파도가 일지 않았

* 『문선文選』에 수록된 송옥宋玉의 「풍부風賦」에 나오는 구절이다.
* 소옹이 "올해 우레는 어디에서 울겠는가?" 하고 묻자 정이가 "요부堯夫, 소옹는 모르겠지만 나는 안다."고 대답하였다. 또 "어디에서 울겠는가?" 하고 묻자 "일어나는 곳에서 일어난다."고 대답하였다. 소옹이 깜짝 놀랐다. 『이정외서二程外書』.
* 성왕은 주의 2대 왕으로 무왕의 아들이며 주공의 조카이다. 성왕이 주공이 주의 창립에 끼친 공적을 잊고 주위의 이간질에 속아 주공이 죽은 뒤 천자의 예로 장사를 지내지 않자 하늘이 노하여 우레와 비를 내려 곡식을 쓰러뜨리고 나무를 뽑아 버렸다. 성왕이 금등金縢의 글을 읽고서 주공의 공덕과 마음을 알고 뉘우치자 하늘이 바람을 거두고 쓰러진 곡식을 일으켰다고 한다. 왕충王充의 『논형論衡』에 보인다.

으니,* 그 기가 그렇게 되도록 하는 것은 역시 인사에서 말미암습니다.

산천의 기가 위로 올라가서 구름이 된다고 한다면 좋은 조짐과 나쁜 조짐을 이것으로써 볼 수 있습니다. 옛날 현명한 제왕이 영대靈臺, 주 문왕이 지은 누대를 설치하여 구름의 빛깔을 관찰한 것은 이로써 길흉의 조짐을 살피려 한 것입니다. 좋은 일이나 나쁜 일이나 일어나는 당일에 일어나는 것이 아니라 반드시 조짐이 있습니다. 그러므로 구름이 희면 반드시 떠돌아 흩어지는 백성이 있고 구름이 푸르면 반드시 곡식을 해치는 벌레가 있습니다. 검은 구름은 어찌 수재水災의 조짐이 아니겠으며 붉은 구름은 어찌 전쟁의 징조가 아니겠습니까. 누런 구름은 풍년의 상서로운 조짐입니다. 이는 바로 기가 먼저 나타내는 것일 뿐입니다. 연기도 아니고 안개도 아니지만 매우 곱고 다채로우며 뭉게뭉게 일었다가 가볍게 떠돌며 슬며시 흩어져서 홀로 지극히 화평한 기를 얻어서 성왕聖王의 상서로운 조짐이 되는 것은 오직 경운慶雲일 것입니다. 만일 인민을

* 주공은 주 무왕의 아우이며 성왕의 숙부이다. 초기 주 왕실의 안정을 도모하였고 봉건제 등 체제를 정비하였다. 후에 노魯나라에 봉해졌다. 성왕 때 남쪽에 멀리 떨어져 있는 이민족인 월상씨越裳氏가 주에 찾아와 주공에게 흰 꿩을 바쳤다. 주공이 그 까닭을 묻자 사신이 이렇게 말하였다. "저는 우리나라 노인들에게 이런 명을 받았습니다. '오래되었도다! 하늘이 세찬 바람과 비를 내리지 않고 바다에 해일이 일지 않은 지 삼 년이나 되었구나. 중국에 아마도 성인이 계시나 보다. 어찌 가서 뵙지 않으랴!' 그래서 찾아온 것입니다."『한시외전韓詩外傳』.

편안하고 부유하게 하며 원망과 분노가 없게끔 하는 阜財解慍* 덕이 없다면 경운이 일게 하기 어려운데 어찌 땅과 물의 가볍고 맑은 기가 올라가 흰옷같이 되었다가 검푸른 개처럼 바뀐다*는 것에 견주겠습니까.

안개는 음기가 배설되지 못하고서 찌는 듯이 뭉쳐서 된 것일 뿐입니다. 음기가 모인 물건도 안개를 일으킬 수 있는데, 대체로 산천의 해로운 기입니다. 붉어서 전란의 상징이 되고 푸르러서 재앙이 되는 것은 모두 음기가 성한 징험입니다. 왕망王莽이 분수를 넘어 황제의 자리를 차지하자 누런 안개가 사방에 자욱하였고,* 천보天寶 연간742~756에 정사가 어지러워지자 심한 안개로 대낮에도 어두웠으며,* 고황제高皇帝가 백

* 옛날에 순 임금이 오현금을 타면서 「남풍南風」 시를 지어 불렀다. "남풍이 훈훈하게 불어오니 내 백성의 원한을 풀어줄 수 있겠구나! 남풍이 때맞춰 불어오니 내 백성의 재물을 가멸게 할 수 있겠구나! 南風之薰兮, 可以解吾民之慍兮, 南風之時兮, 可以阜吾民之財兮" 하였다. 『공자가어孔子家語』 「변악해辯樂解」.
* 두보의 시 「가탄可歎」에서 따왔다. "하늘의 뜬 구름이 흰옷 같더니 이윽고 검푸른 개처럼 바뀌네. 天上浮雲似白衣, 斯須改變如蒼狗"라고 하였다.
* 한 원제元帝의 황후 왕씨의 오빠 왕봉王鳳이 전권을 휘둘러 왕씨 다섯 명이 같은 날 후侯에 봉해지자 누런 안개가 사방에 가득 끼었다. 그 뒤로 조카 왕망이 기원 8년에 한을 무너뜨리고 신新을 건국하였다. 14년 3월에 일식이 있었고, 4월에 서리가 내려 초목을 죽이고 해일이 심하였으며, 6월에 누런 안개가 사방에 자욱하였다. 7월에는 큰 바람이 불어 나무가 뽑히고 북쪽 대궐문의 기와를 날렸으며 우박이 내려 소와 양을 죽였다. 『한서』 「왕망전王莽傳·중」.
* 『고금사문유취古今事文類聚』에 "천보 때 안개가 자욱하게 끼어 캄캄하게 어두워서 열 걸음 밖에 있는 사람이 보이지 않을 정도였다. 이를 주혼晝昏이라 하였다."라고 하였다. 천보는 당 현종의 연호이다.

등白登에서 포위되었을 때,* 문산文山이 시시柴市에서 죽었을 때* 모두 하늘이 어둡고 먼지가 하늘을 가렸습니다. 신하가 군주에게 반역하거나 이민족이 중국을 침범하면 이런 일이 있었다는 사실은 모두 유추할 수 있습니다.

양기가 발산한 뒤에도 음기가 양기를 싸서 양기가 나오지 못하면 터져 나와서 우레와 천둥이 됩니다. 그러므로 우레와 천둥은 반드시 봄과 여름에 일어나는데 이는 천지의 노한 기입니다. 빛이 번쩍번쩍하는 것은 양기가 발하여 번개가 된 것이고 소리가 우렁우렁하는 것은 두 기가 서로 부딪쳐 우레가 된 것입니다. 선유先儒가 "격렬한 천둥은 음양의 바른 기이다. 겨울잠 자는 벌레를 놀라게 하여 깨우기도 하고 사악한 것을 벼락으로 치기도 한다."고 하였으니, 사람 가운데는 본래 사악한 기가 모인 자가 있고 물건에도 사악한 기가 들러붙은 것이 있습니다. 바른 기가 사악한 기에 벼락을 치는 것은 또한 그런 이치가 있습니다. 공자가 격렬한 천둥이 치면 반드시 얼굴

* 기원전 200년 겨울 한 고조 유방劉邦은 32만 대군을 거느리고 흉노를 정벌하려다가 묵특 선우冒頓單于가 지휘하는 40만 흉노군에게 백등산에서 포위되었다. 밤낮 이레 동안 곤경을 겪다가 흉노의 왕후에게 뇌물을 써서 흉노군의 공세를 늦추고 포위망을 뚫었다. 이때 마침 하늘에 안개가 자욱하게 끼어서 한의 군대는 포위망을 벗어날 수 있었다. 백등산은 산서성山西省 대동시大同市 동북쪽에 있다. 『사기』「흉노전匈奴傳」.
* 문산은 문천상文天祥의 호이다. 문천상은 남송을 회복하기 위하여 원에 맞서 저항하다가 포로가 된 뒤 온갖 회유를 물리치고 죽임을 당하였다. 시시는 지금의 북경 동성구東城區 일대인데 여기서 문천상이 죽은 것으로 알려져 있다.

빛이 변한 것은 참으로 이 때문이었습니다. 그런데 하물며 벼락을 쳐야 할 곳에 벼락을 친 것이겠습니까! 상商의 무을武乙,* 노魯나라 이백夷伯의 사당*의 경우는 이런 이치가 없다고 할 수 없습니다. 만약 반드시 어떤 한 사물이 벼락을 치는 권한을 잡고서 주장한다고 말한다면 천착하는 것에 가깝습니다.

또 양기가 펴지는 때에 이슬로 만물을 적셔 주는 것은 구름의 은택이며 음기가 참혹한 때에 서리로 풀을 죽이는 것은 이슬이 맺힌 것입니다. 『시경』에 "갈대가 푸르니 흰 이슬은 서리가 된다.蒹葭蒼蒼, 白露爲霜"고 한 것은 바로 이를 말한 것입니다. 혹 음기가 극성하면 서리가 제철에 내리지 않을 수도 있습니다. 위주僞周*가 권력을 장악하자 음과 양이 자리를 바꾸어서 남월南越은 매우 따뜻한 지역인데 6월에 서리가 내렸습니다. 생각건대 반드시 팔황八荒, 온 세상이 온통 음침하고 해로운 기에 싸였기 때문입니다. 무씨武氏, 측천무후의 일은 말할 만하지만 말이 길어집니다.

* 상의 25대 왕 무을은 매우 무도하였다. 황하와 위수渭水 사이에서 사냥을 하다가 벼락을 맞아 죽었다. 상商은 은殷이라고도 한다. 『사기』「은본기殷本紀」.

* 기원전 645년 9월 기묘일 그믐날에 이백의 사당에 벼락이 쳤다. 『춘추』「희공僖公」 15년.

* 위주는 측천무후가 세운 나라를 낮추어 이르는 말이다. 측천무후는 당 고종의 황후였는데 고종이 죽은 뒤 중종, 예종을 차례로 폐하고 권력을 장악하여 황제가 되고 국호를 주周라고 하였다.

비와 이슬이 모두 구름에서 나오지만 수분이 많은 것은 비가 되고 수분이 적은 것은 이슬이 됩니다. 음과 양이 서로 교류하면 비가 되어 내리는데 짙은 구름이 끼고서도 비가 내리지 않는 것은 위와 아래가 교류하지 않기 때문입니다. 『서경』「홍범전洪範傳」에 "임금이 표준을 세우지 않으면 그 벌은 음기가 지속되는 것이다."고 한 것이 바로 이를 말한 것이 아니겠습니까.

또 양이 너무 성하면 가물고 음이 성하면 장마가 집니다. 반드시 음과 양이 조화한 뒤에야 제때에 비가 내리고 날이 맑습니다. 저 신농 같은 성인이 순박하고 밝은 세상에 처하여서 날이 개라 하면 날이 개었고 비가 오라 하면 비가 온 것은 본래 당연한 일입니다. 성왕이 백성을 다스리면 하늘과 땅이 교류하고 통하여서 닷새에 한 번 바람 불고 열흘에 한 번 비 오는 것도 정상입니다. 이와 같은 덕이 있으면 반드시 이와 같은 감응이 있으니 천도가 어찌 사람에 따라 달리 작용하겠습니까.

원기冤氣란 가뭄을 부르는 원인입니다. 이런 까닭에 한 여인이 원한을 품어도 오히려 적지赤地, 혹심한 가뭄으로 거둘 것이 없는 땅가 되었으니 무왕武王, 주의 초대 왕이 은殷을 쳐서 이긴 것은 온 세상의 원기를 소멸시키기에 충분하였고, 안진경顔眞卿이 옥사獄事를 판결한 것은 한 지방의 원기를 해소하기에 충분하였습니다.* 단비가 내린 것도 괴이할 것이 없는데 하물며 본래 필부필부匹夫匹婦까지도 은택을 입지 않은 사람이 없는 태평한 시대이겠습니까.

한창 추운 철에는 비록 천지가 이미 폐색閉塞되었다 하더라도 두 기는 교류하지 않을 수 없으므로 빗물이 엉겨 눈꽃이 되는데 대체로 음기가 그렇게 합니다. 풀과 나무의 꽃은 양의 기운을 받기 때문에 대부분 다섯 잎이 나옵니다. 다섯은 양의 수數입니다. 눈꽃은 음의 기운을 받기 때문에 홀로 여섯 모가 나옵니다. 여섯은 음의 수입니다. 이 또한 아무도 그렇게 하지 않으나 그렇게 됩니다.

원안袁安이 문을 닫고 있었던 일,* 구산龜山, 양시이 뜰에 서 있었던 일,* 어한禦寒을 위한 모임,* 산음山陰의 흥취*는 고요함을 지키는 즐거움을 누린 것이거나 현자를 찾아뵙는 성의가 있는 것이거나 호사스러운 생각에서 나온 것이거나 자유분방함에서 나온 것으로서 모두 천도와 관계되지 않으니 어

* 안진경은 당대의 명필로, 문무를 겸비하였다. 오원五原에 억울한 소송 사건이 있었는데 오래도록 판결이 나지 않았다. 안진경이 도착하여 즉시 명쾌하게 판결을 내렸다. 날씨가 마침 오래 가물었는데 옥사를 판결하자 비가 내렸다. 고을 사람들이 '어사우御史雨'라고 하였다. 『구당서』「안진경전顔眞卿傳」.
* 69쪽 와설臥雪의 주 참조.
* 69쪽 입설立雪의 주 참조.
* 69쪽 영빈迎賓의 주 참조.
* 70쪽 방우訪友의 주 참조.

찌 오늘 말할 만한 일이겠습니까.

또 우박은 사나운 기에서 나오는 것입니다. 음기가 양을 위협하기 때문에 우박이 내려서 만물을 해칩니다. 지난 옛날을 상고하면 큰 것은 말의 대가리만 하고 작은 것은 달걀만 하여 사람을 해치고 짐승을 죽인 것은 함부로 무력을 쓰던 시대에 일어나기도 하였고 재앙을 짓는 군주에게 경고하기도 하였으니 역대에 충분히 경계가 되었던 점은 하나하나 진술하지 않더라도 이를 미루어 알 수 있습니다.

아! 한 기一氣가 운행하고 변화하면서 흩어져 개별의 만물萬殊이 되는데 나누어서 말하면 천지 만상이 저마다 한 기이지만 합하여서 말하면 천지 만상이 같은 한 기입니다. 오행의 바른 기가 모인 것이 해와 달, 별과 별자리가 되고 천지의 사나운 기를 받은 것이 하늘을 가린 흙먼지와 안개, 우박이 됩니다. 우레와 번개, 벼락은 두 기가 서로 격돌하는 데서 나오고 바람과 구름, 비와 이슬은 두 기가 서로 결합하는 데서 나옵니다. 기상 현상은 비록 다르지만 그 이치는 하나입니다.

집사께서 질문의 마지막에 또 "천지가 제자리를 잡고 만물이 잘 자라나게 되는 도리는 어디에서 말미암는가?" 하고 물으셨습니다. 저는 이 말씀에 깊은 감동을 받았습니다. 저는 "임금이 자기 마음을 바로잡아서 조정을 바로잡고 조정을 바로잡아서 사방을 바로잡는다. 사방이 바르게 되면 천지의 기운도 바르게 된다."는 말을 들었습니다. 또 "마음이 화평하면 몸도 화평하고 몸이 화평하면 기운도 화평하며, 기운이 화평하면 천지의 화평이 호응한다."는 말을 들었습니다. 천지의 기가 바르면 어찌 일식·월식이 있으며, 별과 별자리가 어찌 운행의 도수를 잃겠습니까. 천지의 기가 화평하면 우레와 번개, 벼락이 어찌 위세를 부리겠으며 바람과 구름, 서리와 눈이 어찌 제때를 잃겠으며, 하늘을 가린 흙먼지와 사나운 기가 어찌 재앙을 일으키겠습니까.

하늘은 비와 볕과 따뜻함과 추위와 바람으로써 만물을 낳아 기르고, 임금은 엄숙함과 다스림과 슬기와 계획과 성스러움으로써 위로 천도에 호응합니다. 하늘이 때맞춰 비를 내리는 것은 임금의 엄숙함과 같습니다. 하늘이 때에 따라 볕을 내는 것은 다스림과 같습니다. 때에 따라 따뜻한 것은 슬기에 반응한 것입니다. 때에 따라 추운 것은 계획에 반응한 것입니다. 때에 따라 바람이 부는 것은 성스러움에 반응한 것입니다. 이로써 보면 천지가 제자리를 잡고 만물이 잘 자라나는 것이 어찌 임금 한 사람이 덕을 닦음에 달려 있지 않겠습니까.

자사子思는 "오직 천하의 지극히 성실한 사람이라야 만물을 본성대로 이루어지게 할 수 있다."고 하였고, 또 "넘실넘실하게 만물을 기르니 그 높은 덕이 하늘에 닿았다."고 하였습니다. 정자는 "하늘의 덕과 왕도王道는 그 요체가 다만 근독에 있다."고 하였습니다.

아! 이제 우리 동방의 동식물이 모두 덕화德化가 넘쳐흐르는 세상에서 번성하는 것이 어찌 성주聖主의 근독에 달려 있지 않겠습니까. 바라건대, 집사께서 보잘것없는 제 글을 올려 임금께 들려주신다면 이 가난한 서생은 허름한 집에서 여한이 없을 것입니다. 삼가 대책합니다.

「천도책」은 이이가 쓴 책문 10여 편 가운데 가장 유명하다. 스물세 살 때인 1558년명종 13에 썼다. 이 책문을 출제한 양응정梁應鼎의 문집에 책문제策問題가 수록되어 있고 이이의 대책문對策文이 부록되어 있다. 당시 고시관考試官과 관련된 자료에는 출제의 경위와 이이의 대책에 관해 찬탄하는 내용이 기록되어 있다. 또한 이이가 천도책의 내용 해설에 관해서는 송익필宋翼弼에게 물어 보라고 했다는 일화가 있을 정도로 「천도책」은 당시 학자와 지식인들에게 큰 반향을 불러일으켰다. 「천도책」은 이이와 동시대 조선 학자들의 자연 과학에 관한 수준을 엿볼 수 있는 자료이다.

질문의 내용은 해와 달, 일식과 월식, 별·바람·구름·안개·천둥과 우레와 벼락, 서리와 이슬·비·눈·우박 등 천체와 기상 현상 전반을 포괄하여 자연의 운행 원리, 주재자의 유무, 자연 현상과 인간사의 관계, 자연 현상이 순조롭게 진행되고 만물이 제대로 자랄 수 있는 도리를 포괄하고 있다.

이런 질문에 이이는 먼저 자연 질서를 이해하는 기본 원리를 간략히 진술한 다음, 갖가지 자연 현상, 특히 기상과 관련한 현상을 질문 내용에 따라 낱낱이 구체적으로 설명한다. 자연 과학에 관한 문제는 유학에서 학문 체계와 방법론으로 맨 먼저 제시하는 격물치지格物致知의 대상이다. 물론 격물치지의 궁극 목적은 자연 과학적 물리 법칙 그 자체를 파악하려는 것이 아니라 그를 통해 파악된 물리를 윤리의 차원으로 승화하려는 것이다. 그러나 이이와 같이 순수한 자연 과학적 관심과 자질을 가진 안목에는 자연 과학의 물리와 유학의 윤리 사이에 미세한 균열이 일어나고 있었다. 「천도책」에서도 그러한 균열을 엿볼 수 있다.

시를 재촉하는 비

催雨詩

구름이 산을 가리고 토했다 삼켰다 하다	雲鎖青山半吐含
별안간 흩날리는 비 서남쪽을 씻어낸다	驀然飛雨灑西南
시상이 가장 잘 떠오르는 때는	何時最見催詩意
연잎 위 맑은 구슬 두셋 구를 때라	荷上明珠走兩三

구름에 가린 푸른 산에서 갑자기 쏟아지는 비를 따라 연꽃 위에 구르는 빗방울로 시상이 자유자재로 전개된다. 맑고 아름다운 서정적인 시이다. 스물세 살에 썼다.

제3장

시대의 물음에 답하여

30–40세 · 만인의 주목을 받으며 화려하게 정계에 진출하여 갈고닦은 지식과 함양한 덕성을 펼쳐 학자 관료로서 유교적 이념이 지배하는 사회를 이루려고 몸과 성을 다 바쳐 일하던 시기이다. 현실에 대한 냉철한 인식, 유교적 이상 사회에 대한 확고한 믿음이 어울려 이이는 사회 개혁과 국가 기강의 재정비를 시도하며 무너진 인민의 삶을 재건하려고 동분서주하였다.

요승 보우를 논하는 소

論妖僧普雨疏

생각건대, 벼슬에는 저마다 직분이 있으나 마음속에서 정성이 격해지면 직분을 지키고만 있을 수 없으며, 진언進言은 반드시 할 때가 있으나 나라에 해로움이 절박하면 때를 기다리고만 있을 수 없습니다. 지금 신은 언론의 책임을 맡지 않았으니 진언할 수 있는 직분이 아니며, 전하께서는 바야흐로 복상服喪 중에 계시니* 진언할 만한 때가 아닙니다. 그렇지만 장사꾼과 나그네도 길에서 정치를 논하고 있으니 사람은 본래 직분에 구애받지 않고 정성을 다할 수 있으며, 여러 관리가 재상의 말을 듣지 않을 수 있으니 일은 본래 때를 기다리지 않고 극언極言을 할 수 있는 것입니다. 그러므로 어리석은 신은 대뜸 만번 죽음을 무릅쓰고 감히 어리석은 생각을 아룁니다. 엎드려 바라건대, 전하께서 시험 삼아 밝게 살펴보소서.

지금 이 보우普雨의 일은 온 나라가 다 같이 분노하여 그의 살을 찢어발기려 하고 있습니다. 국자國子, 성균관에서는 항

* 명종은 이 상소를 올린 1565년 음력 4월 어머니 문정 왕후가 승하하여 거상 중에 있었다.

의하는 소疏를 올리고, 양사兩司, 사헌부와 사간원에서는 번갈아 글을 올리며, 옥당玉堂, 홍문관에서는 차자箚子를 올리는 일이 여러 날째 그치지 않고 있습니다. 그러나 전하께서는 더욱 못 들은 체하여 온 나라의 신하와 백성이 놀라고 실망하지 않는 이가 없고 모두들 "전하께서는 온 나라의 공론公論은 믿지 않고 요망한 중 하나만 옹호하신다."고 합니다. 신은 명철하고 성스러운 전하께서 보우 때문에 이런 누명을 받게 되어 속으로 통탄합니다.

'보우가 시역弑逆의 죄를 지었는데 전하께서는 원수를 풀어 주는 실수를 하셨다.'고 여기는 것은 본래 과격한 주장이어서 신은 감히 다 믿지 못합니다. 그러나 전하께서 보우를 죄가 없다고 하신 데 대해서는 신은 적이 괴이하다고 탄식하며 감히 믿고 승복하지 못하겠습니다. 이 전교가 한번 나오자 삼척동자도 모두 속으로 웃습니다. 가만히 생각건대, 위대하신 왕의 말씀은 마땅히 이와 같아서는 안 될 것입니다.

궁궐 안에서 일어난 은밀한 일은 비록 헛소문이라고 핑계를 댈 수 있다 하더라도 그가 재물을 함부로 낭비하고, 부녀를 속여서 현혹하고, 분수에 넘치게 가마를 만들어 타고, 지존至尊을 욕되게 한 일은 많은 사람이 본 일인데 모두 헛소문이라 할 수 있겠습니까. 눈썹은 매우 가까이 있으나 보이지 않습니다. 그런즉 궁중의 일을 나라 사람은 다 알고 있으나 전하께서는 모르실지 어찌 알겠습니까. 뭇사람의 분노는 저지할 수 없고 백성의 입은 막을 수 없거늘 전하께서 이토록 굳게 거부하시는 까닭은 무엇입니까? 또 전하께서는 보우가 털끝만 한 죄도 없다고 믿으십니까?

보우가 제 뜻대로 못된 짓을 한 지 지금 여러 해가 되었습니다. 죄와 복을 널리 펼쳐서 군상君上을 속였으며, 내탕內帑, 왕실의 재정을 고갈시켜 인민에게 환난을 끼쳤으며, 스스로 성인이라고 뽐내며 사생활을 사치스럽고 분수에 넘치게 누렸습니다. 이 가운데 한 가지만 있다 해도 당연히 죄를 용서받을 수 없는데 전하께서 오히려 죄가 없다고 여기시는 까닭은 무엇입니까? 전하께서는 총명하시고 강단이 있어서 권세 있는 자나 총애를 받는 자들이라도 벼슬을 자르고 귀양 보낼 때 조금도 가차 없으셨는데 일개 요망한 중을 처벌하는 일은 유독 머뭇거리고 난처해 하시니 신은 참으로 우매하여 그 까닭을 모르겠습니다. 어찌 나라 사람이 모두 죽여야 한다고 하는데도 죄 없는 자가 있겠습니까.

비록 그러하나 신이 크게 걱정하는 것은 이 때문이 아닙니다. 옥당은 전하의 복심腹心이며, 대간臺諫은 전하의 이목耳目이며, 태학太學, 성균관의 유생은 비록 죄다 공자를 본받지는 못한다 하더라도 그 가운데 뜻을 지닌 자는 모두 공자의 무리이기 때문입니다. 전하께서 이미 현명한 인재를 가려서 복심과 이목의 지위에 두었으니 그들이 직책에 걸맞다고 여기시면 마땅히 그들의 의견을 따르셔야 하며, 직책에 걸맞지 않다고 여기시면 마땅히 그들을 쫓아내셔야 합니다. 진실로 임용하고서도 신임하지 않고 의심하면서도 쫓아내지 않아서는 안 됩니다.

지금 옥당과 양사, 태학의 유생이 입을 모으고 말을 합쳐서 중 하나를 죄줄 것을 청하였으나 끝내 임금의 마음을 돌리지 못하였으니 비록 "심복과 이목의 관원과 공자를 기리고 본받는 무리에 대한 전하의 대우가 모두 중 한 사람보다 못하다."고 말하더라도 헛소리가 아닙니다. 어찌 임용은 중하게 하시고 대우는 박하게 하십니까. 가령 보우가 털끝만 한 죄도 없이 억울한 누명을 쓰고 있다 하더라도 천하 후세에서 장차 전하를 어떤 군주로 여기겠습니까. 하물며 지금 보우의 죄는 죽어 마땅하며 간하는 사람의 말은 함부로 하는 말이 아닙니다.

앞으로 나라 사람은 모두 "전하께서 보우를 대우하심이 더하여 그치지 않을 것이다."라고 하고, 중은 모두 "전하께서 우리 도를 숭상하심은 간쟁으로 이간질할 수 있는 바가 아니다."라고 할 것입니다. 이로 말미암아 이단異端은 뜻을 얻고 사기士氣는 더욱 꺾일 것입니다. 조정에 있는 신하는 모두 "간하는 말을 물 흐르듯이 따르는 전하의 미덕이 한 중에게서 가로막혔다."라고 하고, 은둔한 선비는 모두 "전하의 목소리와 안색은 천리 밖에서부터 사람을 막는다."라고 할 것입니다. 이로 말미암아 모든 관리는 해이해지고 언로는 더욱 막힐 것입니다. 사기가 꺾이고 언로가 막히면 곧은 선비는 상황을 보아 몸을 일으켜 멀리 숨고 아첨하는 사람은 틈을 보아 다투어 나올 것입니다. 이로 말미암아 조정의 기강은 날로 문란해지고 나라의 명맥은 더욱 상할 것입니다. 전하께서 비록 불교를 배척하는 뜻을 지니고 있다 하더라도 누가 좇아서 따르겠습니까. 전하께서 비록 덕을 따르는 총명함이 있다 하더라도 누가 좇아서 온 마음을 다하여 지성껏 임금을 깨우치겠습니까. 어찌 전하의 진정眞情을 집집마다 다니며 일러 주고 말해 줄 수 있겠습니까.

한 가지 일의 실수는 굳이 경중을 따질 게 못 되고 중 한 사람의 미미한 존재는 있으나 없으나 상관이 없을 듯하지만 국가에 끼치는 피해가 이처럼 절박합니다. 전하의 예지로도 이것을 살피지 못하셨단 말입니까. 자부심 가득하던 사기는 또 따라서 꺾이고, 트였던 언로는 또 따라서 막히게 되며, 위태위태하게 이어오던 나라의 명맥은 또 따라서 손상되어 재앙과 해독이 함께 닥쳐서 아무도 구제할 수 없게 된 뒤에는 비록 보우 같은 자 백 명을 베어 죽인다 하더라도 어찌 이미 지나간 실수를 보상할 수 있겠습니까.

신은 가만히 엎드려 생각건대, 전하께서 본래 약한 옥체에 상복을 입고 어두운 얼굴로 곡을 하고 계시는 때에 번거롭게 귀에 거슬리는 말씀을 드리면 전하의 마음이 편치 않으실 것 같고, 만약 다시 전하의 마음을 상하게 하리라는 사사로운 걱정과 지나친 생각에 대뜸 물러나고 간하지 않는다면 전하의 나라가 안정되지 않을 것입니다. 일의 형편이 여기에 이르렀는데도 대처할 방법이 없다면 전하의 마음은 편치 않고 나라는 안정되지 못하여 끝내 둘 다 온전하지 않게 됩니다. 이 때문에 신은 밤중에도 잠을 못 이루고 천장을 쳐다보며 눈물을 흘립니다.

신은 어리석은 소견으로 반복하여 생각해서 한 가지 방법을 얻었습니다. 자성慈聖, 문정 왕후께서 나라를 걱정하는 뜻과 복을 비는 정성 때문에 보우의 속임수와 미혹을 거부하여 물리치지 못한 지 20년이 되었습니다. 하루아침에 승하하셨다고 해서 대뜸 그를 베어 버리면 자성의 평소 마음에 어긋날 듯하고 전하께서는 살리기를 좋아하는 어진 성품으로 거상 중에 계시니 남에게 어찌 극형을 가하려 하시겠습니까. 머뭇거리고 참으시는 전하의 마음은 신도 망녕되이 헤아리는 바가 있습니다.

전하께서 공론을 좇아 빨리 극형을 시행하지 못한다면 어찌하여 먼 변방으로 귀양을 보냄으로써 대중大衆을 업고서 그를 버린다는 뜻을 보이지 않으십니까. 이와 같이 하시면 한 나라의 신하와 백성의 마음을 조금이나마 위로할 수 있고, 또한 속이고 미혹하는 세력을 조금이나마 줄일 수 있으며, 살리기를 좋아하고 죽이기를 싫어하시는 전하의 어진 마음에도 거슬리는 바가 없을 것입니다. 전하께서는 어떻게 생각하십니까?

전하께서는 지금 무죄라고 여기시는데 신은 멀리 쫓아내자는 주장을 아뢰고, 사림士林은 바야흐로 시역으로 지목하고 있는데 신은 죄를 감해 주자는 주장을 아뢰니, 참으로 위로는 전하의 뜻을 거스르고 아래로는 사림의 바람을 저버렸습니다. 그렇지만 신의 어리석은 충성은 반드시 전하의 어진 마음을 온전하게 하고 국가의 원기元氣도 보존하려는 것입니다. 그러므로 비록 위와 아래로 죄를 짓게 되더라도 신 자신의 안위는 걱정하지 않습니다.

만약 전하께서 단연코 죄가 없다고 여겨 끝내 내쫓지 않으면 이는 사기가 꺾이고 언로가 막히고 나라의 명맥이 손상되는 것을 모두 돌아보지 않으시는 것입니다. 하물며 서캐나 이 같은 신이 반딧불처럼 희미한 빛으로 어찌 감히 해와 달의 광채를 보충하기를 바라겠습니까. 만일 신의 말에 조금이라도 받아들일 만한 점이 있다고 여기신다면 꼴 베고 나무하는 사람들에게도 물어보고 평범한 말도 살피는 일이니 또한 훌륭한 덕을 쌓는 일입니다. 하필이면 사람이 변변치 못하다고 해서 그 말까지 버리겠습니까.

아! 국가의 참혹한 화가 오늘날보다 더한 때가 없었고, 생민生民이 여위고 쇠약함도 오늘날보다 심한 적이 없었습니다. 참혹한 화를 겪고 있는 때에 여위고 쇠약한 백성을 부리면서 또 사기를 꺾고 언로를 막으며 나라의 명맥을 손상시키면서 몰아붙인다면 반드시 닥쳐올 근심과 헤아릴 수 없는 환난은 차마 말할 수 없을 것입니다. 『시경』에

저 배가 흘러가서	譬彼舟流
어디에 닿을지 모르는 것같이	不知所屆
마음은 시름에 겨워	心之憂矣
눈 붙일 겨를 없네*	不遑假寐

하였는데, 신의 근심이 실로 이와 같습니다.

신의 자질은 본래 지극히 어리석고 고루하나 외람되이 나라의 잘 다스려지는 형편을 살펴보고 임금의 빈객이 되어 보좌하는 대열에 끼게 되었고 다행히 전하께서 버리지 않고 장원으로 뽑아 주셨는데 깊고 중한 성은을 보답할 바를 알지 못하였습니다. 그러므로 나라를 병들게 하는 기미를 눈으로 보고는 마음에 격한 정성이 간절하여 감히 침묵을 지키지 못하고

* 부모에게서 쫓겨난 아들이 하늘과 부모를 원망하여 부른 시라고 한다. 『시경』「소아小雅 · 소반小弁」.

이미 분별없는 소견을 아뢰었습니다. 직책을 뛰어넘은 죄를 벌하여 주소서.

보우는 조선 시대 유학자들에게 요승으로 지목되었지만 한국 불교사에서는 불교 중흥의 업적을 이룬 승려로 평가받는다. 명종의 모후 문정 왕후의 신임을 받아 양종兩宗 곧 선종과 교종을 부활시키고 승과를 설치하여 휴정서산 대사, 유정사명 대사 같은 한국 불교의 위인을 발탁하였다. 그러나 보우가 불교 중흥에 힘을 쏟을수록 유학자들의 불만은 팽배하여서 마침내 문정 왕후의 죽음과 함께 그도 몰락한다.

이이가 이 상소를 올린 1565년에 명종은 문정 왕후의 상중에 있었다. 이이는 이 상소에서 문정 왕후가 생전에 신임한 보우를 처단하기도 어렵고 보우의 부정과 비리를 처단하라는 유생과 관료의 요구를 거부하기도 어려운 명종의 난처한 처지를 중재하려고 한다. 정치적으로 양자가 날카롭게 대립하는 문제에 직면하였을 때 양자의 주장이나 관점을 중재하고 절충하려는 이이의 정치적 태도가 여기서도 잘 드러난다.

간원에서 시사를 아뢰는 소
諫院陳時事疏

생각건대, 천하의 일은 전진하지 않으면 퇴보하고 국가의 형세는 다스려지지 않으면 어지러워집니다. 전진과 퇴보, 다스려짐과 어지러워짐은 본래 운수가 있지만 전진하고 퇴보하며, 다스려지고 어지러워지는 까닭은 실은 사람에게 달려 있습니다. 그러므로 임금은 마땅히 다스려지고 어지러워지는 기미를 살펴서 다스려지는 까닭은 힘쓰고 어지러워지는 까닭은 제거하여 반드시 다스려지기를 기약한 뒤에 그만두어야지 작은 성취에 안주하고 일상의 규칙에 얽매여 되는대로 성패를 맡겨 놓아서는 안 됩니다.

신들이 보건대, 전하께서는 등극하신 이래 해뜨기 전에 의복을 갖추어 입고 밤늦게 식사를 하며 정력을 다하여 다스리려고 하면서 안으로는 음악과 여색을 즐기지 않고 밖으로는 사냥을 좋아하는 일이 없었습니다. 옛날 군주들의 마음을 좀먹고 정사를 해치는 까닭이 되었던 것들은 모두 의식意識에서 끊으셨습니다. 지난날 권세를 부리고 총애를 받는 신하들이 정사를 어지럽혀서 나라의 형세가 매우 위태로웠는데 다행히 하늘이 임금의 마음을 열어 준 덕분에 간신들을 물리쳐서 나라 안 사람들이 정치와 교화를 보기를 눈을 비비며 목이 빠져라 기다렸으며, 교화를 좀먹고 정치를 해치는 수단이 차례로 제거되어서 윤음綸音을 내릴 때마다 눈과 귀가 번쩍 뜨이고 태평성대의 희망은 아침이 아니면 저녁에 이루어질 듯하였으니, 지극한 다스림의 기미라 할 만합니다.

그러나 지금까지 현실 정치는 여태 민심을 크게 위로하지 못하고 기강은 아직 깨끗이 정비되지 못하였으며, 공도公道는 아직 널리 펼쳐지지 못하고 탐욕스런 풍조는 아직 없어지지 않았습니다. 선과 악이 구분되지 않아서 벼슬길이 혼잡한 것이 전과 같고, 소송과 재판이 공평하지 않아 세력이 있고 교활한 자들의 뜻대로 되는 것도 그대로입니다. 천심天心도 기뻐하지 않아 재앙과 이변이 거듭 나타나고, 백성의 역량은 고갈되었으나 구호 혜택은 아직 내려오지 않고 있습니다.

참으로 여러 해 쌓여 온 고질이라 한 가지 약으로는 고치기 어렵습니다. 높은 벼슬아치는 흐리멍덩하게 넘어가는 습관이 들었고 낮은 벼슬아치는 반질반질하게 넘겨 버리는 습관이 들었으며, 안으로 모든 부서는 게으름을 피우는 습관이 들었고 밖으로 여러 고을에서는 가혹하게 긁어모으는 습관이 들었습니다. 오랜 습관에 칭칭 얽매여 스스로 버리지 못하고서 용납하고 침묵하는 것을 상황에 통달한 것으로 삼고, 건의하고 아괴는 것을 일을 만드는 것으로 여깁니다. 습속을 따르는 자를 중도를 얻었다 하고, 꿋꿋이 지조를 지키는 자를 현실에 어둡고 괴이하다고 합니다.

이와 같은 기풍과 현상은 권세 있는 간신이 나라를 좀먹던 때와 크게 달라진 게 없습니다. 이와 같이 옛날을 답습하여 그럭저럭 새는 것을 막고 기워서는 날로 다스려지는 것을 보지 못하고 끝내는 반드시 날로 어지러움으로 향할 뿐입니다. 어찌 깊이 근심할 일이 아니겠습니까.

신들은 모두 변변치 못한 자질로 언관言官의 지위에 있으면서 천장을 우러러 남몰래 탄식하며 밤에도 잠을 못 이루고 폐단을 개혁할 근원을 깊이 생각하고서 어리석은 정성을 다 기울여서 삼가 세 가지 일을 성명聖明께 바칩니다. 첫째는 전하의 마음을 바르게 하여 다스림의 근본을 세우는 일입니다. 둘째는 현자를 등용하여 조정을 맑게 하는 일입니다. 셋째는 백성을 안정시켜서 나라의 근본을 튼튼하게 하는 일입니다.

이른바 전하의 마음을 바르게 하여 다스림의 근본을 세우라고 한 것은, 임금이 어질면 어질지 않은 자가 아무도 없고 임금이 의로우면 의롭지 않은 자가 아무도 없기 때문입니다. 옛날 임금도 모두 잘 다스리려 하였지만 다스려지는 날은 늘 적고 어지러운 날이 늘 많았던 것은 다만 자기 수양을 다하지 못하여서 온 나라의 본보기가 될 수 없었기 때문입니다. 그러므로 마음을 바르게 하는 것을 첫머리로 삼았는데 그 조목은 셋이 있습니다. 첫째, 큰 뜻을 세움, 둘째, 학문을 힘씀, 셋째, 올바른 사람을 가까이함입니다.

첫째, 큰 뜻을 세우는 일입니다. 다스려지고 어지러워짐은 임금의 의지에 달려 있습니다. 의지가 인仁과 의義에 있으면 요순堯舜이 되고, 의지가 인과 의를 가장假裝하는 데 있으면 오패五覇*가 되고, 의지가 욕심을 부리는 데 있으면 걸주桀紂가 됩니다. 의지가 정해진 바가 없으면 권세를 농단하는 신하를 불러들이고, 의지가 한쪽으로만 치우치면 면전에서 아첨하는 자가 모여듭니다. 의지가 향하는 바에 따른 효과는 그림자나 메아리와도 같습니다.

바라건대, 전하께서는 부지런하고 굳센 노력을 분발하여 훌륭한 일을 하려는 의지를 크게 일으켜서 반드시 옛날 성왕聖王을 자기 규범規範으로 삼으며, 늘 하던 대로 따르고 관례만 지키던 습성을 일체 쓸어버리소서. 학문을 함에는 반드시 몸에 도를 쌓으려 하고, 현자를 구함에는 반드시 은거한 사람을 모두 불러들이려 하며, 정치를 시행함에는 반드시 여러 가지 일이

* 오패가 누구인지는 여러 설이 있으나 대체로 춘추 시대 제 환공齊桓公, 진 문공晉文公, 진 목공秦穆公, 송 양공宋襄公, 초 장왕楚莊王을 가리킨다. 패자는 선린 동맹善隣同盟을 맺은 나라들 사이에서 맹주가 된 자를 가리킨다. 춘추 시대에는 패자가 사회 체제를 주도하였고, 이런 정치 형태를 패정覇政이라고도 한다. 패정은 무력을 바탕으로 하지만 춘추 시대의 잠정적 질서와 체제 유지를 이끌었다는 데 의의가 있다.

모두 빛나도록 하며, 백성을 교화함에는 반드시 모두 감화하여 화평하도록 해야 합니다. 이러한 의지가 굳으면 나라를 다스리는 일은 손바닥 위에서 놀리듯 쉽습니다.

둘째, 학문에 힘쓰는 일입니다. 삼대三代*가 아득히 멀어서 성왕은 나타나지 않고, 요 임금과 순 임금이 전수한 심학心學*도 끊어져서 전해진 바가 없으니 우리 도는 다만 신분이 낮은 아래의 성현들에게 붙어 있었을 뿐입니다.* 한漢·당唐 이후 몸소 정치를 잘한 명철한 군주가 없지는 않았지만 모두 안으로 반성하는 학문이 없어서 선왕의 정치를 회복하지 못하였습니다. 지금 전하께서는 밝고 슬기로운 자질로 군주와 스승의 책임을 모두 맡고 계시니 요순같이 되고자 하면 요순이 될 수 있고, 문왕·무왕같이 되고자 하면 문왕·무왕이 될 수 있으

* 중국 고대의 하夏·상商·주周 세 왕조, 특히 이 세 왕조의 초기에 정치 혁신이 일어나 체제가 정비되고 인민의 삶이 일신되었던 시기를 가리킨다. 동북아시아 전통 사회에서는 이상적인 시대의 모델로 여겼다.
* 원래는 주로 정이程頤, 주희朱熹의 이학理學과 대립되는 육상산陸象山, 왕양명王陽明 계열의 학문을 가리키는 말로 쓴다. 여기서는 『서경』에 나오는 "진실로 그 중도를 잡으라允執厥中"는, 성왕이 대대로 전수한 핵심 가르침을 이은 학문을 말한다. 주자학에서는 이 이념이 요순으로부터 공자, 맹자를 거쳐서 송대까지 도통道統으로 이어졌다고 여긴다.
* 주자학의 이념에 의하면, 원래 하늘이 인민을 내고 덕이 있는 자에게 정치적·정신적 지도자의 역할을 맡겼는데, 상고 시대에는 이 원칙이 지켜져 성현이 제왕이 되었으나 점차 시대가 흐르면서 제왕의 덕을 지닌 성현이 정치 권력을 장악하지 못하게 되는 타락한 상황이 전개되어서 성현이 걸맞은 지위를 얻지 못하고 신분이 낮은 지위에 있게 되었다고 한다. 이는 수기치인修己治人 또는 내성외왕內聖外王을 지향하는 유학의 도를 공자를 중심으로 재구성하는 이념에서 나온 것이다.

니 막을 수 있는 자는 아무도 없습니다.

바라건대, 전하께서는 정심성의正心誠意*를 듣기 싫은 진부한 말이라 여기지 마시며, 반드시 궁리거경窮理居敬*으로써 다스림을 이루는 근원을 삼으소서. 성학聖學*에 잠심潛心하여 게으름을 피우지 말고 소홀히 하지 말며, 천리天理와 인욕人欲*을 털끝만 한 부분까지도 쪼개고 나누어서 어떤 일이 천리임을 알면 경건으로 확충하여서 조금이라도 정체되거나 막히지 않게 하며 어떤 일이 인욕임을 알면 경건으로 끊어서 티끌만큼도 남아 있지 않도록 해야 합니다. 반드시 총명한 지혜를 널리 운용하고 두루 융화한 상태로써 효력을 거둔 때로 삼는다면 두 임금二帝은 세 임금이 되고 세 왕三王은 네 왕이 될 수 있을 것인데* 조금 성과를 얻은 저 한·당의 공적을 가지고

* 정심성의는 마음을 바르게 하고 뜻을 성실히 한다는 뜻이다. 『대학』의 팔조목八條目 가운데 넷째와 셋째 조목이다.

* 궁리거경은 이치를 탐구하고 경건을 유지한다는 뜻이다. 주자학에서 학문 방법론인 공부론工夫論으로 제시하는 두 가지 원리이다. 거경은 내면의 경건성을 유지하여 본성本性의 덕을 함양하는 방법이고, 궁리는 『대학』의 팔조목 가운데 첫 두 조목인 격물치지格物致知를 의미하는 말로 진리 탐구를 가리킨다.

* 성학은 성인이 되기 위한 배움과 성인이 전수한 학문이라는 뜻을 아울러 지니고 있는 말로 현실적으로는 제왕학을 가리킨다. 왕을 성인 제왕聖人帝王으로 교육한다는 뜻이 담겨 있다.

* 천리와 인욕은 주자학의 중요한 개념이다. 일반적으로 천리는 공공성과 결부되며 인욕은 개인의 사적 욕망과 결부된다.

* 요 임금과 순 임금에 선조를 더하여 세 임금으로 일컬어지고, 하의 우왕禹王, 상의 탕왕湯王, 주의 문왕에 선조를 더하여 네 왕으로 일컬어질 수 있다는 의미이다. 곧 선조가 덕과 공적을 쌓아서 이상적 제왕처럼 훌륭한 임금이 될 수 있다는 뜻이다.

서 어찌 다스림의 도를 충분히 얘기할 수 있겠습니까.

셋째, 올바른 사람을 가까이하는 일입니다. 성학은 비록 하늘에서 내는 것이라 하더라도 반드시 올바른 사람이 영향을 끼쳐서 그 훈계를 듣고 도움과 인도를 받아서 성인의 덕을 성취하는 것입니다. 옛날에 정자程子는 "군주가 하루 동안에 현명한 사대부를 접견하는 시간이 많고 환관과 궁첩宮妾을 가까이하는 시간이 적다면 기질을 함양하고 덕성을 도야할 수 있다."고 하였습니다. 이는 참으로 바꿀 수 없는 정론인데 안타깝게도 당시 군주는 그렇게 하지 못하였습니다.

전에 옥체가 자주 편찮으셔서 오랫동안 경연을 폐지하는 바람에 안팎이 근심하고 답답해 하여 화기가 이르지 못하였는데 요사이 경연을 열어서 훌륭한 의견을 살펴 받아들이시니, 좌우에서 보필하는 신하가 서로 기뻐하고 백성들이 기뻐서 들썩이며 만물이 함께 번성하는 것을 볼 수 있습니다.

다만 거상 중에 계셔서 정사를 돌보는 날이 적어 현명한 사대부가 들어가 뵙는 기회가 드뭅니다. 열흘은 춥고 하루만 볕이 나는 격이니* 어찌 걱정스럽지 않겠습니까. 비록 날마다 경연에 나아가 여러 신하를 예로써 접견하지는 못한다 하더라도

* 아무리 잘 자라는 식물이라도 열흘 춥고 하루만 볕이 쬐면 잘 자랄 수 없듯이 현자를 만나 좋은 말을 듣고 공부를 하는 시간은 적고 간사한 소인을 만나고 공부를 게을리하는 시간이 많으면 현자가 왕의 덕을 증진시킬 수 없다. 『맹자』「고자告子·상」.

가까운 신하가 들어가 뵙는 일은 본래 때를 가려서는 안 됩니다. 임금과 신하는 마치 아버지와 자식 같은데 아버지와 아들 사이에 어찌 예모禮貌에 얽매여 나아가 뵐 수 없겠습니까.

바라건대, 전하께서는 올바른 사람을 가까이하고 도학道學 공부에 힘쓰소서. 따로 학문이 순수하고 바른 선비를 택하여 근시近侍의 반열에 두고서 아무 때나 편전으로 소대召對하시되 전하께서는 편복을 입고 앉거나 눕거나 마음대로 하여서 근신이 기를 펴고 도를 강론할 수 있게 하소서. 때로 대신을 인견하여 정치의 잘잘못을 묻되 따스한 얼굴과 간소한 예로 자기를 비우고 말을 살펴서 마음에 맞는 말은 도리가 아닌지 따지고 마음에 거슬리는 말은 도리에 맞는지 따져 보아야 합니다. 이와 같이 하면 위와 아래가 서로 신뢰하여 정치의 도가 아름답고 밝아질 뿐만 아니라 또한 옥체를 보존하고 기르는 데도 크게 유익하여 참으로 만세토록 한없는 경사가 될 것입니다.

이른바 현자를 등용하여 조정을 맑게 하는 일입니다. 먼저 자기 수양을 하지 않고서 조정을 맑게 하려 하면 충성스러운 사람과 사악한 사람, 신의가 있는 사람과 남을 모함하는 사람을 분별할 수 없고, 자기 수양은 다하였다 하더라도 조정이 맑지 못하면 임금은 있되 신하는 없는 셈이어서 다스릴 수 없습니다. 그러므로 현자를 등용하는 일을 다음으로 들었는데 그 조목은 셋이 있습니다. 첫째, 사악한 사람과 올바른 사람을 변별하는 일, 둘째, 사기士氣를 떨치게 하는 일, 셋째, 뛰어난 인재를 구하는 일입니다.

첫째, 사악한 사람과 올바른 사람을 변별하는 일입니다. 군자와 소인은 마치 물과 불처럼 같은 그릇에 담을 수 없고, 얼음과 숯처럼 서로 유사하지 않은 것이어서 이쪽이 자라나면 저쪽은 소멸되고 저쪽이 성하면 이쪽은 쇠퇴합니다. 옛날 임금도 모두 군자는 등용하고 소인은 물리치려고 하였지만 군자로서 임금의 신임을 얻은 이는 매우 적었고 소인이 나라를 그르친 일이 이어진 것은 참으로 임금의 덕이 완성되지 못하고 임금의 마음이 밝지 못하여서 뜻에 영합하는 자는 좋아하고 어기는 자는 꺼렸기 때문입니다. 가령 임금의 마음이 순수하고 올바르며 한결같은 뜻으로 다스림을 지향하여 다른 길에 잘못 빠져들지 않는다면 비록 소인이 백 명이나 있다 하더라도 어찌 간계를 부려서 나라를 병들게 할 수 있겠습니까.

도를 기준으로 나아가고 물러나며 구차하게 벼슬자리에 얽매이지 않는 자는 반드시 군자이며, 한갓 이익과 녹봉만 추구하며 하는 일 없이 자리만 차지하고 앉아 있는 것도 부끄러워하지 않는 자는 반드시 소인입니다. 착한 것을 말하고 사악한 것을 막아서 군주의 감정은 상관하지 않고 다만 그릇된 마음을 바로잡고자 하는 자는 반드시 군자이며, 의중을 먼저 살피고 뜻을 따르며 나랏일이 날로 그릇되어 가는 것은 안타까워하지 않고 다만 총애와 녹봉을 굳게 하려고 하는 자는 반드시 소인입니다. 꿋꿋이 지조를 지키고 홀로 실행하며 세상의 습속에 더러워지지 않는 자는 반드시 군자이며, 이익을 좇고 권세에 아부하여 취향이 정해지지 않은 자는 반드시 소인입니다. 일 처리가 분명하여 푸른 하늘과 밝은 해 같은 자는 반드시 군자이며 마음 씀씀이가 음험하여 깊은 함정과 은밀한 덫 같은 자는 반드시 소인입니다. 착한 무리를 이끌어 주고 도의 맥락을 떨쳐 일으켜서 조정에 훌륭한 선비가 많도록 하려는 자는 반드시 군자이며, 말을 조작하여 사건을 일으켜서 깨끗한 무리를 법망에 옭아매어 남을 해치는 것을 출세의 길로 삼으려는 자는 반드시 소인입니다.

바라건대, 전하께서는 하늘과 땅같이 지극히 공정한 도량을 넓히고 해와 달같이 지극히 밝은 안목으로 살펴서 그들의 말을 듣고 그들의 행실을 관찰하여, 반드시 옳고 그른 것과 사악하고 올바른 것이 성명의 통촉하심에서 달아날 곳이 없게 하소서. 군자임을 확인하면 반드시 끌어들여 가까이하여서 그로 하여금 반드시 그 도를 행하게 하고 소인임을 확인하면 반드시 물리치고 멀리하여서 그로 하여금 반드시 그 뿌리를 잘라 버리게 하면, 곧고 신의 있고 굳세고 올바른 선비는 다투어 충성을 다하며 간사하고 모함하고 아첨하는 무리는 자취를 멀리 감추어서 조정이 맑아질 날을 손꼽아 기다릴 수 있을 것입니다.

둘째, 사기를 떨치게 하는 일입니다. 지금 성명이 위에 계시지만 선비의 습성은 예스럽지 않아 한갓 녹봉을 추구하는 일만 힘쓸 줄 알고 벼슬에 나아가고 물러남이 합당한지 아닌지를 돌아보지 않습니다. 법도와 규범을 따르고 바른 학문으로써 자신을 다스리려는 사람이 있으면 여러 사람이 괴이하게 여기고 함께 모여서 욕하며 반드시 그가 용납되지 않게 한 뒤에야 그만둡니다. 만약 이러한 습성을 크게 바꾸어 놓지 않으면 인재로 만들어서 나라를 위한 그릇으로 쓰이도록 할 수 없습니다.

바라건대, 전하께서는 몸소 실천하고 마음에 터득한 일을 미루어 나가서 나라에 교화를 이루고, 학문을 성취하고 행실이 드높아서 사표師表가 될 만한 사람을 따로 뽑아서 태학의 학생을 가르치게 하소서. 그 밖에 학교 교관들도 모두 경학에 밝고 행실을 닦은 선비를 뽑아서 쓰며, 문장을 잘 짓고 못 짓는 것으로 시험 성적을 평가하지 말고 오로지 학문을 강론하고 힘써 실행하는 것을 급무로 삼으소서. 이단의 가르침과 세상을 미혹하는 술법 같은 것은 일절 금하여 단절하소서. 서울에서부터 시작하여 사방에까지 이렇게 하면 호걸스러운 선비 가운데에는 반드시 뛰어난 자가 있고 일반 백성 가운데에서도 분발하여 일어나는 자가 있을 것입니다.

셋째, 뛰어난 인재를 구하는 일입니다. 오늘날 세상의 선비가 과거에 급제하기만 바라고 실행에 힘쓰지 않는 까닭은 다만 염치의 도가 무너져서 얻고 잃는 것만 걱정하기 때문입니다. 부귀는 사람들이 바라는 바이나 가령 차지하려 하는 자는 얻고 차지하려 하지 않는 자는 얻지 못한다면 비록 도를 품고 재능을 지닌 선비가 있다 하더라도 끝내 그것을 드러내 보일 길이 없고 의리에 어둡고 부끄러움을 잊은 무리는 모두 소원을 이룰 것입니다.

바라건대, 전하께서는 지극한 정성으로 현자를 구하여 함께 정치할 것을 생각하며 출신은 미천하더라도 재주와 덕을 지닌 자를 발굴하는 일을 자기 근심으로 삼고, 벼슬에 나아오는 데 조바심을 내는 자는 억누르고 조용히 물러나는 자를 들어 쓰소서.

과거 외에 별도로 현명하고 선량한 자를 구하되 사방에 전교를 내려 숨은 인재를 찾아내 재능과 행실에 따라 관작官爵을 내리소서. 문음門蔭*의 선비라 하더라도 반드시 한 가지 훌륭한 점이 있다는 명성을 얻은 뒤 벼슬에 나아가게 하고, 뇌물을 바치고 청탁하는 일이 절대로 다시는 행해지지 않도

* 문음은 관리 선발 방법의 하나로, 선조나 가까운 친척이 높은 벼슬을 하였거나 나라에 큰 공을 세웠을 때 그 자손에게 특별히 관직을 수여하는 제도이다.

록 하소서. 이와 같이 하면 선비는 함부로 벼슬에 나아가는 것을 부끄러워할 줄 알고 조정에는 재물이 길하다는 풍자가 사라지며, 궤에 감추어 두고 팔릴 때를 기다리듯 때를 기다리는 선비* 가운데에서도 세상에 나와 쓰일 자가 있을 것입니다.

이른바 백성을 안정시켜서 나라의 근본을 튼튼하게 하는 일입니다. 임금은 나라에 의지하고 나라는 백성에 의지합니다. 임금이 정치의 근본을 세우는 까닭은 이 백성에게 표준이 되고자 하기 때문이며, 조정을 맑게 하는 까닭은 이 백성에게 어진 정치를 베풀고자 하기 때문입니다. 그러므로 백성을 안정시키는 것이 그 다음인데 그 조목은 넷이 있습니다. 첫째, 병폐를 조사하는 일, 둘째, 친족의 연대 책임을 늦추어 주는 일, 셋째, 외방 관원을 선발하는 일, 넷째, 옥사와 송사를 공평하게 처리하는 일입니다.

첫째, 병폐를 조사하는 일입니다. 근년 이래 정치는 문란하고 관리는 가혹하며, 세금은 많아지고 부역은 무거워졌습니다. 흉년이 거듭 들고 전염병이 잇따라 유행하여 장정은 사방으로 흩어지고, 약한 자는 죽어서 시체가 골짜기나 구렁텅이를 메우고, 울부짖는 백성이 마치 나무에 걸려 말라죽은 물

* 자공子貢이 "여기에 아름다운 옥이 있는데 궤 속에 넣어서 감추어 둬야 합니까, 좋은 값을 받고 팔기를 구해야 합니까?"라고 묻자 공자가 "팔아야지, 팔아야지. 나는 제값을 기다리는 자이다."라고 답한 데서 따왔다. 『논어』「자한子罕」.

풀 같습니다. 고을과 마을은 텅 비었고 밭과 들은 황폐해져 심지어 100리 사이에서도 사람 사는 흔적을 볼 수 없는 지경에 이르렀으니, 그 비참하고 처량한 광경은 사람들로 하여금 눈물을 흘리게 합니다. 전하께서는 깊은 궁궐 안에 계시니 백성의 고통을 대강 들으셨을 뿐 어찌 거꾸로 매달린 듯한 이 처지를 사실대로 알 수 있겠습니까.

지금 백성의 역량으로 보아서는 비록 통상의 세금과 정해진 부역만 바치게 한다 하더라도 지탱하지 못하고 끝내 곤경이 극도에 달하여 난리를 일으키는 지경에 이를 것입니다. 적미적赤眉賊*, 황건적黃巾賊*이 어찌 천성으로 반역을 좋아하는 자들이었겠습니까. 이들도 모두 보통 백성으로서 도탄에 빠진 고통을 견딜 수 없었던 자들일 뿐입니다. 말이 여기에 이르니 참으로 통곡을 하게 됩니다. 지금 당장 구제하지 않으면 후회한들 무슨 소용이 있겠습니까.

현재 각 부서의 관리는 다만 쓸 경비만 걱정하고 백성의 역량은 돌아보지 않습니다. 비록 폐단을 진술하는 상소를 올리

* 적미적은 왕망의 신新 말엽, 기원 18년에 번숭樊崇을 수령으로 산동 동쪽 거莒에서 봉기한 농민군의 이름이다. 한때 134만이나 될 정도로 세력을 떨쳤으나 광무제에 의해 평정되었다. 이들은 왕망의 군사와 구별하기 위해 눈썹을 붉게 물들였기 때문에 적미적이라고 불렸다.

* 황건적은 후한 말엽 영제靈帝 때 장각張角이 일으킨 봉기군이다. 머리에 누런 두건을 썼기 때문에 황건적이라고 불렸다. 한때 중국을 뒤흔들었으나 조정에서 파견된 관군과 각지에서 일어난 의병에 의해 평정되었다. 후한이 멸망한 원인 가운데 하나이다.

더라도 으레 임금께 전달되지 못하도록 막는 것을 일상의 규례로 삼고 있습니다. 대신은 또 장래를 염려하고 깊이 걱정하여서 반드시 백성을 살리려고 한다는 말은 들리지 않고 병들고 피폐한 꼴을 익히 보고서도 어쩔 수 없는 영역에 두고 아무도 감히 한 가지 대책도 내놓지 못하고서 "진상품을 받아들이는 일은 빼놓을 수 없다."고만 합니다.

아! 가령 궁한 백성이 반역하는 백성으로 전락한다면 진상물을 어디에 책임 지워서 '빼놓지 않고' 받아들이겠습니까. 사리와 형세가 반드시 그렇게 될 것은 의심할 수 없습니다. 당장 시급한 일은 위아래가 한마음이 되어서 원대한 계책을 강구하여 위에서 덜어 내어 아래에 더하여서 나라의 근본을 안정시키는 데 힘쓰는 것입니다. 그러나 현재의 온갖 폐단을 다 알기 어려울 터이니, 바라건대, 전하께서는 특별히 의견을 구하는 전교를 내려 거리낌 없이 의견을 올릴 수 있는 문을 크게 열어 놓으소서. 위로 조정 신하로부터 아래로 서민에 이르기까지, 안으로 서울에서부터 밖으로 먼 변방에 이르기까지 모두 저마다 현재의 폐단을 진술하고 실정을 다 털어놓게 하소서. 상소를 모은 뒤 해당 관부에서 관례에 따라 회계回啓, 임금이 하문한 사항을 재심하여 상주하는 일만 하도록 하지 말고 조정의 의견을 널리 모아서 검토하고 채택하게 하소서. 그리하여 만약 그 말이 절실하고 직접 연관이 있어서 현재의 병폐에 적중한 것이라면 즉시 정치에 시행하여 헛된 말이 되지 않게 하소서.

간혹 논의가 사리에 밝게 달통하고 학문이 나라를 다스리고 백성을 구제하는 일에 통달한 이가 있거든 그의 말을 채택하고 그 사람에게 벼슬을 내리며, 비록 진술하는 바가 자질구레하고 볼만한 것이 없으며 거리낌 없이 함부로 말하는 자라 하더라도 그대로 두고 불문에 부치소서. 이와 같이 하면 거의 온 나라 사람이 보고 듣는 것을 군주 한 사람의 총명으로 삼을 수 있어, 쌓인 폐단도 없애고 백성의 노고도 그치게 할 수 있을 것입니다.

둘째, 친족의 연대 책임을 늦추어 주는 일입니다. 이 백성이 이리저리 떠돌며 삶을 보전하지 못하는 까닭은 친족의 연대 책임 때문이고, 수령이 가만히 서서 백성이 죽는 것을 보고도 손을 쓰지 못하는 까닭도 친족의 연대 책임 때문입니다.

친족이 연대 책임의 침해를 당하는 까닭은 셋이 있습니다. 수군과 육군은 인원을 태반이나 충당하지 못하고 다만 빈 명부를 갖고 있으며 또 정규군 외의 군사까지 두어서 수자리를 설 때가 되면 군적軍籍에 따라 수자리에 나가도록 독촉합니다. 그런데 본인이 없으면 그 대신으로 베布를 바치게 하는데 이것이 하나입니다. 각 관사官司의 선상選上*에 대가를 받고

* 선상은 관아에서 사역을 위해 지방의 관노비를 뽑아 서울로 올리던 일을 말한다.

부역을 대신하도록 하는데 혹은 임시로 설치한 관사로 인하여, 혹은 한때의 역사役事로 인하여 번번이 선상의 숫자를 더합니다. 그리하여 백성의 호수戶數는 점점 줄어들고 선상하는 수는 점점 늘어나니 할당하여 징수하는 고통을 당하지 않는 백성이 없습니다. 이것이 둘입니다. 오래 묵은 밭도 세금을 감면하지 않고, 유망절호流亡絶戶의 풀과 나무가 숲을 이룬 밭이라 하더라도 반드시 친족과 겨린切鄰*에 연대 책임을 물어서 세금을 거두어들이되 경작하고 수확하는 땅과 조금도 차등이 없는데 이것이 셋입니다.

이 세 가지 폐단이야말로 백성을 골짜기나 구렁텅이로 몰아넣는 큰 환난인데도 조정에서는 아무도 감히 경장更張하려 하지 않고 수령은 아무도 감히 보고하려 하지 않습니다. 그 환난은 친족의 친족, 겨린의 겨린으로 파급되어 그 형세가 반드시 한 나라 백성이 모두 도망치고 한 나라의 밭이 모두 묵고 황폐해진 뒤라야 그칠 것입니다.

비록 조정이 맑고 밝으며 정사가 정비되어 다스려진다고 하더라도 이 환난을 제거하지 않으면 백성은 모두 흩어질 터이니 나라는 장차 무엇에 의지하겠습니까. 신들이 생각하기에 만약 정규 편제 이외의 군졸을 없애고 실호實戶에서 뽑아 정

* 겨린은 본디 살인 사건이 났을 때 범인의 집 이웃에 사는 사람을 가리키는 말이다. 법적 책임을 지는 자의 바로 이웃을 뜻한다.

규군으로 충당하면 첫째 환난을 없앨 수 있습니다. 각 관사의 선상은 다만 『경국대전』에 정해진 액수만 남기고 나머지는 모두 감면하면 둘째 환난을 없앨 수 있습니다. 묵고 황폐한 밭은 백성을 모집하여 경작하고 경작한 것에 따라 세금을 매기면 셋째 환난을 없앨 수 있습니다.

선상을 재감裁減하는 것은 나라의 경비와 관계없으니 만일 사사로움을 앞세우고 공의를 뒤로 미루는 자가 아니라면 아무도 감히 이의가 있을 수 없습니다. 정규 편제 이외의 군졸을 폐지하는 문제라면 논의하는 자들이 반드시 방비가 견고하지 않게 된다고 하며, 묵정밭의 세금을 감하는 문제라면 논의하는 자들이 반드시 나라 창고에 여유가 없게 된다고 할 것입니다. 이러한 말은 옳은 듯하나 실은 틀렸습니다.

지금 수군이나 육군으로서 변경에서 창을 들고 있는 자는 얼마 없고 그 나머지는 모두 대가로 변방 장수에게 베를 바치고 있습니다. 현존하는 자에 대해서는 병역을 부과할 수 있으나 유망한 자에게는 친족에게 분담시켜 징수할 뿐인데 형편이 그렇게 되지 않을 수 없습니다. 편제 이외의 군졸을 줄이는 일은 다만 받아들이는 포물布物을 줄이는 것일 뿐 방비의 허실과는 애초에 관계가 없습니다. 하물며 군대란 정예롭지 않은 것이 걱정이지 수가 많지 않은 것은 걱정이 되지 않습니다. 나라가 부강하고 번성하면 백성이 모두 군사가 될 터인데 어찌 군사가 없음을 걱정하겠습니까.

또한 묵정밭에 세금을 매기지 않으면 세입이 전보다 감소하여 나라 창고에 약간 여유가 없게 될 것입니다. 그러나 지금 비옥한 들판이 황폐한데 경작하는 백성이 있어서 땅을 겨우 몇 이랑 일구면 곧바로 100결結*에 해당하는 세금을 독촉하기 때문에 따비를 둘러메고 빤히 보면서도 아무도 감히 흙을 일구지 못합니다. 이 때문에 묵은 땅이 점점 확대되어 눈에 보이는 곳이 모두 황량하게 되었습니다. 지금 만약 경작한 것에 따라 세금을 물리면 생업이 없는 백성이 다투어 와서 개간하여 10년이 안 되어 옛 농토를 복구할 수 있고 민생은 가난과 굶주림을 면할 수 있으니 나라의 경비는 잠시 궁색하나 길이 넉넉해질 것입니다. 하물며 나라에는 비록 저축이 적더라도 백성은 부를 축적할 수 있을 터인데 백성이 풍족하다면 임금이 누구와 함께 부족하겠습니까.

바라건대, 전하께서 이 세 가지 폐단을 대신에게 자문하고 해당 관서에서 의논하여서 개혁을 단행하여 고질병을 구제하신다면 성명께서는 남의 불행을 차마 보고 있지 못하는 마

* 결은 토지 면적의 단위이다. 모든 토지는 땅의 성질에 따라 6등급으로 나누고 토지 측량에 사용하는 양전척量田尺도 토지의 등급에 따라 달랐다. 양전척의 1평방척이 1파把, 10파가 1속束, 10속이 1부負, 100부가 1결結이다. 이 등급에 따라 세금을 부과하였다.

음不忍人之心*을 미루어 나가고 창생蒼生은 도탄의 고통에서 벗어날 수 있을 것입니다.

셋째, 외방 관원을 선발하는 일입니다. 민생의 평안과 근심은 수령에게 달려 있고 군액軍額의 허수와 실수는 변방 장수에게 관련되며, 사람을 등용하고 축출하는 것이 합당한지 여부는 감사監司, 관찰사에게 달려 있습니다. 수령이 합당한 사람이 아니면 권세가에게 뇌물을 바쳐서 아부하여 자기는 살찌우고 백성은 여위게 합니다. 변방 장수가 합당한 사람이 아니면 군졸을 착취하고 무비武備를 훼손합니다. 감사가 합당한 사람이 아니면 은혜와 원수를 갚기에만 힘쓰고 백성의 실정은 살피지 않습니다. 이와 같으면 비록 성스러운 임금과 현명한 재상이 날마다 정치의 도리를 강구한다고 하더라도 은택이 아래에 미치지 못하고 교화가 밖으로 펴지지 않아서 끝내 나라를 다스릴 수 있는 방도가 없습니다.

바라건대, 전하께서는 따로 강직하고 공명정대하며 어질고 후덕하여 한 방면方面을 맡을 만한 자를 뽑아서 감사로 삼아 훌륭한 이는 승진시키고 그렇지 못한 이는 벌을 주며 백성을

* 불인인지심은 남의 불행을 공감하는 선천적인 감정으로 자연 발생적인 도덕적 정감을 가리키는 말이다. 맹자가 사람의 본성이 착하다고 주장하면서 논거로 든 개념이다. 맹자는 남의 불행을 차마 보고 있지 못하는 마음으로 남의 불행을 차마 보고 있지 못하는 정치를 행하면 천하를 다스리기는 손바닥 위에서 놀리듯 쉽다고 하였다. 『맹자』「공손추·상」.

보호하여 정치를 이루는 일을 그에게 책임지우고, 전최殿最*를 공정하게 하지 않고 실적이 보잘것없는 자는 밝혀서 견책과 처벌을 내려서 등용되지 못하게 하소서. 또 조정의 신하로 하여금 저마다 수령이 될 만한 자를 추천하게 한 뒤 반드시 청렴하고 유능하며 충직하고 아량 있는 자를 뽑아서 100리 사방을 다스리는 수령으로 내보내서 그에게 쇠잔한 고을을 소생시키고 병폐를 바로잡아서 백성의 환심을 얻는 일을 책임지우소서. 일에 태만하고 백성을 학대하는 자는 중죄로 처벌하고 추천한 자까지 아울러 다스리소서. 진鎭의 지휘관과 보堡의 장수도 공도公道를 따라 재략과 품행이 있는 자를 발탁하고 재물과 이익의 많고 적음으로써 지위를 정하지 않으면 큰 쥐碩鼠 같은 관리*가 거의 자취를 감추고 금성탕지金城湯池처럼 수비가 견고해져서 생민이 비로소 생업을 즐기고 회복될 희망이 있을 것입니다.

넷째, 옥사와 송사를 공평하게 처리하는 일입니다. 현재 송사를 처리하는 관원은 대부분 합당한 사람을 얻지 못해서 뇌물에 유혹을 당하고 권귀權貴를 두려워하며 사리의 곡직曲直은 변별하지 않고 오직 세력의 강약만 살핍니다. 그러므로

* 전최는 관찰사가 각 고을 수령의 행정 실적을 조사하여 중앙에 보고하는 일. 성적을 매길 때 상을 최最, 하를 전殿이라고 한다. 매년 6월, 12월에 각각 시행하였다.
* 큰 쥐는 인민을 착취하는 관리를 비유한 말이다. 『시경』「위풍魏風·석서碩鼠」.

요직에 있는 인사는 기염을 토하고 위세를 믿는 무리는 요로에 들러붙어서 공공연히 겁탈을 하여도 백성은 아무도 감히 항거하지 못하며, 심지어 남을 상해한 자도 불문에 부치고 사람을 죽인 자도 사형을 당하지 않으니 원한과 분노의 기운이 하늘에까지 사무쳐 있습니다. 한 여자가 원한을 품어도 오히려 3년 동안 가뭄이 들고 한 남자가 비원悲願을 품어도 오히려 5월에 서리가 내린다고 하는데, 하물며 지금 나라 안에 원한을 품고 비원을 품은 자가 얼마나 되는지 알지 못할 정도이니 어찌 하늘과 땅의 조화를 손상시켜서 홍수와 가뭄의 재난을 부르지 않을 수 있겠습니까.

바라건대, 전하께서는 안팎의 신하를 엄격하게 다스려서 전에 물든 더러움을 깨끗이 씻어 버리고 공술供述하는 말을 밝게 살피고 공정하게 판결하여서 곤궁하고 외로운 이를 학대하지 말고 고위층을 두둔하지 말며, 오형五刑*을 정비하여서 오교五教*를 돕게 하소서. 혹시 인습을 따르고 사정私情을 좇으며 식견이 비루하고 여론을 들끓게 하는 자가 있으면 탐장貪贓의 법률로 다스려서 여러 가지 불법의 문호를 영구히

* 오형은 고대 중국에서 행한 다섯 가지 신체형을 말한다. 얼굴에 문신하는 묵형墨刑, 코를 베는 의형劓刑, 발을 자르는 비형剕刑, 거세하는 궁형宮刑, 사형시키는 대벽大辟이다.
* 오교는 다섯 가지 인간 관계에 적용되는 윤리 규범으로서 오륜과 같다.

막아 버리소서. 이와 같이 하면 여러 신하가 혹시라도 정의를 범하여 욕심을 따르는 자가 거의 없게 되며 형벌을 시행할 필요가 없는 다스림을 거의 회복할 수 있을 것입니다.

이 세 가지 사항은, 말은 비록 평범하나 효험은 반드시 장구하니 만약 전하께서 특별히 밝게 살펴서 조목조목 깊이 생각하고 힘써 실천하는 일을 게을리하지 않으신다면 태평성대를 기약할 수 있을 것입니다. 『시경』에

하늘에서 장맛비 내리시기 전에	迨天之未陰雨
뽕나무 뿌리껍질 벗겨다가	徹彼桑土
출입문 얽어 두면	綢繆牖戶
이제 이 아래 있는 사람들이	今此下民
혹시라도 감히 나를 업신여기겠는가*	或敢侮予

하였고, 맹자는 "국가가 한가한 때에 맞추어 정사와 형법을 정비하면 비록 큰 나라라 하더라도 반드시 그를 두려워할 것이다."라고 하였습니다. 다행히 지금 성명께서 자리에 계시고 조정에는 반달偃月*이 하늘에 사무치게 하는 간신이 없으며,

* 주 성왕 때 주공周公이 나라의 어지러움을 구하려고 부른 노래라 한다. 『시경』「빈풍豳風·치효鴟鴞」.
* 언월偃月은 가로로 누운 모양의 달이다. 당의 간신 이임보李林甫가 정침正寢 뒤에 화

나라 안에는 여좌閭左*의 수자리 사는 군졸의 변란이 없고, 변방에는 호鎬에서 방方까지 침략하는 도적이 없으니* 지금은 아직 큰일을 할 수 있지만 조금만 더 늦추면 손쓸 수 없을 것입니다. 조종祖宗이 맡겨 준 유업은 이처럼 막중하고 하늘이 경계하여 알려 준 어짊은 저렇게 뚜렷합니다. 정사는 전하의 정사요 백성은 전하의 백성인데 전하께서는 누가 막아서 잘 다스리지 못하십니까.

아! 법도가 되는 말은 좇을 만하나 그에 따라 잘못을 고치는 것이 더욱 귀하고, 공손히 타이르는 말은 기뻐할 만하나 그에 따라 참뜻을 찾아내는 것이 더욱 귀합니다. 만약 전하께서 좇기만 하고 잘못을 고치지 않으며, 기뻐하기만 하고 참뜻을 찾아내지 않아서 신들이 애타게 드리는 요지要旨를 한갓 구색만 갖춘 공허한 글로 돌리고 말면 만백성의 커다란 희망은

려한 별당을 지었는데 구조가 구부러진 달 모양이었다. 그래서 이름을 언월당이라고 붙였다. 그는 대신들을 해치고자 할 때마다 언월당에 들어가 방법을 고민하다가 생각이 나면 희열을 느끼며 나왔다. 이 때문에 언월은 권력을 잡은 간신이 충신을 시기하여 해치는 곳을 비유한다.

* 여좌는 마을의 문閭 왼편이라는 뜻이다. 진秦 때 부귀한 자는 마을 문 오른편에 살았고 가난한 자는 왼편에 살았는데, 가난한 자들을 뽑아서 수자리 살러 보냈다. 진 말엽에 수자리 살러 간 왼편 출신 군졸들이 반란을 일으켰다.

* 험윤玁狁이라는 오랑캐가 호鎬를 침략하여 방方에까지 이르렀다는 말이다. 주 여왕周厲王이 포학하여 체彘에 쫓겨 가 있을 때 험윤이 침입하여 수도인 호경 가까이까지 압박하여 들어왔다. 여왕이 죽고 아들 선왕宣王이 즉위한 뒤 윤길보尹吉甫가 체제를 정비하고 험윤을 몰아냈다. 여기서는 당시 조선의 국방 체계를 뒤흔들던 북쪽의 여진족과 남쪽의 왜구가 일으키던 변경의 소요가 잠시 소강 상태에 이른 것을 가리킨다. 『시경』「소아小雅 · 유월六月」.

여기서 끊기고 말 것입니다. 바라건대 전하께서는 더욱 성스러운 생각을 다하소서.

문정 왕후를 등에 업고 전횡을 저질러 조선 중기의 정치를 헝클어 버린 윤원형尹元衡이 몰락한 뒤 정국의 난맥을 수습하고 새로운 정치를 지향하려고 올린 상소이다. 서른한 살 때인 1566년 명종 21에 썼다.

주된 내용은 다음과 같다. 군주가 올바른 정치관을 확립하고 유능한 인재를 등용하여 관료의 기강을 세우고 인민을 안정시켜 나라의 근본을 튼튼히 해야 한다. 군주가 올바른 정치관을 세우기 위해서는 정치의 이념을 확립하고, 학문에 힘쓰고, 올바른 사람을 가까이해야 한다. 유능한 인재를 등용하기 위해서는 사악한 소인과 올바른 군자를 변별하고, 사기를 떨치게 하고, 뛰어난 인재를 구해야 한다. 인민을 안정시켜 나라의 근본을 튼튼히 하기 위해서는 인민의 병폐를 밝혀 내서 해결하고, 친족의 연대 책임을 늦추어 주고, 지방의 관원을 잘 뽑아 파견하고, 법률 집행을 공평하게 처리해야 한다.

경연일기 1567년 10월
經筵日記

▪ 대신들이 겨울에 천둥이 친다고 사직하였다. 대비께서 "대신이 무슨 죄가 있겠소, 허물은 임금에게 있소. 만약 현명한 선비로서 오랫동안 승진하지 못한 사람이 있거나 무고하게 죄를 입은 사람이 있거든 모두 풀어 주고 서용하도록 하시오."라고 하교하였다. 대신들이 을사년乙巳士禍 이래 죄에 얽힌 이들을 낱낱이 기록하여 올려서 어떤 이는 방면시키고 어떤 이는 복직시키라고 청하였다. 그리하여 송인수宋麟壽 등의 직첩職牒을 돌려주니 인심이 크게 기뻐하였다. 이때 영의정 이준경李浚慶이 이를 매우 힘껏 주장하였는데 각료 중에 일을 점차 진행하지 않고 급히 추진하면 후환이 있을까 우려된다고 말하는 이가 있었다. 이준경이 아랑곳하지 않았다. 식자들이 칭찬하였다.

▪ 송인수의 사람 됨됨이는 충성과 효도가 지극하였다. 어린 나이에 어머니를 잃었을 때에는 아직 예禮를 배우지 못하였기 때문에 감정에만 치우쳐서 너무 슬퍼하여 엎드려 울던 자리가

눈물에 젖어 썩었다. 제비가 여막廬幕에 집을 지었는데 새끼가 모두 흰색이었다. 사람들은 지극한 효성에 감응한 것이라 하였다. 조정에 서서는 명망이 한 시대에 높아서 인묘仁廟, 인종 초년에는 사림士林이 송인수를 중하게 의지하였다. 그러나 송인수는 다만 착한 선비였을 뿐 경세제민經世濟民의 큰 재능은 없었으며, 마음을 비우고 남을 대하여 남에게 속임을 많이 당하였다. 시세時勢를 헤아리지 않고 삼대의 사업을 하려고 하여서 뭇 간사한 사람들이 흘겨보았다. 끝내 중죄를 얻었다.

벽서壁書 사건* 때 권신 이기李芑 등이 빈청賓廳에 모여서 죄인의 이름을 기록하고서 죽여야 할 사람에게 점을 찍었는데 송인수의 이름에 이르자 이기가 크게 점을 찍었다. 정순붕鄭順朋이 말하였다.

"아깝다! 이 사람은 성실한 사람이다."

이기가 돌아보며 말하였다.

"현명한 이를 택해야 한다는 설擇賢之說을 선동한 자를 죽이지 않으면 어찌 하겠습니까?"

정순붕이 말이 없어서 송인수는 마침내 죽게 되었다. 죽음

* 벽서 사건은 1547년명종 2에 정언각鄭彦慤이 양재역良才驛을 지나가다가 벽에 "여주女主가 나라를 망친다."는 내용의 조정을 비방하는 글이 붙어 있는 것을 보고 이를 기화로 윤원형 세력의 전횡에 반대하는 사림을 모조리 몰아낸 사건이다. 정미년에 일어나 정미사화라고도 한다. 을사사화 2년 뒤에 이 사건을 겪은 사림은 회복하기 어려운 처지에 빠졌다.

에 임하여 독약을 받아들고 한참 생각하다가 말하였다.

"내가 무엇 때문에 죽음에 이르게 되었는지 모르겠다."

그 뒤에 이기가 사람들에게 말하였다.

"송인수가 어찌 착한 사람이 아니겠는가. 그러나 큰일을 하려면 작은 인仁에 얽매여서는 안 된다. 예컨대, 집을 지으려고 터를 닦으려면 좋은 꽃이나 좋은 과실나무가 있다 하더라도 베어 내지 않을 수 없다."

▪ 조광조趙光祖·이언적李彦迪·권벌權橃에게 모두 정승을 추증하고, 조광조에게는 문정文正, 이언적에게는 문원文元으로 시호를 내렸다. 조광조의 자字는 효직孝直이다. 젊었을 때 김굉필金宏弼에게 배웠다. 타고난 자질이 매우 좋았으며 지조가 견고하고 확실하였다. 세상이 쇠퇴하고 도가 미미해지는 것을 보고 비분강개하여 도를 행하는 것을 자기 임무로 삼고 법도에 따라 행동하며 팔짱을 높이 끼고 꿇어앉고 말도 꼭 해야 할 때만 하였다. 세속 사람들이 손가락질하며 비웃었으나 끝내 조금도 흔들리지 않았다. 탁월한 행실로 추천을 받아 사지司紙가 되었는데* 조광조가 탄식하며 말하였다.

* 조광조는 1510년 중종 5 사마시司馬試에 장원을 하고 성균관에서 공부를 한 뒤 1515년에 처음 벼슬로 종이를 만드는 일을 관장하는 조지서造紙署의 종6품 사지에 임명되었다.

"내가 작록爵祿을 구하지 않았는데도 이 벼슬에 제수되었다. 차라리 과거를 보아 정식으로 벼슬길에 나가서 성주聖主를 모시는 것이 낫겠다."

마침내 과거에 응시하여 급제하여서 옥당에 선발되어 들어갔다.

경연하는 자리에서 매양 도덕을 숭상하고, 인심人心을 바로잡고, 성현을 본받고, 지치至治를 일으켜야 한다는 주장을 반복하여 아뢰었는데 말의 취지가 지성스럽고 간절하였다. 중묘中廟, 중종께서 귀 기울여 듣고 한 해 동안에 품계를 뛰어넘어 부제학에 제배하였다. 조광조는 마침내 임금이 경세제민을 하도록 한다는 뜻을 품고 아는 것은 무엇이든 말하였으며, 청류淸流, 인품이 맑고 고상한 선비를 많이 끌어들여 조정에 나란히 세워서 근래의 상규常規에 얽매인 인습을 개혁하고 옛날 현철한 제왕의 규범을 준수하려고 하였다. 그때 세속을 따르는 대신들이 좋아하지 않았으나 아무도 감히 말하지 못하였다.

사림이 일어나자 그 사이에 명예를 좋아하는 사람들이 섞여서 진출하게 되어 논의가 너무 날카로워지고 일을 함에 질서가 없었다. 조광조가 "일을 할 때 급박하게 해서는 안 된다. 마땅히 점차 진행해야 한다."라고 하여 매번 동류들 가운데 일 벌이기 좋아하는 사람들을 억제하였다. 이에 부박한 무리가 도리어 조광조는 겉모습만 장중한 사람이라며* 논핵하려는 자가 있기까지 하였다.

조광조는 스스로 일이 실패할 것을 알고 중종에게 아뢰었다. "신이 학술은 부족한데 작위는 지나치게 높습니다. 어느 한가하고 궁벽한 고을을 얻어서 독서하여 학문이 진보한 뒤 다시 조정에 서려 하나 성명께서 허락하지 않으셔서 연연해 하며 머뭇거렸습니다. 신의 죄가 큽니다."

이때 남곤南袞과 심정沈貞은 마음 씀씀이가 사특하고 음험하여 사림에 죄를 얻었는데 다시 면모를 고치고 청류에 붙으려 하였으나 사류士類, 사림에서 끝내 받아들이지 않았으므로 분을 품었지만 드러내지는 못하였다. 조광조가 대사헌이 되어서 법을 공평하게 집행하니 사람들이 모두 감복하여 그가 나갈 때면 저자 사람들이 그가 탄 말 앞에 늘어서서 엎드리며 우리 상전上典, 속어로 그 주인을 부를 때 상전이라 한다.이 왔다고 하였다. 남곤 등이 몰래 조광조가 인심을 얻었다는 유언비어를 만들어서 홍경주洪景舟의 딸 홍빈洪嬪을 통해 중묘의 귀에 들어가게 하니 상의 마음에 의심이 없을 수 없었다.

당초 중묘의 반정 때 박원종朴元宗 등 많은 사람이 청탁으로 공신에 들어가게 되어서 훈공勳功이 남발되었다고 공론이 떠들썩하였다. 조광조 등은 선비들의 습속이 바르지 않

* 공자가 "언론이 독실한 사람은 군자인 사람인가, 겉모습만 장중한 사람인가?"라고 한 데서 따왔다. 『논어』「선진先進」.

아 이익만 알고 의리를 모르니 마땅히 남발된 공훈을 도태시켜서 이익의 근원을 막아야 한다고 여기고, 마침내 대간을 거느리고 합문閤門에 엎드려서 정국공신靖國功臣에 허위로 기록된 자를 도태하라고 청하였다. 여러 달이 지나도록 윤허하지 않자 힘껏 다투어서 사직까지 해가면서 드디어 허락을 받아냈다.

상의 마음이 더욱 염증을 내자 남곤·심정·홍경주 등이 몰래 홍빈을 통해 기밀을 고한다 하고 밤에 연추문延秋門, 경복궁의 서문을 열고 들어가 입시하였는데, 사관史官을 참석시키지 않아서 무슨 말을 하였는지 아무것도 알 수 없었다. 상이 밤에 영의정 정광필鄭光弼 등을 불러 조광조 등의 죄를 논의하였다. 정광필이 힘껏 구하려고 하였으나 임금이 남곤을 시켜서 전지傳旨를 초하게 하고 조광조와 김정金淨·김식金湜·김구金絿·기준奇遵·박훈朴薰 등을 의금부에 가두었다. 이때 청류가 일망타진되어서 조정이 거의 텅 비었다.

상이 정광필에게 명하여 정사를 보도록 하니 정광필 등이 빈청으로 물러 나왔다. 정광필이 말없이 남곤을 뚫어지게 바라보자 남곤이 물러 나와 사람들에게 "정광필의 눈!"이라고 말하였다. 정광필이 유운柳雲을 대사헌으로 삼고, 이사균李思鈞을 부제학으로 삼았다. 이 두 사람은 안으로는 의지와 기개가 있었으나 밖으로는 깐깐하게 단속하지 않아서 조광조 등에게 경시되던 사람들이다. 남곤 등은 이 두 사람이 조광조에게 거슬린 사람이라 하여 의심하지 않았으니 당시 사람들이 정광필의 감식안에 탄복하였다.

의금부의 추관推官이 형신刑訊을 가하기를 청하니 상이 법을 적용하도록 명하였다. 추관 김전金銓 등이 "간당奸黨을 처벌하는 법을 적용하여 목을 베고 가산은 몰수하고 처자는 노비로 삼는 것이 마땅합니다."라고 하였다. 상이 "조정에서는 이것으로 죄안罪案을 성립시켰다."고 하고서 "조광조·김정·김식·김구 네 사람은 사사賜死하고 나머지는 모두 먼 곳으로 귀양 보내라."고 하교하였다. 그때 날이 이미 저물었다. 정광필 등 대신들이 빈청에 모여 있었는데 정광필이 사사하라는 전교를 듣고 놀라서 촛대를 어루만지면서 탄식하고 다시 사형만은 감해 달라고 힘껏 청하였다. 상이 이에 장형杖刑을 가하여 유배하라고 명하였다.

조광조는 귀양길에 소명召命을 받고 서울로 올라오던 이사균을 만났다. 이사균이 조광조의 손을 잡고 진솔하게 말하였다.

"그대는 『중용』을 깊이 읽지 않았으면서 하물며 당우唐虞, 요순의 사업을 할 수 있단 말인가. 『중용』에 말하지 않았는가. '어리석으면서 자기를 내세우기를 좋아하며, 비천하면서 마음대로 하기를 좋아하며, 지금 세상에 나서 옛날의 도를 행하려 하면 재앙이 그 몸에 미치지 않는 이가 없다.'고. 그대가 화를 면하지 못하는 것은 당연하지 않은가. 그대는 지금 젊으니 책을 읽기에 좋은 때네. 노력하고 스스로 아끼도록 하게."

그때 유운이 대간을 거느리고 청하였다.

"전하께서 다시 조광조를 써서 군신이 예전과 같으면 신들이 직무에 나아가겠지만 그렇지 않으면 신들을 죽여서 간사한 사람들의 마음을 유쾌하게 하소서."

여러 날을 이렇게 다투다가 끝내 탄핵을 받아 벼슬이 갈렸다. 이사균도 서울에 와서 역시 조광조 등을 구원하다가 유운 등과 함께 파면당하였다. 상이 정광필도 정승직에서 해임시키니 조정 신하 가운데 다시는 변호하는 사람이 없었다. 조광조는 마침내 죽음을 면하지 못하게 되었다. 죽음에 임하여 하늘을 우러러 시를 읊었다.

임금 사랑하기 아비 사랑하듯 했나니	愛君如愛父
하늘의 태양은 붉은 마음 비추리라	天日照丹衷

나라 사람들이 모두 슬퍼하였다.

애초에 정광필은 이전의 규례를 지키려 힘썼고 조광조는 옛 도를 회복하려 하여서 두 사람의 주장이 화합하지 않았다. 그런데도 정광필이 죽을힘을 다하여 구원하려고 하니 사람들이 그의 덕량德量을 추앙하였다.

우리나라에 이학理學, 성리학이 전해지지 않았는데 전 왕조에서 정몽주鄭夢周가 비로소 발단을 열었으나 학문 체계가 정밀하지 못하였고, 우리 왕조에서 김굉필이 그 실마리를 접하였으나 아직 크게 드러나지 못하였다. 조광조가 도를 주창함에 미쳐서 배우는 이들이 모두 함께 그를 추존하였다. 지금 성리학性理學이 있음을 알게 된 것은 조광조의 힘이다.

삼가 생각건대, 옛사람들은 학문이 이루어진 뒤에 도를 행하려고 하였다. 도를 행하는 요체는 임금의 마음을 바르게 하는 것보다 먼저 할 것이 없다. 애석하다! 조 문정趙文正, 조광조은 현철한 자질과 경세제민의 재능을 가지고 있었으나 학문이 대성하기도 전에 갑자기 요직에 올라서 위로는 임금의 바르지 않은 마음을 바로잡지 못하고 아래로는 문벌門閥 높은 가문의 비방을 막지 못하였다. 바야흐로 충성을 바치자마자 이미 참소하는 말이 나와 몸은 죽고 나라는 어지러워져서 도리어 뒷사람들로 하여금 이를 징계 삼아 감히 큰일을 하지 못하게끔 하였다. 어찌 하늘이 유교의 도가 행해지지 못하도록 한 것이 아닌가. 어째서 이 사람을 낳고서 그를 성취하게 하지는 않았는가. 문정공이 비록 나아가고 물러가는 기미에는 밝지 못한 점이 있었으나 배우는 사람이 이에 이르러 이학은 높일 만하다는 것과 왕도王道는 귀하고 패도覇道는 천하다는 것을 알았다. 그가 유교의 도에 끼친 공로는 사라질 수 없다. 뒷사람이 태산泰山과 북두北斗 같이 우러러보고 임금이 하사하는 은총이 갈수록 더욱 융숭한 것도 당연하다.

▪ 이언적은 박학하고 문장에 능하였으며, 부모를 섬김에 효성이 지극하였다. 성리학 서적을 즐겨 보아 손에서 책을 놓지 않았다. 몸가짐이 장중하고 입으로는 쓸데없는 말을 하지 않았다. 저술한 것이 많으며 정확하고 자세한 경지에까지 깊이 나아가서 배우는 사람들이 또한 도학道學으로 떠받들었다. 다만 경세제민의 큰 재능과 입조立朝, 조정에 서서 벼슬함의 큰 절개는 없었다.

을사사화 때에 이언적은 두루 손을 써서 몰래 사류를 구하려고 하였다. 그래서 직언을 하여 바로잡아 구하지는 못하고 권세를 잡은 간신들의 협박으로 추관이 되어서 착한 사람들을 고신拷訊하여 공신에 기록되기까지 하였다. 곽순郭珣이 형신을 받을 때 추관이 된 이언적을 쳐다보고서 "우리가 복고復古, 이언적의 자의 손에 죽을 줄을 어찌 알았으랴!"라고 한탄하였다. 이언적이 후회하고 차차 권세를 잡은 간신들에게 이의를 제기하다가 결국에는 죄를 얻어서 공훈을 삭탈당하고 멀리 귀양 가서 죽었다.

삼가 생각건대, 도학이라는 이름이 옛날에는 있지 않았다. 옛날에는 선비 된 자는 집에 들어와서는 효도하고 밖에 나가서는 공손하며, 벼슬하면 도로써 임금을 섬기고, 맞지 않으면 자기 몸을 지켜서 물러났다. 이와 같이 하는 자를 선하다 하고 이와 같이 하지 않는 자를 악하다 하였지 도학이라고 특별히 명목을 세우지는 않았다. 세상이 타락하고 도가 쇠퇴하여 성현의 도통道統이 전해지지 않아 악한 사람은 본래 말할 것도 없고 비록 이른바 착한 사람이라도 다만 효도·우애·충성·신의만 알 뿐 나아가고 물러나는 의리와 본성과 감정의 깊은 이치는 알지 못하여서 왕왕 실행을 하여도 드러나지 않고 익혀도 그 까닭을 살피지 않았다. 이에 이치를 탐구하고窮理 마음을 바르게 하며正心 도에 따라 나아가고 물러나는出處 자를 골라서 도학이라고 지목하였다.

도학이라는 명목을 세운 것은 말세의 부득이한 일이었다. 이 명목이 서자 간사한 사람이 혹 이를 지목하고 배척하여서 도리어 세상에 용납되지 못하게 하였으니, 아! 슬프다. 오호라! 도학이라는 명목이 이미 말세에 나왔는데 세상이 더욱 타락하고 풍속이 더욱 천박해져서 또한 경서를 읽고 저술을 하는 사람이면 도학으로 지목하지만 이들도 심성心性 공부와 출처出處의 큰 절개는 근심할 겨를이 없으니 세상의 도가 변하였음을 더욱 알 수 있다.

조 문정조광조의 학문은 비록 미진한 바가 있었으나 조정에 서서 한 일을 보면 오로지 도를 행하는 데 힘써서 삼대의 도가 아니면 결코 왕 앞에서 말하지 않았으니 이런 점에서 도학의 이름을 얻은 것이 본래 마땅하다.

이 문원李文元, 이언적이라면 다만 충효한 사람으로서 옛 글을 많이 읽고 저술을 잘하였을 뿐이다. 집안 생활을 보면 부정한 여색을 멀리하지 못하였고 조정에 서서는 도를 행하는 책임을 맡아 하지 못하였다. 을사사화 때에는 직언을 하여 절개를 굳게 지키지 못하였고 여러 차례 추관이 되어서 거짓 공훈에 기록되기까지 하였다. 비록 끝내 죄를 얻었으나 이마에 땀이 날 만큼 부끄러운 일이니 어찌 도학으로 높일 수 있겠는가. 아! 문원이 비록 도학이라는 이름은 감당할 수 없지만 그의 현명함은 세상에 많이 얻을 수 없다. 이 사람이 세상에 용납되지 못하였으니 어찌 슬프고 안타깝지 않겠는가.

▪ 권벌은 을사사화 때 병조 판서로 있었다. 유관柳灌 · 유인숙柳仁淑 등이 처음 귀양을 가게 되자 그럴 만한 죄가 없다고 항의하였는데 그 말이 매우 절실하고 곧았다. 이언적이 원상院相* 으로서 승정원에 있었는데 권벌의 계사啓辭 초고를 보

* 원상은 왕이 병중으로 직무를 보지 못하거나 왕이 죽고 어린 왕이 즉위하여 대비가 섭정할 때, 승정원에 주재하여 국정 자문으로 참여하는 재상을 말한다.

고 놀라서 "이렇게 하면 화를 더욱 도발시킬 것이오." 하고 그 내용 가운데 너무 곧은 말을 지웠다. 권벌은 무릎을 껴안고 탄식하면서 "이렇게 지워 버릴 거면 차라리 아뢰지 않는 것이 옳소."라고 하였다. 이언적이 "곧은 말로 화를 도발하는 것은 나라에 이익이 없소."라고 하고 끝내 초고를 고쳐서 올렸으나 오히려 문정 왕후의 노여움을 사서 권벌은 귀양 가서 죽었다.

삼가 생각건대, 사람을 볼 때 먼저 큰 절개를 취한 뒤에 세세한 행위를 평가할 수 있다. 권벌과 이언적 두 분의 평소 행실은 권벌이 본디 이언적에게 미치지 못하였으나 어렵고 힘든 일에 직면하여 절개를 굳게 지키는 점은 이언적이 권벌에게 양보해야 한다. 어떤 이는 이언적이 권벌보다 낫다고 하지만 나는 믿지 않는다.

▪ 남곤*의 관작을 추가로 삭탈削奪하였다. 남곤은 젊었을 때 학문으로 세상에 이름났으나 출세에 급급하여서 박경朴耕이 모반한다고 무고하여 죽게 하였다. 이로 말미암아 청의淸議, 깨

* 남곤은 심정 등과 함께 1519년중종 14에 기묘사화를 일으켜 신진 사림파를 숙청한 뒤 좌의정을 거쳐서 영의정이 되었다. 만년에는 죄를 자책하고, 화를 입을 것을 걱정하여 평생 써 놓았던 글을 불태웠다. 1527년에 죽었다. 문경文敬이라는 시호가 내려졌으나 사림파가 국정을 주도하면서 탄핵을 받아 1558년명종 13 관작과 시호를 삭탈당하였고, 선조 초년 관작을 추가로 삭탈당하였다. 이 글은 바로 선조 초년 추가로 관작을 삭탈한 일을 언급한 내용이다.

끗한 여론에 용납되지 않았으며 끝내 심정과 함께 조광조를 모함하여 선류善類를 모두 쫓아냈다. 사림이 그의 죄는 죽음으로도 용서받지 못한다고 여겼는데 오늘에 비로소 공론이 일어나니 여론이 통쾌하게 여기고 오히려 살았을 때 법에 따라 처형하지 못한 것을 한스럽게 여긴다.

삼가 생각건대, 우리나라가 덕德과 인仁을 쌓아 대대로 정치가 발전해 왔다고는 하나 일찍이 도학을 임금에게 말한 사람이 있었다는 말은 들은 적이 없다. 오직 조 문정이 성리학으로 우리 중종을 보필하여 세상의 도가 거의 변화하려 하였는데, 남곤의 참소하는 주둥이가 날카로운 칼날보다 참혹해서 선량한 이들을 모두 베어 없애고 나라를 병들게 하였다. 실상을 따져서 정죄하자면 오형도 오히려 가벼운데 끝내 목숨을 보전하여 늙어서 방 안에서 죽었다. 죽은 뒤에 관작을 삭탈하는 벌은 죄의 만분의 일에 해당하기에도 부족하니 어찌 통탄을 견딜 수 있겠는가.

❁ 송인수, 조광조, 이언적, 권벌, 남곤에 관한 인물평이다. 원래 이이의 『경연일기』는 『금상실록』이라는 필사본도 남아 있을 만큼 명종과 선조 때의 중요한 정치적 사건, 인물의 행적 등에 관한 상세한 기록을

담고 있다.

『경연일기』에 수록된 정치적 인물에 관한 평에는 이이의 인간관이 잘 드러나 있다. 흔히 정몽주를 우리나라 이학理學의 비조鼻祖로 삼는데, 이이는 정몽주의 학문적 체계를 높이 평가하지 않고 조광조를 조선의 진정한 도학자로 높인다. 이언적에 관해서도 평이 박하여서 뒷날 논란을 일으키기도 하였다.

기대승에게
與奇明彦*

어제 친절한 가르침을 받고 고마운 마음을 금할 수 없었습니다. 그러나 물러 나와 생각해 보아도 끝내 고명高明의 뜻을 깨닫지 못하겠습니다. 어쩌면 저의 식견이 너무 어두워 끝내 도를 배울 수 없는 것입니까. 어찌 이다지도 의견이 서로 맞지 않는단 말입니까. 의심스러우면 마땅히 물을 생각을 해야 하는 법이니 다시 어리석은 말씀을 아뢰니다.

제가 '앎知의 지극한 선至善'이라고 한 말은 기어이 배척할 말은 아닙니다.* '지선至善'이라고 하는 것은 다만 사물의 당연한 법칙입니다. 그 법칙은 다른 것이 아니라 다만 십분 적합한 곳일 뿐입니다. 통틀어 말하자면 앎과 행함行이 함께 하자瑕疵가 하나도 없고 온갖 이치가 다 밝아진 뒤라야 비로소 '지선에 머문다.'고 할 수 있으며, 나누어 말하자면 '앎'에도 나름의 지선이 있고 '행함'에도 나름의 지선이 있다고 하겠습니

* 명언明彦은 기대승의 자字이다
* 『대학』「경經」 1장의 "지극한 선에 머문다.止於至善"는 말의 적용을 두고 기대승과 편지로 논쟁을 주고받는다.

다. 앎이 십분 적합한 곳에 이르러 다시 바뀌지 않으면 이것을 '앎이 지선에 머문다.'고 하며, 행함이 십분 적합한 곳에 이르러 다시 옮기고 움직이지 않으면 이것을 '행함이 지선에 머문다.'고 하는 것이니 무슨 문제가 있겠습니까.

선생은 다만 통틀어서 '지선에 머문다.'고 한 말만 취하였고 나누어서 '지선에 머문다.'고 한 말은 취하지 않았으니 무슨 까닭입니까? 만약 선생의 말과 같다면 행함에만 지선이 있을 뿐 앎에는 지선이 없습니다. 대상 사물物이 있으면 반드시 법칙이 있는데* 앎은 어떤 대상 사물이기에 홀로 지선이 없겠습니까. 만약 앎을 대상 사물이 아니라고 한다면 밝은 덕明德* 도 대상 사물이라고 하는데 앎만 홀로 대상 사물이 아니라는 것입니까. 천하에 이름이 있어서 이름 부를 수 있는 것은 모두 대상 사물이라고 할 수 있는데, 어찌 반드시 물건의 물만 대상 사물이라고 하겠습니까.*

* "하늘이 뭇 백성을 내셨으니 사물이 있으면 법칙이 있네. 백성이 떳떳한 인륜을 지니고 있으니 이 아름다운 덕을 좋아하도다.天生烝民, 有物有則, 民之秉彝, 好是懿德"라는 시에서 따왔다. 맹자가 인간 본성의 선을 주장하는 중요한 논거로 삼은 구절이다. 『시경』「대아大雅·증민烝民」.

* 명덕은 사람이 천성으로 타고난 밝은 덕 곧 착한 본성의 덕을 말한다. 주희는 『대학장구집주大學章句集註』에서 명덕을 "사람이 하늘에서 받은 것으로서 텅 비고 영활靈活하며 어둡지 않아서 뭇 이치를 갖추고서 모든 일에 대응하는 것"이라 하였다.

* 이이에 의하면 기대승은 구체적인 형태를 갖추고 행위의 대상이 될 수 있는 것만 사물이라고 본다. 그러나 이이는 개념으로 규정할 수 있으며 의식의 대상이 되는 모든 것을 사물이라고 할 수 있다고 보았다. 철학적으로 말해서 주체subject에 대하여 객체object로 될 수 있는 것은 모두 대상 사물物이라 하겠다. 여기서 말하는 '지극한

이로써 보건대, 『대학大學』의 '지선에 머묾'도 나누어서 말하면 명덕明德에도 지선에 머묾이 있고 신민新民*에도 지선에 머묾이 있습니다. 명덕에 관해서도 나누어서 말하면 수신修身에도 지선에 머묾이 있고 정심正心에도 지선에 머묾이 있으며, 성의誠意에도 지선에 머묾이 있고 격물치지格物致知에도 지선에 머묾이 있습니다.* 신민에 관해서도 마찬가지입니다. 합하여서 말하면 명덕과 신민이 모두 지선에 머문 뒤라야 비로소 지선에 머문다는 푼수가 극도에 이른 것입니다. 어찌 격물치지에는 지선에 머묾이 없다고 하겠습니까.

또 선생이 "비록 명덕을 극도에까지 밝혔다 하더라도 아직

선'이란 단순히 도덕적 개념이 아니라 의식이나 행위가 지향하는 궁극 목표이다. 그래서 이이는 앎에도 궁극 목표가 있고, 행함에도 궁극 목표가 있다고 하였다.

* 신민은 백성을 새롭게 함을 말한다. 타고난 밝은 덕을 밝히는 것明明德, 백성을 새롭게 하는 것新民, 지극한 선에 머물게 하는 것止於至善을 삼강령三綱領이라고 한다. 이에 더하여 사물의 이치에 오성悟性이 이르고格物, 앎을 끝까지 추구하고致知, 의식을 집중하고誠意, 마음을 바르게 하고正心, 몸가짐을 닦고修身, 집안을 가지런히 다스리고齊家, 나라를 다스리고治國, 온 세상을 평화롭게 만드는平天下 여덟 단계를 팔조목八條目이라고 한다. 『대학』은 이 삼강령과 팔조목을 날줄과 씨줄로 엮어 짠, 유학의 교육과 정치 이념을 요약한 책이다. 『대학』에는 원래 '친민親民', 곧 '백성을 친하게 대한다.'로 되어 있는데 정이와 주희는 이를 '신민新民'의 잘못으로 보았다. 그래서 '백성을 새롭게 한다.'로 풀이한다. 육구연, 왕양명은 원래대로 '친민'으로 보고 있다.

* 격물치지에서 수신까지는 명덕에 배속된다. 그래서 이이는 이들 단계에서도 각각의 궁극 목표라 할 지극한 선에 머묾이 있다고 하였다. 곧 삼강령 가운데 '지선에 머묾'은 그 자체 궁극 목표가 되는 것이니, 명덕에도 궁극 목표가 있고 신민에도 궁극 목표가 있다. 명덕에 배속되는 격물치지로부터 수신까지도 각각 단계에서 궁극 목표가 있고 신민에 배속되는 제가, 치국, 평천하도 각각 궁극 목표가 있다. 각 단계에서 궁극 목표에 도달하면 곧 전체의 궁극 목표, 곧 '지선에 머묾'이 이루어지는 것이다.

이치를 탐구하고 본성을 다 실현하는窮理盡性 경지에는 도달하지 못한다."고 한 말은 더욱 타당하지 않습니다. 명덕을 밝히는 조목 가운데 격물치지가 있는데 이는 궁리窮理이고, 성의誠意와 정심正心과 수신修身이 있는데 이는 진성盡性입니다. 만약 선생의 주장과 같다면 『대학』 공부를 비록 끝까지 다 했다 하더라도 오히려 아직 성인의 경지에는 이르지 못합니다. 이와 같다면 공자가 어찌하여 사람들에게 지극한 도를 가르치지 않고 2등급 학문을 가르쳐서 사람들로 하여금 비록 그 도를 다하였다 하더라도 다만 2등급 사람이 되는 것으로 그치게끔 하였겠습니까.

선생은 또 "터득할 수 있다能得* 한 것은 불혹不惑의 경지이다. 다시 『대학』을 보니 이 주장은 본래 틀려서 깊이 변론할 필요가 없습니다. 그러므로 명덕을 밝힌다 한 것은 아직 궁리진성의 경지에 도달하지 못한 것이다."라고 하였는데 이 또한 너무 고집한 것입니다. 선유先儒의 주장은 저마다 가리킨 바가 있으니 집착해서는 안 됩니다. '터득'하는 것은 본래 얕고 깊은 차이가 있습니다. 얕은 수준에서 말하자면 불혹도 터득하였다고 할 수 있고, 깊은 수준에서 말하자면 '생각하지 않아도 터득하고 힘

* 『대학』「경」 1장의 "머물 곳을 안 뒤에 방향이 정해지고 방향이 정해진 뒤 고요해질 수 있고 고요해진 뒤 안정이 될 수 있고 안정이 된 뒤 사려할 수 있고 사려한 뒤 터득할 수 있다."는 구절에서 따왔다.

쓰지 않아도 들어맞는'* 경지가 아니면 끝까지 터득하였다고 할 수 없습니다. 어찌 『대학』의 극진한 공부가 '불혹'에만 머물고 끝내 성인의 경지에는 이르지 못하는 것이라고 판단할 수 있겠습니까.

또한 "안자顔子도 마음을 바로잡는正心 공부를 끝까지 다 하지 못하였다."라고 하셨는데 이런 말은 처음 배우는 사람이 언뜻 듣고서 살피지 않으면 도리어 병폐가 됩니다. 어찌 선생에게도 견해가 합치하지 않는 곳이 있을 줄 생각이나 하였겠습니까. 말씀해 보십시오. 성인은 다만 심성心性의 분수를 끝까지 발휘하였다고 하겠습니까, 아니면 심성의 분수에 털끝만큼을 더 보탰다고 하겠습니까? 만약 성인이 심성에 더 보탠 것이 있다고 한다면 안자는 정심正心 공부를 끝까지 다 마쳤다고 할 수 있을 것입니다. 만약 성인은 털끝만큼도 더 보태지 않았다고 한다면 안자는 본래 터럭 하나만큼 미진한 곳이 있습니다. 아직 끝까지 다 마치지 못하였다면 마음의 지각知도 역시 털끝 하나만큼 미진한 곳이 있을 것입니다.

또한 성인이 "마음에 하고 싶은 대로 한從心所欲"* 것은 마음에 하고 싶은 바가 모두 천리天理였기 때문입니다. 안자가 아직 마음대로 하지 못한 것은 마음에 하고 싶은 바가 때로

* 공자가 나이 일흔에 "마음에 하고 싶은 대로 하여도 법도를 벗어나지 않았다."고 한 데서 따왔다. 『논어』「위정爲政」.

천리가 아니었기 때문입니다. 여기에 이른바 '천리가 아니라' 한 것은 지극히 정확하고 지극히 미세한 곳에서 말하였을 뿐 안자에게 곧 나쁜 생각이 있었다고 하는 것은 아닙니다. 마음에 하고 싶은 대로 해도 법도를 넘지 않는 경지에 이르지 못하였으면 심성의 분수를 다하였다고 할 수 없습니다.*

저 이른바 '성聖'이니, '화化'니, '신神'이니 하는 것은* 아득하고 황홀한 경지를 말하는 것이 아니라 다만 심성의 본분을 다 발휘한 것일 뿐입니다. 만약 안자가 심성의 본분을 끝까지 다 발휘하였는데도 오히려 아직 융화하지 못하였다고 한다면 이는 성인의 덕이 심성에 대해서 반드시 군더더기가 있는 것이니 어찌 옳겠습니까. 만약 안자가 이미 정심 공부를 끝까지 다 마쳤는데도 오히려 심성의 본분을 다하지 못하였다고 한다

* 성인은 공자를 가리킨다. 성인은 보편적이고 선천적인 착한 본성을 저절로 알고 자연스레 터득한다. 사려하지 않아도 터득하고 힘쓰지 않아도 적중한다. 그리하여 타고난 그대로 행동하여도 저절로 도에 적중한다. 이는 공자가 일흔에 '마음먹은 대로 해도 법도를 벗어나지 않았다.'는 경지이다. 안연은 공자가 가장 칭찬하고 안빈낙도安貧樂道를 한 유교의 전형적인 현자로서 석 달 동안 인을 어기지 않았다. 안연은 성인 공자의 경지에 한 칸을 못 미쳤다. 그러나 안연은 의식적인 노력을 통해서 이런 경지에 이른 것이다. 만일 공자가 자연스레 도를 행하지 않고 노력을 하여서 심성의 분수를 다하는 경지에 이르렀다고 한다면 안연 또한 심성의 분수를 다하였다고 할 수 있다. 공자가 자연스레 심성의 분수를 다하였다고 한다면 안연은 한 칸 만큼 심성의 분수를 다 발휘하지 못한 것이다.

* 맹자가 "남들이 좋아할 만한 사람을 착한 사람이라 한다. 선을 자기 몸에 소유한 사람을 믿음직한 사람이라 한다. 선이 몸에 가득 찬 사람을 아름다운 사람이라 한다. 선이 가득 차서 빛이 나는 사람을 대인이라 한다. 대인이면서 저절로 융화한 사람을 성인이라 한다. 성인이면서 그 자취를 알 수 없는 사람을 신인神人이라 한다."라고 한 데서 따왔다. 『맹자』「진심盡心 · 하」.

면 『대학』 공부는 2등급으로 떨어질 것입니다.

또한 선생은 "명덕을 다 밝힌 뒤라야 비로소 지선에 머물 수 있다."고 하였는데 저는 "명덕을 이미 다 밝힌 곳이 바로 명덕을 밝히는 것의 지선에 머무는 것이다."라고 생각합니다. 이 주장이 비록 크게 어긋나지는 않는다 하더라도 만약 배우는 이가 살피지 않고서 명덕을 다 밝힌 뒤에 또 지선에 머무는 공부를 추구한다면 어찌 큰 잘못이 아니겠습니까.

또한 선생이 이른바 "지선은 중中이 아니다."라고 한 것도 타당하지 않습니다. 지선은 바로 천연으로 저절로 있는 중입니다. 성현의 말씀이 비록 저마다 가리키는 바가 있다고 하더라도 개념名으로 규정된 것은 실로 하나입니다. 만약 모두 두 가지라 한다면 이미 지선이 있는데 또 중이 있고 또 당연한 법칙이 있게 되니 배우는 사람이 장차 무엇을 따라가야 하겠습니까.

대체로 옛날 학자는 귀로 듣고 눈으로 보고 마음으로 생각하고 몸으로 실천한 뒤 비로소 말로 나타냈습니다. 저와 같은 사람은 다만 귀로 듣고 입으로 말할 뿐이니 당연히 말하는 것이 많이 막힙니다. 그러나 군자는 사람이 변변치 못하다고 해서 그 말까지 버리지는 않습니다. 엎드려 바라건대, 다시 생각에 생각을 거듭해서 다시 지당한 이론을 제시하여 주시는 것이 어떻겠습니까? 우리의 의론이 또 서로 모순이 되면 어느 겨를에 다른 학설의 시비를 판단할 수 있겠습니까. 이것이 우리의 견해가 하나로 귀착하기를 서두르는 까닭입니다.

1567년 명종 22에 기대승에게 보낸 편지이다. 이이는 이 편지에서 기대승과 『대학』의 몇 구절, 안연의 학문적 경지 등에 관해 토론을 한 뒤 자기 견해를 정리하여서 기대승의 주장을 비판하고 자기 견해를 제시하였다. 기대승은 지극한 선에 머문다는 『대학』의 셋째 강령을 행위에만 적용하였는데, 이이는 앎에도 적용할 수 있다고 주장하였다. 나아가 『대학』의 나머지 두 강령과 팔조목에도 각각 적용할 수 있다고 주장하였다.

퇴계 선생에게 올립니다
上退溪先生

삼가 여쭙니다. 지내시기 어떠하신지요? 봄추위가 아직 쌀쌀한데 혹 조섭을 제대로 하시지 못할까 염려가 그지없습니다. 제가 외람되이 진달한 것은* 지극히 황송합니다. 일찍이 뿌리치지 않으신 은혜를 입어 감히 입을 엽니다. 성주聖主께서 마음을 기울이시고 사림이 크게 바라므로 동산에서 일어남東山之起*을 마침내 면할 수 없는데, 모르겠습니다만 어떻게 대처하시겠습니까?

저는 일찍이 함부로 짐작하기를 합하閤下께서는 겸양과 공손이 너무 심하여서 스스로 학문의 힘이 아직 지극하지 못

* 『경연일기』 1568년 선조 1 가을 기사에 이황이 소명을 받고 서울에 와서 숭정대부 판중추부사에 제수된 사실이 기록되어 있다. 이이가 외람되이 이황에 관해 진달하였다고 한 것은, 이이가 즉위한 지 얼마 되지 않은 선조에게 이황을 불러서 중책을 맡기라고 아뢴 것을 말하는 것으로 보인다.
* 동진 때 사안謝安은 일찍부터 현자로 이름났으나 회계會稽의 동산에 은거하여 시문을 지으며 세상에 나아가려고 하지 않았고, 천거를 받아 한 달 벼슬을 한 뒤 다시는 벼슬을 하려고 하지 않았다. 마흔이 넘었을 때 환온桓溫의 부름을 받고 나아가 요직을 지내며 전진前秦의 침략을 막아 나라를 위기에서 구해 냈다. 은퇴했던 사람이 다시 세상에 나와 요직에 오르는 것을 동산지기東山之起 또는 동산재기東山再起라고 한다. 『진서晉書』 「사안전謝安傳」.

하여 일을 해낼 수 없다고 여기고서 그 때문에 깊이 들어앉아 나오시지 않는다고 생각하였습니다. 이는 바로 정자가 "능력을 헤아리고 분수를 재서 안주하여 알려지기를 바라지 않는다."고 말한 바입니다. 그러나 사림의 생각은 합하에게 대뜸 한 나라를 경륜하고 예악禮樂을 제작하기를 바라는 것이 아닙니다.

현재 나랏일은 믿을 만한 것이 하나도 없으며 형세로 보아 큰일을 할 수 없을 듯합니다. 그러나 다만 주상主上께서 한창 나이에 자질이 아름답고 배움을 향함에 게으르지 않으시니 배양하고 도와서 이끌어 주어 덕성을 함양할 수 있다면 태평의 터전이 여기에 있지 않겠습니까.

합하께서는 경세제민의 재능에 대해서는 비록 스스로 부족하다고 여긴다 하더라도 성현의 글을 깊이 음미하여 그 뜻을 밝히고 그 요지를 분석하여 옛것을 익히고 새것을 아는 일이라면 사방을 두루 돌아보아도 아마 합하보다 나은 이가 없을 것입니다. 그리고 지푸라기 하나도 감히 함부로 취하지 않고 지푸라기 하나도 감히 함부로 남을 주지 않으며, 가난한 생활을 싫어하지 않고 만종萬鍾*의 녹봉을 달갑게 여기지 않는 점에서도 사방을 두루 돌아보아도 아마 합하와 어깨를 나란히

* 만종에서 종鍾은 곡식을 세는 단위로, 전국 시대 제齊나라에서 쓰던 공식 도량형이다. 두豆, 구區, 부釜, 종의 순으로 단위가 높아진다. 후한 녹봉을 뜻한다.

할 이가 없을 것입니다. 앎이 이와 같고 행함이 이와 같은데도 겸손하고 겸손하여 마치 어리석은 촌사람같이 스스로 낮추십니다. 이 때문에 성주께서는 마음을 기울이시고 사림은 크게 바라는 것입니다.

백리해百里奚는 작록이 마음에 들지 않아서 소를 먹였는데 소가 살이 찌자 진 목공秦穆公은 그가 비천한 사람임을 잊고서 정사에 참여시켰습니다. 합하께서 물러나 들어앉아 있으면 있을수록 세상 사람은 더욱 간절히 바라니 형세가 끝내 여기서 그치고 말지 않을 것입니다.

합하께서 만약 경세제민은 내가 할 수 없는 일이라고 하신다면 어째서 다만 주상을 위해 경전의 뜻을 밝게 분석하여 취지를 밝혀서 배움을 향한 공부를 더욱 권면하여서 현자를 구하는 임금의 성의를 저버리지 않도록 하지 않으십니까? 국가의 명맥이 여기에 있지 않습니까? 백만 창생蒼生이 물이 새는 배 위에 있어서 목숨이 한 사람에게 달려 있으며, 한 사람이 덕을 이루는 것이 기필코 합하께서 올라오는 것에 의지하고 있습니다. 애석합니다! 기회를 놓쳐서는 안 됩니다.

화타華佗, 중국 삼국 시대의 명의와 의완醫緩, 전국 시대 진秦의 명의은 지극히 뛰어난 의원이지만 만약 반드시 이 두 사람에게 치료를 받아야 병이 낫는다면 온 세상에 병으로 죽지 않을 사람이 드물 것입니다. 지금 합하께서 병이 나서 약을 구하는데 세상의 의원이 모두 "나는 화타나 의완이 아니니 끝내 약을 지어줄 수 없다."고 한다면 합하의 마음이 어떻겠습니까? 합하의 일이 어찌 이와 다르겠습니까.

근래에 올린 소疏에서 말씀하신, '산새이니 이단異端이니'* 하는 말은 누구의 입에서 나온 말입니까? 말한 이도 반드시 사실을 말하지 않았고 전한 이도 반드시 다 믿지 않았을 터인데 소에서 진술하기까지 하였으니 어찌 온당하겠습니까. 대체로 배우는 사람은 비록 성현에는 이르지 못한다 하더라도 진퇴출처進退出處는 마땅히 성현을 스승으로 삼아야 합니다. 만약 '나는 성현이 아니니 성현이 하는 일을 본받을 수 없다.'고 하여 나아가야 할 때 나아가지 않고 물러가야 할 때 물러가지 않으면 성현을 배우는 사람이라고 할 수 있겠습니까. 합하는 비록 스스로 헐뜯고 스스로 비하하더라도 끝내 성현을 배우지 않았다고는 이를 수 없습니다. 오늘날의 일을 도리로써 헤아려 보고 옛것으로써 따져 보고 시세時勢로써 저울질해 보고 합하의 몸으로써 참작해 본다면 아마도 끝내 물러가서는 안 될 것입니다.

이미 나아갈 만하다고 한다면 우연히 주어지는 지위가 높

* 이황의 「무진사직소戊辰辭職疏」에 "어떤 사람은 명예를 좋아한다고 하고, 어떤 사람은 거짓으로 병든 체한다고 하며, 어떤 사람은 산새에 견주고, 어떤 사람은 이단이라고 배척한다."고 한 구절이 있다.

건 낮건 간에 이를 큰 혐의로 여겨 나아가지 않아서는 안 됩니다. 다만 이뿐이 아닙니다. 가만히 보건대, 주상의 뜻은 반드시 불러들이고자 하여 오지 않으면 그만두지 않을 것입니다. 만약 근래에 없는 예禮를 만들어 내서 합하의 몸에 더하여 반드시 오게 하고자 한다면 겸양하고 공손한 마음에 더욱 감당하지 못할 것이니 대단한 낭패가 반드시 오늘보다 심할 것입니다. 바라건대, 지금 우선 급급하나 따뜻한 날을 이용하여 올라와서 성주의 성의에 부응하고, 국가의 뿌리를 북돋우며, 사림의 바람을 위로하신다면 천만다행이겠습니다.

저는 경솔하고 잡박한 버릇이 벼슬을 하면서 더욱 심한데 이런 버릇이 그치지 않는다면 아마도 사람 노릇을 못할 듯합니다. 밤중에 생각하노라면 소름이 온몸에 끼칩니다. 혹시 빛나는 모습을 가까이하여 고질병을 고칠 수 있다면 반성할 수 있을 터인데 길이 아득히 멀어서 바람을 향해 스스로 경계할 뿐입니다.

명종 때까지 네 차례 사화를 겪고, 외척의 발호와 권신의 전횡에 숨을 죽이던 사림은 선조가 즉위하자 조선 학문의 태두泰斗인 이황에게 중망을 두고 참신한 정치를 기대하였다. 서른세 살 이이도 자꾸만 현실 정치에서 발을 빼려고 하는 이황에게 출사를 권유하는 내용의 편지를 보냈다. 폭력이 난무하던 낡은 시대를 청산하고 학문을 익히고 도덕성을 함양한 사림이 주축이 되어 새로운 시대를 이끌어가자는 사림의 포부와 각오를 읽을 수 있다.

동호문답
東湖問答

손님이 물었다.

"주상께서 삼대의 정치를 회복하려면 마땅히 어떤 일을 먼저 힘쓰셔야 합니까?"

주인이 대답하였다.

"가장 먼저 뜻을 세워야 합니다. 예로부터 큰일을 한 임금은 먼저 그 뜻을 정하지 않은 이가 없었습니다. 왕도王道에 뜻을 두면 요순시대의 정치와 교화도 모두 내 분수 안의 일이요, 패도覇道에 뜻을 두면 한·당의 소강小康*도 또한 이루어 낼 수 있습니다. 그러나 옛사람의 말에 '세금을 박하게 받도록 세법을 만들어도 그 폐단은 오히려 탐하는 결과를 초래한다.'고 하였습니다. 지금 만약 패도에 뜻을 둔다면 규모와 문물제도制作가 반드시 한·당보다 못하게 될 터이니 어찌 뜻있

* 소강은 유가의 정치 이념을 설명하는 중요한 용어이다. 대도大道가 행해져서 사회 질서가 안정되고 모든 인민이 의식주를 확보하고 평화롭게 사는, 공동체적 이념이 지배하는 이상 사회를 대동大同이라 한다. 대도가 사라져서 사회에 사유 재산·권력·지배 체제가 생겨나고 예의와 형벌로 질서를 유지하게 된 사회를 소강小康이라 한다. 그나마 소강 사회도 사회 질서가 유지되고 인민이 예의염치禮義廉恥를 알고 형벌에 복종할 줄 안다. 그러나 여기서 더 타락하면 난세가 된다. 『예기』「예운禮運」.

는 선비가 또다시 탄식하지 않겠습니까.

이치를 탐구하고窮理 본성을 다 실현하는盡性 데 뜻을 둔다면 구차하게 작은 성취로 만족한다는 주장이 끼어들지 못할 것입니다. 이 백성의 의식을 혁신하는 데 뜻을 둔다면 세속 현실의 일상 규범을 지키자는 설이 얽매지 못할 것입니다. 아내에게 모범이 되는 데 뜻을 둔다면 궁녀와 내시와 함께 누리는 향락이 마음을 빼앗지 못할 것입니다. 궁궐을 초가집과 흙 계단으로 꾸며도 만족한다는 뜻을 두면 수레나 궁실을 아름답게 꾸미려는 욕망이 마음을 흔들지 못할 것입니다. 널리 혜택을 베풀고 대중을 구제하는 데 뜻을 둘 경우, 혜택을 받지 못하는 백성이 한 사람이라도 있으면 모두 나의 근심거리가 됩니다. 예악을 정비하여 밝히는 데 뜻을 둘 경우, 한 가지 정책이라도 옛 법에 맞지 않으면 모두 나의 아픔이 됩니다. 주상께서 참으로 이런 뜻을 세운다면 성인을 표준으로 삼으실 것입니다. 성인을 표준으로 삼고 반드시 배우려고 하신 뒤에야 삼대의 정치를 회복할 수 있습니다."

"뜻이 이미 섰다면 마땅히 무엇을 일삼아야 합니까?"

"뜻을 세운 다음에는 맨 먼저 실질에 힘써야務實 합니다."

"무슨 말입니까?"

"아침이 다 지나도록 밥상을 차려 놓고 한번 배불리 먹지 못하듯이 빈말뿐이고 실상이 없으면 어떻게 일을 처리할 수 있겠습니까. 지금 경연 자리에나 상소하는 글에 나라를 다스리기에 충분한 좋은 계책과 곧은 의논이 없지 않은데도 폐단을 개혁하고 계책을 실시한 사례를 한 가지도 볼 수 없는 것은 다만 실제 효과를 얻는 데 힘쓰지 않았기 때문입니다. 지금 우리 주상께서 반드시 다스림을 추구하여 옛날의 도를 회복하고자 한다면 마땅히 실제 효과를 얻도록 힘쓰고 형식은 일삼지 않으셔야 합니다.

만일 대상 사물의 궁극에 이르러 이치를 알고자 하신다면格物致知 글을 읽어서 그 의리를 사색하고, 일을 대하여 옳고 그름을 생각하고, 인물을 강론하여 그릇됨과 바름을 변별하고, 옛 역사를 대대로 열람하여 잘잘못을 규명하여서 말 한마디 동작 하나에 이르기까지 모두 이치에 합당한지 여부를 생각하고, 반드시 마음을 텅 비고 밝고 투명하고 맑게 하여서 대상으로 삼지 않는 사물이 없게 함으로써 격물치지格物致知의 실질을 다 발휘하여야 합니다.

만일 뜻을 성실하게 하고자誠意 하신다면, 선을 좋아하려면 이성異姓을 좋아하듯이 하여서 반드시 얻어야 하고, 악을 미워하려면 악취를 싫어하듯이 하여서 결단코 제거해야 하며, 깊숙한 곳에 홀로 있을 때나 남이 모르는 곳에서도 경건하고 두려운 마음으로 게으르지 말고, 보이지 않고 들리지 않는 때라도 경계하고 두려워하는 태도를 잊지 말고, 반드시 의식과 사려가 나타날 때 모두 지극한 성실함에서 나오지 않는 것이 없게 하여서 성의誠意의 실질을 다 발휘하여야 합니다.

만일 마음을 바르게 하고자正心 하신다면, 치우치지 않고 기울지 않게 하여 마음의 본체를 세우고, 중도에서 지나치거나 미치지 못함이 없도록 하여서 마음의 작용을 펼치며, 마음이 말똥말똥하고 어둡지 않게 하여서 본래의 명철한 기능을 온전히 발휘하고, 응집되고 안정되며 어지럽지 않아서 본래의 고요한 상태를 보존하며, 탁 트여서 크게 공변되어 사물이 닥쳐오면 순응함으로써 정심正心의 실질을 다 발휘하여야 합니다.

만일 몸을 닦으려修身 하신다면, 의관衣冠을 단정하게 하고 시선을 존엄하게 가지며, 음악과 여색을 좋아함을 멀리하고 노닐고 구경하는 즐거움을 끊으며, 태만한 기운을 몸에 지니지 말고 비루하고 패악한 말을 하지 말며, 법도를 따라서 예禮가 아니면 행동하지 않음으로써 수신修身의 실질을 다 발휘하여야 합니다.

만일 어버이에게 효도를 하고자孝親 하신다면, 두 분 대비*를 우러러 받들어 일마다 정성으로 섬기며, 사이가 벌어지지 않고 기쁜 마음으로 서로 대하며, 참소讒訴를 일삼고 간사한 자

* 대비 두 명은 인종의 비 인성 왕후仁聖王后 박씨朴氏와 명종의 비 인순 왕후仁順王后 심씨沈氏를 말한다.

를 끊어 버리며, 온화한 안색과 유순한 태도로 대하며, 공손하고 신중한 모습으로 정신이 서로 합하고 기맥이 서로 통하게 하며, 종묘의 예에도 경건과 근실함을 극진히 하고 번거롭게 자주 예를 올리는 데 힘쓰지 말며 오직 조상이 감동하여 임하도록 마음을 써서 효친孝親의 실질을 다 발휘하여야 합니다.

만일 집안을 다스리려고治家 하신다면, 몸으로써 가르치되 경건으로써 거느리고, 장중함으로써 임하고, 자애로써 어루만지도록 힘써서 후비后妃는 순수하고 한결같은 덕이 있게 하고 궁중宮中은 엄숙하고 깨끗한 아름다움이 있게 하며 외부와 관계를 맺는 폐단은 그 싹을 끊어 버리고 천한 내시에게는 청소만 맡김으로써 치가治家의 실질을 다 발휘하여야 합니다.

만일 현명한 인재를 쓰려고用賢 하신다면, 널리 발굴하여 자세히 살피고 분명히 시험하여서 과연 틀림없이 현명하다고 명확히 판단이 되면 그를 신임하여 의심하지 말고 오로지 맡겨서 딴 생각을 하지 말며, 밖으로는 군신의 의리로 부탁하고 안으로는 부자의 정분을 맺어서 그로 하여금 쌓은 재능을 펼쳐서 정성을 다하고 재주를 다하게 하며, 참소하는 말이 떠돌지 않고 모든 정사가 잘 다스려져서 나라는 복을 받고 백성은 살 곳을 얻게 함으로써 용현用賢의 실질을 다 발휘하여야 합니다.

만일 간특한 자를 물리치려고去姦 하신다면, 거슬리지 않는 말은 도리에 맞지 않은가 따져보고, 공명정대하지 않은 행적은 남모르는 악행인지 관찰하며, 건의하는 일이 없는 자는 나라를 걱정하는 뜻이 없음을 알고, 작위와 녹봉을 좋아하고 아끼는 자는 나라의 어려운 일에 목숨을 바치는 절개가 없는 사람임을 알며, 도학을 좋아하지 않는 자는 장차 사림에 화를 입힐 사람임을 알고, 이론 주장은 잘하나 속마음이 유약한 자는 남의 흠을 끄집어내어서 강직한 체하는 자임을 알아서, 행위를 보고 의도를 살피고 마음으로 편안히 여기는 바를 파악하여서 분명히 간사하다면 간사한 정도에 따라서 처벌을 하되 가벼우면 쫓아버리고 무거우면 변방으로 귀양 보냄으로써 거간去姦의 실질을 다 발휘하여야 합니다.

만일 백성을 보호하고자保民 하신다면 백성의 부모라는 마음으로 백성을 갓난아기같이 보아야 합니다. 갓난아기가 우물에 빠지려 할 때에는 비록 원수지간이라도 참으로 그 집안을 멸절시키고자 하는 지경에 이르지 않았다면 반드시 놀라 일어나서 구해낼 터인데 하물며 부모의 마음이겠습니까. 지금 현재 갓난아기가 우물에 빠진 지 오래되었건만 여러 해 동안 아기가 다칠세라 돌보는 정치를 전혀 볼 수 없는 까닭은 다름이 아니라 주상께서 백성의 부모라는 마음이 아직도 지극하지 못한 바가 있기 때문입니다. 참으로 백성의 부모라는 마음을 지니고 계신다면 백성을 위하여 이로운 것은 존속시키고 해로운 것은 없애려고 최선을 다하지 않는 바가 없을 터이니 백성의 생활이 어찌 곤궁할 리가 있겠습니까. 마땅히 백성을 위하여 걱정하고 부지런히 힘쓰고 조심하고 신경을 써서 밥 먹을 겨를도 없이 소원을 알아내어 반드시 이루어 주고 폐해를 물어서 반드시 제거함으로써 보민保民의 실질을 다 발휘하여야 합니다.

만일 교화하려고 하신다면, 먼저 몸소 행하여 어질고 겸양한 기풍을 일으키고, 공도公道를 넓혀서 기강을 떨치고, 착하고 간특함을 변별하여서 풍속을 변화시키고, 염치를 장려하여서 사기士氣를 진작하고, 도학을 숭상하여서 사회가 나아갈 방향을 정하고, 제사 예법을 밝혀서 번거롭게 지내는 폐단을 고쳐 신령이 위에서 감동하고 백성이 아래에서 순응하며, 삼강三綱이 확립되고 구주九疇*가 펼쳐지게 함으로써 교화의 실질을 다 발휘하여야 합니다.

주상께서 실질에 힘쓰는 노력이 참으로 이에 이른다면 천심天心이 기뻐하여 온화한 기운이 가득하고 재앙이 소멸하여 경사와 상서로움이 거듭 이를 것입니다. 아! 우리나라의 억만 년 끝없는 아름다움은 아마도 주상이 실질에 힘쓰는 데 달려

* 구주는 홍범구주洪範九疇를 말한다. 상商의 현자 기자箕子가 주 무왕에게 진술하였다는, 국가를 경륜하는 아홉 가지 원칙이다. 『서경』「주서周書·홍범洪範」.

있을 것입니다."

위는 실질에 힘씀이 수기修己의 요령임을 논하였습니다.

"올바른 사람과 간사한 사람을 변별하여 인재를 얻어서 정치를 한다면 정치는 무엇을 먼저 해야 합니까?"

"먼저 폐단이 되는 법弊法부터 개혁하여 민생을 구제해야 합니다. 폐법弊法을 개혁하려면 마땅히 언로를 넓혀서 좋은 대책을 모아야 합니다. 위로는 공경公卿으로부터 아래로는 노비에 이르기까지 모두 저마다 현재의 폐단을 말하게 하여서 말이 과연 쓸 만한 것이면 사람의 신분에 따라 취하거나 버리지 말고, 해당 관부로 하여금 전례에 따라 아뢰는 것을 막으려고 꾀를 쓰지 말도록 하여서 오직 폐법을 다 고치기로 기약한 뒤에야 나랏일을 할 수 있습니다."

"그대는 백성을 구제하는 길이 폐법을 개혁하는 데 있다고 하는데 지금 현재 폐법으로 백성에게 가장 고통이 되는 것은 무엇입니까?"

"일족겨린一族切隣의 폐단*이 첫째요, 진상번중進上煩重의 폐단*이 둘째요, 공물방납貢物防納의 폐단*이 셋째요, 역사불균役事不均의 폐단*이 넷째요, 이서주구吏胥誅求의 폐단*이 다

* 일족겨린의 폐단은 부역, 세금 등의 조세에 법적 의무를 진 자가 도망갔을 때 친족이나 가까운 이웃에 연대 책임을 지워서 부과하는 폐습이다.

섯째입니다.

무엇을 일족겨린의 폐단이라고 합니까? 지금 여기에 도망한 사람이 있으면 반드시 그의 친족一族과 겨린切隣에게 그의 세금을 전가轉嫁하고, 친족과 겨린이 감당할 수 없어 또 떠돌아 흩어지면 다시 친족의 친족, 겨린의 겨린에게 전가하여 한 사람이 도망함으로써 재앙이 1000호에까지 파급되니 형세가 반드시 백성이 한 사람도 남지 않게 된 뒤에야 끝날 것입니다. 이 때문에 옛날에는 100집이 있던 마을이 지금은 10집도 없고 지난해에 10집이 있던 마을이 지금은 한 집도 없게 되어서 어느 곳을 가더라도 마을은 쓸쓸하고 밥 짓는 연기가 아주 끊어져 버렸습니다. 만약 이 폐단을 경장하지 않는다면 나라의 근본이 넘어지고 쓰러져서 나라를 다스릴 수 없게 될 것입니다.

이 폐단을 개혁하려면 당장 전국의 군郡과 읍邑으로 하여금 부적簿籍을 조사해서 참으로 유망流亡한 절호絶戶가 있으면 곧 그 이름을 삭제하고 친족과 겨린에 전가하지 않게 하여

* 진상번중의 폐단은 조선 시대 조세 가운데 하나인 지방 토산품 진상을 과다하고 빈번하게 징수하는 폐습이다.
* 공물방납의 폐단은 토산품 진상 과정에서 진상품을 수수하는 아전衙前이 중간에서 대납代納하고 서민에게 비싼 대가를 뜯어 내는 것을 말한다. 이를 서민이 직접 납부하는 것을 가로막고 농간을 부린다 하여 방납防納이라고 한다.
* 역사불균의 폐단은 병역의 의무인 군역軍役과 노력 동원인 요역徭役이 신분이나 빈부에 따라 불공평하게 부과되는 폐습이다.
* 이서주구의 폐단은 중앙이나 지방의 향리鄕吏, 곧 아전이 토색질을 하거나 가렴주구苛斂誅求를 하는 폐습이다. 이이가 제시한 갖가지 민폐는 서로 맞물려 있었다.

야 국가의 손실은 다만 도망한 사람에게서만 그치고 아직 흩어지지 않은 백성은 거의 편안히 모여 살 수 있을 것입니다. 생활이 안정되고 자식을 낳아 호구戶口가 번성하면 채우지 못했던 군액軍額도 머지않아 충족시킬 수 있습니다."

"그대는 이다지도 현실에 어둡군요! 오늘날 군액과 노비 대장에는 절호가 반을 차지하는데 그대의 말대로 하면 눈앞에 닥친 온갖 수요에 대응할 길이 없으니 어찌하겠습니까?"

"아! 세속의 견해는 늘 이와 같습니다. 이는 국가의 형세가 끝내 떨쳐 일어나지 못하는 까닭입니다. 지금은 민생의 곤궁은 거꾸로 매달린 것보다 더 심하여 급히 구제하지 않으면 장차 나라가 텅 비게 될 형세입니다. 나라가 텅 비게 된 뒤에는 눈앞의 수요를 어디서 마련해 내겠습니까. 반드시 이렇게 될 것입니다.

군액이 감축되지 않아서 좋은 점은 실제로 이 군액이 있으므로 동원에 대비할 수 있기 때문입니다. 지금은 절호의 군역을 다만 그 친족에게 전가하여 가포價布*만 징수할 뿐입니다. 만약 급히 군사를 동원할 일이 생기면 친족은 끝내 창을 메고

* 가포는 신역身役을 진 사람이 역에 나가지 않고 그 역의 대가로 바치는 포목布木으로, 여기서는 군포軍布를 말한다. 조선 시대에 정규군을 돕기 위해 16~60세의 남정男丁을 조직하여 군보軍保라고 하였다. 이들에게 돌아가면서 일정한 의무를 지웠다. 원래는 병역을 면제 받는 대신 현역병의 농사에 노동력을 제공하도록 하였으나 나중에는 군대의 비용으로 쓰기 위해 역을 면제해 주고 대가로 삼베나 무명을 받았다. 이를 군포라고 한다. 군포를 납부하는 남정은 군안軍案 또는 군적軍籍에 기재된다.

나서지 못하고, 가포로는 끝내 군인을 모집하지도 못할 터인데 무엇 때문에 허위로 작성한 군적을 아껴서 백성이 실제 피해를 입게 하겠습니까.

고금에 어지러워진 일이 본래 한두 가지가 아니지만 일족겨린의 폐단으로 나라가 망한 것은 아직 보지 못하였습니다. 이는 우리나라에서 처음 시작되었는데 언제부터 시작되었는지 알 수 없습니다. 이는 참으로 천고에 없었던 근심거리로 후세 사람이 듣도록 해서는 안 될 것입니다. 『서경』에 '형벌은 자손에게까지 미치지 아니하고 상은 자손에게까지 이어진다.'고 하였습니다. 이 백성이 도망하여 흩어지는 것은 곤궁한 데서 기인하니 마땅히 혜택을 베풀기에 겨를이 없어야 할 터인데 도리어 혹독하고 포학한 정치로 아직 흩어지지 않은 백성까지 흩어 버리고 있으니 이것이 어찌 어진 군자가 차마 할 일이겠습니까."

"그대의 말인즉 옳습니다만 간교한 백성이 일체 군역을 기피하여 마침내 군액이 한 사람도 없게 된다면 어떻게 하겠습니까?"

"절대로 그럴 리는 없습니다. 백성이 고향을 떠나고 친족을 버리고서 정처 없이 떠도는 것은 모두 절박함에 부득이해서 그런 것입니다. 저들이 비록 간교하다 하더라도 만약 살아갈 생업이 있다면 누가 기꺼이 떠돌아다니는 괴로움을 스스로 취하겠습니까. 만약 일족겨린의 근심이 없고 다만 제 한 몸의 군역만 진다면 백성은 물이나 불에서 벗어난 것처럼 편안하고 즐겁게 생업을 영위하며 살 것입니다. 어찌 일체 군역을 기피할 리가 있겠습니까.

이 법을 개혁한 뒤에는 마땅히 군과 읍으로 하여금 점차 한정閒丁, 요역에 나가지 않는 장정을 색출하여 궐액闕額을 채우고, 여외旅外*를 모두 없애서 정규군을 보충하며, 『경국대전經國大典』에 기록되지 않은 신설한 위소衛所나 한역閒役의 적籍에 이름이 들어 있어서 관가官家에 도움이 되지 않는 자는 모두 색출하여 군역에 충당하게 하고, 군사 업무를 담당하는 관원으로 하여금 그 사무를 총괄하게 하여 반드시 실수實數를 채우게 하면 비록 군적을 담당하는 국局을 따로 설치하지 않더라도 군적은 완료될 것입니다. 그런 뒤 다시 한정을 찾아내어 발견하는 대로 보충하고 세초歲抄* 때마다 군과 읍으로 하여금 병조에 군적을 올리게 하고 해당 관서에 노비 대장을 올리게 하여서 실수만 기록하고 허위 명단은 모두 지워 버려야 합니다.

만일 한정을 잘 찾아내어서 10호 이상 늘린 자에게는 상을

* 여외는 여외정병旅外正兵으로, 입대하지 않고 있는 정규 군사를 말한다.
* 세초는 매년 6월과 12월에 이조와 병조에서 관원의 공과를 초록해서 상주하여 왕의 재가를 받아 감등하거나 서용하는 일을 말한다. 여기서는 매년 6월과 12월에 사망 또는 도망하거나 질병에 걸려 궐액이 된 군병軍兵을 보충하는 일을 가리킨다.

주고, 새로 절호가 생겨서 액수가 5호 이상 줄어든 자에게는 죄를 주되, 파직시키거나 강등시키고, 심한 자는 무겁게 다스리며, 늘고 준 것이 같은 자는 불문에 부칩니다. 3년 동안 다스렸는데 호구가 늘지 않은 자도 죄를 논하고, 또 어사御史로 하여금 미복微服으로 군과 읍을 두루 돌아다니며 백성의 질고疾苦를 물어 수령이 현능한지를 살피도록 하여서 만약 여전히 사사로이 친족과 겨린에게 전가하거나 허위로 호구를 늘려 포상을 노리는 자가 있으면 번번이 간장姦贓의 법률불법으로 뇌물을 받은 자를 처벌하는 법률에 따라 다스립니다. 참으로 이와 같이 할 수 있다면 수령이 법을 무서워하여 마음을 다하여서 백성을 품어 보호할 것이니, 10년이 안 되어 백성의 생활은 넉넉해지고 군액도 채울 수 있습니다.

옛날 월越나라 왕 구천句踐은 군사 5천 명으로 회계會稽 땅에 머물러 있었으니 지극히 약하였다고 할 수 있습니다. 그러나 10년 동안 백성을 늘리고 10년 동안 가르치고 훈련하여서 마침내 나라를 부유하게 하고 군사를 강하게 만들어서 강한 적을 멸망시켰습니다. 하물며 우리나라는 당당한 만승萬乘의 나라*이니 만약 늘리고 가르치고 훈련을 충분히 한다면 어찌

* 만승의 나라는 전쟁에 병거兵車 만 대를 동원할 수 있는 나라를 뜻한다. 병거 한 대에는 군마 네 필, 무장한 갑사甲士 3명, 보졸步卒 72명과 식량, 병기, 건초 따위를 운송하는 소와 수레가 소속되었다. 고대 중국에서 영토의 크기를 병거의 수효로 표현하였는데, 만승의 나라란 보통 천자의 나라를 가리킨다. 여기서는 큰 나라라는 뜻이다.

나라가 태평하고 백성이 풍족하여 풍속이 크게 변하는 효과를 거둘 수 없겠습니까.

무엇을 진상번중의 폐단이라고 합니까? 지금 이른바 진상이란 모두 다 상공上供*에 합당한 것은 아닙니다. 자질구레한 물건도 모두 다 바치고 바다와 육지의 산물을 남김없이 긁어모으고 있으나 정말 어선御膳, 임금의 음식에 올릴 만한 것을 고른다면 거의 없습니다. 옛날 성왕聖王은 한 사람으로서 천하를 다스렸지 천하로써 한 사람을 받들게 하지는 않았습니다. 설사 진상하는 물건이 하나같이 모두 상공에 적합한 것이라 하더라도 마땅히 줄여서 백성의 역량을 펴 주어야 할 터인데 하물며 급하게 필요하지도 않은 물건으로 백성을 해치고 상하게 한단 말입니까.

이 폐단을 개혁하려면 마땅히 대신과 해당 관서로 하여금 진상품 명목을 모두 가져다가 긴요한 것인지 아닌지를 검토하여 꼭 바쳐야 할 것이어서 존치存置하지 않으면 안 되는 것만 남기고 나머지 긴요하지 않은 물건은 모두 삭제하며, 비록 상공에 적합하더라도 수량이 너무 많은 것은 역시 수를 헤아려서 줄입니다. 이와 같이 하면 백성을 사랑하는 성상의 은혜가 아래에까지 미칠 수 있으니 오로지 정당한 진상품만 바치게

* 상공은 본디 신이나 부처에게 물품을 헌상하는 일을 가리키나 왕에게 진상품을 바치는 일 또는 궁중에서 필요한 경비를 가리키는 말로도 쓰인다.

하였다는 칭송을 문왕文王만 독차지하지는 않을 것입니다."

"만약 그대의 말대로 한다면 백성만 사랑할 줄 알고 임금은 받들 줄을 모르는 셈이니 신자臣子의 정성이 아닙니다."

주인은 한숨을 쉬며 탄식하고 말하였다.

"세속의 견해는 늘 이와 같습니다. 이것이 성상의 덕을 우러러 보좌하지 못하는 까닭입니다. 충신이 임금을 사랑함은 대도大道로써 하는 것이지 작은 정성으로 하는 것이 아닙니다. 가령 국가가 잘 다스려져서 편안하고 민생이 넉넉하고 인구가 번성하면 우리 임금의 소득도 많아질 터인데 어찌 자질구레한 물건이 늘어나고 줄어드는 것이 족히 우리 임금에게 손해나 이익이 되겠습니까.

옛날에 순 임금이 칠기漆器를 만들자 신하들이 따지고 간하였다고 합니다. 이는 설사 존귀한 천자라도 칠기를 쓸 수 없다는 것입니다. 그대의 말로 보면 순 임금 시대의 신하는 임금을 사랑하지 않았다고 할 수 있을 것입니다. 그러나 순 임금은 천하의 성주聖主가 되었고 우虞나라 신하는 천하의 어진 보필輔弼이 되었습니다. 아! 이 어찌 세속의 녹록한 무리와 더불어 득실을 논할 수 있는 일이겠습니까.

무엇을 공물방납의 폐단이라고 합니까? 조종조祖宗朝에서는 방납을 아주 엄하게 금하여서 모든 공물은 다만 백성이 직접 관에 납부하게 하였고, 모든 부서의 관리도 임금의 뜻을 받들어 아전에게 기만을 당하지 않아 농간을 부리거나 실상을 가리는 근심이 없었습니다. 그래서 백성은 공물 때문에 시달리지 않았던 것입니다. 세상의 도가 점점 추락하고 폐습弊習이 날로 불어나 간사하고 교활한 관노官奴나 사납고 교활한 아전이 온갖 물건을 사사로이 준비해 두고서 관사를 우롱하고 백성을 가로막고서, 비록 정결하고 좋은 물건을 가지고 와도 끝까지 억제하고 받아들이지 않고서는 기어코 자기가 준비해 둔 물건을 바친 뒤 백배의 값을 요구합니다. 그러나 국법이 무너져 금하지 못한 지 오래되어서 나라가 쓸 것은 털끝만큼도 늘지 않고 민간은 이미 살림이 텅 비게 되었습니다.

근래에 비록 이것을 개혁하려고 하지만 요령을 알지 못하여 다만 백성으로 하여금 스스로 납부하게만 하고 적합한 대책을 세우지 못하였습니다. 백성이 스스로 공물을 준비할 수 없게 된 지 오래되었는데 하루아침에 방납이 폐지되었다는 소식을 들으니 달리 공물을 마련할 길이 없습니다. 그래서 하는 수 없이 또다시 비싼 값을 준비해 가지고 전날 방납하던 자들에게 찾아가 사사로이 사게 되니, 그들은 깊이 단단히 감추어 두었다가 그전 값의 배를 요구합니다. 방납의 명목은 없어졌으나 실제로는 도리어 심해졌습니다."

"이런 폐단을 개혁하려면 마땅히 어떤 계책을 세워야 하겠습니까?"

"통달한 사람은 일에 임하여 계획을 잘 세우고 때에 따라 합당하게 대처합니다. 어찌 낡은 규례에 얽매이는 사람이 할 수 있는 일이겠습니까. 내가 해주海州의 공물법貢物法을 보니 토지 1결당 쌀 한 말斗을 징수하여서는 관에서 자체 비축해 두었던 물건을 서울에 바치기 때문에 민간에서는 쌀을 내는 것만 알고 농간하는 폐단이 있음은 들어 보지 못하였습니다. 이는 참으로 오늘날 백성을 구제하는 좋은 방법입니다. 만약 이 법을 사방에 반포한다면 방납의 폐단이 머지않아 저절로 개혁될 것입니다."

손님이 웃으면서 말하였다.

"그대의 말은 참으로 사정에 어두운 말입니다. 우리나라 군과 읍에서 해주 같이 실한 곳이 없습니다. 어떻게 팔도의 군과 읍으로 하여금 모두 해주의 사례를 본받게 할 수 있겠습니까?"

"만약 통용되는 규례를 바꾸지 않는다면 참으로 그대의 말과 같을 것입니다. 그러나 만약 대신과 해당 관서로 하여금 팔도의 지도와 호구 단자戶口單子를 모두 가져다가 인구의 증감, 전결田結의 많고 적음, 물산의 풍성하고 부족함을 조사하여 공물을 다시 부과하여서 부담을 고르게 해주고, 또 공물 가운데 나라 살림에 절실하지 않은 것은 적당하게 견감蠲減하여서 팔도의 군과 읍에서 마련하여 내는 것을 모두 해주와 같이 1결당 한 말씩으로 정한 뒤 법령을 반포하면 어찌 행하지 못할 염려가 있겠습니까.

무엇을 역사불균의 폐단이라고 합니까? 지금 이른바 정군正軍*·보솔保率*·나장羅將, 군대의 아문에 소속된 사령·조례皁隷, 관청에 소속된 하인에 소속되어 역役에 응하는 모든 무리를 오래 번番을 세우기도 하고, 두 번으로 나누어 세우기도 하고, 세 번에서 예닐곱 번까지 나누어 세워서 어떤 자는 침해를 견디지 못해 도망치고 어떤 자는 조금이나마 생업이 안정되어 스스로 보전하고 있습니다. 다 같은 연약한 백성인데 어찌 피차 차이가 있어서 괴로움과 즐거움이 다르단 말입니까.

지금부터 대신과 해당 관서가 잘 헤아려 법제를 제정하여야 합니다. 역이 긴 것은 끊어 짧은 것을 보충하고, 번의 휴가를 공평하고 정확하게 주어 부담이 너무 심하거나 너무 수월한 폐단이 없게 한다면 유망한 자들이 다시 돌아와 모이고 백성은 식구를 버리고 기피하려는 생각을 하지 않을 것입니다.

무엇을 이서주구의 폐단이라고 합니까? 권간權姦, 권력을 장악한 간신이 나라를 어지럽힌 뒤로 위아래 사람들이 오로지 뇌

* 정군은 군에 입대하여 정규 군인으로 복무하는 사람을 말한다. 정병正兵이라고도 한다.
* 보솔은 보인保人과 솔정率丁을 말한다. 정군의 가사, 농사를 돕기 위한 보조원을 보인이라 하고, 군사의 군무를 돕기 위한 보조원을 솔정이라 한다.

물만 일삼아 벼슬과 작위도 뇌물이 아니면 오르지 못하고 소송도 뇌물이 아니면 판결이 나지 않으며, 죄에 걸려도 뇌물이 아니면 면하지 못합니다. 모든 관료가 서로 법도에 어긋난 짓만 배우며 아전은 법조문을 가지고 농간을 부려서 온갖 물건을 관에 납부할 때에 정精하고 거친 것을 분별하지 않고 많고 적고를 계산하지 않으며, 오직 뇌물로 등급을 매겨 취하고 버립니다. 심지어 일개 하인이나 종까지도 약간의 일만 맡고 있으면 금방 토색질을 일삼습니다. 이뿐만이 아닙니다. 소송 같은 중대한 일도 교활한 아전의 손에 맡겼는데 그들은 뇌물을 보고 잘잘못을 결정합니다. 이는 참으로 정치를 어지럽히고 나라를 망치는 고질병입니다.

지금 권간은 이미 사라지고 공론公論은 점차 행해지고 있어서 조정에서는 구습이 조금 고쳐졌으나 아전의 간사한 짓은 전보다 더욱 심합니다. 이 폐단을 개혁하려면 마땅히 모든 관료를 엄하게 단속하고 거듭 장죄贓罪의 법 관리가 부정하게 재물을 탐한 죄을 밝혀서 무너진 기강을 진작시켜서 조정이 숙연해지고 사람마다 두려워할 줄 알게 된 뒤 침탈하고 뇌물을 받는 폐습을 일절 금하고, 숨긴 것과 감춘 것을 적발하여 실정을 파악하며, 백성이 호소하도록 허락하여 억울함을 살펴야 합니다. 만약 아전이나 사령의 무리가 뇌물을 받았거나 토색질을 한 사실이 발각되면 베 1필 이상은 모두 전가율全家律, 죄인을 온 식구와 함께 국경 근처로 강제 이주하게 한 형벌로 다스려서 6진鎭의 빈 땅으로 보내 채운다면 뇌물을 받는 폐습을 일소할 뿐만 아니라 변방을 튼튼히 하는 데도 도움이 될 것입니다.

아전이 뇌물을 요구하는 폐단은 참으로 모질게 끊어야 하지만 그들에게 농사를 대신할 만한 자원을 마련해 주지 않으면 안 됩니다. 옛날에는 부사府史, 재화와 문서의 출납을 관리하는 낮은 관리와 아전들이 모두 일정한 녹봉이 있어서 상부에서 받아먹었는데 지금의 아전은 따로 녹봉이 없으니 토색질을 하지 않으면 배고픔과 추위를 면하기 어렵습니다. 이것이 우리나라 제도의 미진한 점입니다."

"나라의 경비가 모자라서 조정 관리의 녹봉도 오히려 줄이는데 하물며 아전의 녹봉을 줄 수 있겠습니까?"

"저는 나라의 경비를 줄여서 아전의 녹봉을 주자고 말하는 것이 아닙니다. 다만 국가에서 쓸모없이 버리는 물건으로도 넉넉히 지급할 수 있을 것입니다.

헛되이 버리는 물건이란 무엇을 말합니까? 지금 각 관청에서 속포贖布*와 작지作紙*를 모두 쓸모없는 곳에 흩어 두고 있

* 속포는 죄를 면하기 위해 물품을 바치는 속죄贖罪, 노비가 대역을 세우고 양민으로 되면서 내는 속신贖身, 공물을 대신하여 내는 속공贖貢, 공사천公私賤 노비가 대가를 바치고 노비 신분을 면제 받을 때 내는 속량贖良 등으로 들어온 베를 말한다.

* 작지는 문서 작성에 쓰는 종이의 비용으로 받는 부가세의 베를 말한다.

는데 만약 해당 관부에서 이것을 빠짐없이 거두어들이면 한 해의 소득이 분명 수만 필을 밑돌지 않을 것입니다. 이것을 아전의 녹봉으로 삼고 나머지는 나라의 경비에 보충할 수 있으니 안 될 것이 무어 있겠습니까. 이는 부세賦稅 외에 별도로 부과하는 것이 아니라 다만 쓸모없는 것을 돌려서 쓰자는 것입니다. 경세제민의 선비라면 이 말이 평범하다고 하여 소홀히 여겨서는 안 됩니다."

"지금 현재의 폐단은 이것뿐입니까?"

"어찌 이것뿐이겠습니까. 농지를 다시 측량하지 않았기 때문에 묵은땅에도 세금을 받고 있으며, 불교가 아직도 존속하여서 게을리 놀고먹는 백성이 논밭으로 돌아가지 않고 있으며, 갑작스러운 수요를 모두 시정市井아치에게서 마련하므로 시정아치는 껍질이 벗겨지고 있고, 함부로 침해하는 독이 방坊, 서울의 5부를 다시 나눈 행정 구역 안에 넘쳐 나므로 방에서는 골수가 마르고 있습니다. 여러 고을에서 명목이 없는 세稅가 생겨나서 공부貢賦보다 더 과중하게 징수합니다. 종모법從母法*이 양민 여자에게는 적용되지 않아서 양민이 모두 사천私賤으로 바뀌고, 필요 없는 관직이 아직도 많아서 헛된 낭비가 아직도 많으며, 민호民戶는 점점 줄어드는데 군과 읍은 너무

* 종모법은 양반과 노비, 양인과 노비 사이에서 태어난 자식은 어미의 신분을 따르게 한 법을 말한다.

많습니다. 오늘날의 폐단을 다 말하려고 하면 아마도 내가 하루 종일 말해도 부족할 듯합니다.

지금의 방법대로 하고 지금의 정치를 바꾸지 않으면 비록 요순 같은 임금이 위에 있고 고요皐陶와 기夔 같은 현명한 신하가 아래에 있다 하더라도 치란治亂에 아무 도움이 되지 못하고 몇 년이 안 가서 백성은 반드시 생선처럼 문드러지고 흙처럼 무너질 것입니다.

게다가 크게 걱정되는 것은, 지금 백성의 역량이 마치 죽어가는 사람이 숨을 헐떡거리고 있는 것 같아서 평소에도 버티기 어려운데 만약 남쪽이나 북쪽에서 외침이 일어난다면 장차 반드시 거센 바람이 낙엽을 휩쓸듯이 할 터이니 백성은 그만두고라도 종묘사직이 어디에 의탁하겠습니까. 생각이 여기에 미치면 나도 모르게 통곡이 나옵니다."

"그대의 말은 참으로 옳습니다. 그러나 충신이 임금을 보필하려면 마땅히 조종을 본받아야 하는데 만약 그대의 말대로 한다면 조종의 법도를 바꾸고 어지럽히는 것에 가깝지 않겠습니까?"

"아아! 세속의 견해는 늘 이와 같습니다. 이는 한 가지 계책도 써 보지 않고 앉아서 망하기만을 기다리는 방법입니다. 정자程子는 '백성을 살리는 길이 궁색해졌을 때는 성왕聖王의 법도 고쳐야 한다.'고 하였습니다. 대체로 법은 오래되면 폐단이 생기고 폐단이 생기면 마땅히 고쳐야 합니다. 『주역』에서 '궁하면 변하고, 변하면 통한다.'고 하였습니다.

그러므로 우리 태조께서 개국하시고 세종께서 수성守成하시면서 『경제육전經濟六典』을 비로소 제정하셨고 세조께서 사업을 이어서 『경국대전』을 제정하셨는데, 이는 모두 시대에 따라 법도를 제정한 것이지 고의로 조종의 법도를 바꾸고 어지럽힌 것은 아닙니다. 지금 현재의 폐단이 설령 모두 조종의 법에서 나왔다 하더라도 역시 마땅히 세조를 본받아 이전의 법규를 조금 바꾸어서 장구한 법도를 세워야 할 터인데 하물며 반드시 조종의 법도 아니고 대부분 권간의 손에서 나온 것을 선왕이 만든 법인 양 준수하려고 하는 것은 무슨 까닭입니까? 이는 바로 음사淫辭를 만들어서 어지러움을 조장하는 일입니다. 도리어 저를 보고 조종의 법도를 바꾸고 어지럽힌다고 합니까?"

위는 백성을 편안하게 하는 방법을 논하였습니다.

『동호문답』은 서울 동호東湖의 독서당에서 사가독서賜暇讀書를 한 뒤에 과제물로 제출한 것이다. 모두 11개 조항으로 되어 있다. 그 내용은 군주의 도리와 신하의 도리, 군주와 신하의 관계, 도학을 밝히고 옛 도를 회복하는 문제, 시국의 급선무, 실질 학문에 힘쓸 것,

간사함을 변별하고 현자를 등용하는 문제, 인민을 안정시키고 교육할 것, 명분을 바로잡을 것 등이다. 이이의 정치적 구상과 유교적 정치관, 현실 정치의 폐단에 대한 해결책 등이 잘 담겨 있다.

퇴계 선생에게 올립니다
上退溪先生

지난겨울에 최 통례崔通禮 편으로 편지를 받고 지금까지도 우러러 감격합니다. 저는 연전에 외조모상을 당해 양례襄禮, 죽은 사람을 장사 지내는 일를 마치고 상경하였는데 우환을 겪은 나머지 몸과 마음이 모두 초췌하고 학문이 황폐해졌습니다. 두려운 마음으로 스스로 반성하고 분발하고자 하나 그 길을 열어줄 밝은 스승이 없어서 말할 수 없이 답답합니다.

이전에 올린 문목問目에 대해서는 아직 가르침을 받지 못하였습니다. 마냥 기다리려니 마음이 편치 않습니다. 강릉에 있을 때 인편으로 올린 제 편지는 받아보셨는지요? 전에 받은 편지에 "돌아갈 전장田庄이 없으면 차라리 물러갈 생각을 하지 말라."고 하셨는데, 저는 삼가 가르침을 듣겠습니다. 다만 저는 헛된 이름이 잘못 나서 이름난 관직의 길에 잘못 들어가 제수되는 벼슬마다 모두 감당할 수 없는 직책입니다. 남들이 하는 대로 여러 사람과 함께 나아간다면 위로는 하늘에 부끄럽고 아래로는 사람에게 부끄러워 평소에 가졌던 뜻과 배치되기 때문에 관직에 임명되면 번번이 사양하여 녹사祿仕*나 언을 계획으로 분주하게 사직하였다 받았다 하느라 편안한 때가 없었고 뭇사람의 입이 떠들썩하고 비방이 한 몸에 모임을 면할 수 없었습니다.

세상이 헐뜯고 칭찬하는 것은 비록 마음에 두지 않는다 하더라도 한편으로 스스로 처신하는 도리에 미진함이 있을까 두렵습니다. 늘 그늘진 바위와 흐르는 시냇가를 그리며 때로 벗어나 달려가고 싶지만 그렇게 하지 못합니다. 벼슬에 나아가면 시행할 만큼 배운 것이 없고 물러나면 돌아갈 땅이 없으며, 녹사를 하려고 하면 꼼짝을 못하게 얽매이니 옛사람도 또한 이런 일을 만나서 잘 처신한 이가 있었는지 모르겠습니다.

바라건대, 깨우쳐 주셔서 길을 잃고 헤매는 저에게 갈 길을 알려 주시면 천만다행이겠습니다.

선생님께서 청송聽松, 성수침 선생의 묘갈명墓碣銘을 써 주셔서 후세에 길이 전하게 되었으니, 그 아들 성혼成渾이 한없이 감사하게 생각합니다. 그가 보배로 삼아 감추어 두고 보여 주지 않다가 저에게 가만히 보여 주었는데, 거기에 혹 다시 여쭐 만한 곳이 있어서 성 군成君, 성혼이 이를 위해 일부러 사람을 보냅니다. 바라건대, 답을 주시는 것이 어떻겠습니까?

* 녹사는 먹고살기 위한 대책으로 얻는 낮은 직책. 맹자가 세 가지 불효를 말하는 대목 가운데 "집안이 가난하고 부모는 늙었는데도 봉양할 양식을 얻기 위해 벼슬을 하지 않는 것이 둘이다."라고 한 데서 따왔다. 『맹자』「이루離婁·상」.

2년 전 이황에게 올린 편지에서는 이황의 출사를 권유하고 그에게 기대를 걸었으나 이 편지에서는 이이 스스로도 현실 정치에 한계를 느끼고 은퇴를 모색하고 있다.

이 편지에서 출처, 진퇴에 대한 조선 시대 학자 관료의 이중적 의식을 엿볼 수 있다. 조선 시대 학자들이 학문을 익히는 목적은 벼슬을 하여 관리가 되어서 갈고닦은 지식과 덕성을 활용하여 인민과 국가에 봉사하는 것이었다. 또한 벼슬을 하는 것은 학자가 부모 봉양과 처자식을 먹여 살리는 방편이기도 하였다. 그러므로 학문을 익히면 으레 과거에 응시하여 벼슬을 하여야 했다.

그러나 벼슬을 한다는 것은 처절한 권력 투쟁에 말려드는 길이며 인격 완성이라는 유교적 지식인의 지향과는 거리가 멀었다. 그리하여 출처, 진퇴는 조선 지식인에게는 늘 갈등의 뿌리였다.

서원향약
西原鄕約

입의 立議

향약이란 옛날에 같은 구역同井*에 사는 사람이 도둑을 막을 때 서로 돕고 병이 들었을 때 서로 구제하고 드나들 때 서로 부축하며 또한 자제子弟가 가숙家塾·당상黨庠·주서州序* 에서 교육을 받아 효도와 공경의 의리를 다지게 한 규약이다. 삼대三代에 정치가 융성하고 풍속이 아름다웠던 것이 실은 이에서 말미암았다. 세상이 쇠퇴하여 도가 미미해지고 정치가 황폐하여 백성이 흩어지면서 위에서는 교화가 없어지고 아래에서는 풍속이 퇴폐해졌다. 아! 슬프다.

나는 현실에 어두운 선비로서 외람되이 큰 고을을 맡아 정무에 겨를이 없고 본디 흠과 결점이 많으나 오직 백성을 교

* 동정同井은 고대 중국의 정전제井田制에서 같은 구역井에 소속된 것을 말한다. 정전제란 토지를 바둑판처럼 구획하여 아홉 필지를 장정 여덟 사람이 각기 한 필지씩 분배받아 농사를 지어 먹고살고 중앙의 한 필지를 공동 경작하여 세금으로 내게 한 토지와 조세 제도이다.
* 가숙은 개인 가문에서 세운 글방이다. 당상은 마을 단위에서 세운 글방이다. 주서는 주현州縣에서 세운 학교이다.

화하여 좋은 풍속을 이루려는 뜻만은 매우 간절하다. 이에 고을의 부로父老와 함께 이끌어 갈 방법을 상의하였는데 고을 사람이 모두 향약을 거듭 밝히는 일보다 나은 것이 없다고 하였다.

이 고을은 사군使郡, 고을 수령 이증영李增榮이 처음 향약을 펼쳤고, 그 뒤 이린李遴 공이 이를 근거로 뺄 것은 빼고 더할 것은 더해서 규모가 볼 만하였다. 다만 이공이 조정으로 돌아가고 고을 사람들은 의욕을 잃어버려서 마침내 형식만 남아 있게 되었다. 내가 두 목사의 자취를 계승하여 마침내 이전의 규례를 따오고 「여씨향약呂氏鄕約」을 참고하여 번거로운 것은 간추리고 엉성한 것은 세밀하게 하여서 다시 조약을 만들었다. 비록 감히 알맞게 되었다고 스스로 말할 수는 없으나 착한 일을 권장하고 악한 일을 징계하는 방법은 거의 크게 누락된 점이 없으리라.

가만히 생각하니, 고을 원邑主이 몸소 행하는 실상이 없으면 계장契長에게 명할 수 없고, 계장이 정직한 인사가 아니면 고을 사람을 규찰糾察할 수 없을 터이니 고을 사람이 선에 나아가고 악을 버림은 계장에게 달려 있고, 계장이 보고 감화하며 격려를 받는 것은 고을 원에게 달려 있다. 나는 마땅히 착한 말을 널리 구하고 스스로 힘써서 게을리하지 않아야 하지만 계장과 유사有司도 마땅히 내 뜻을 잘 알아 먼저 자신을 수양하고 단속하여서 고을 사람을 일으켜야 한다. 고을 사람이 만약 윗사람을 질시하지 않고* 바람에 풀이 눕듯 감화한다면* 서원西原, 청주의 풍속은 크게 변할 것이다. 아! 힘써 경계하라.

융경隆慶 5년1570 늦가을에 인재訒齋에서 쓰다.

* 맹자가 "우두머리가 부하의 신뢰를 잃으면 죽더라도 부하들은 질시하고서 따라 죽을 생각을 하지 않는다."라고 한 데서 따왔다. 『맹자』「양혜왕·하」.
* 공자가 "군자의 덕은 바람이고 소인의 덕은 풀이다. 풀 위에 바람이 일면 반드시 눕는다."고 한 데서 따왔다. 『논어』「안연顔淵」.

서원은 청주의 옛 이름이다. 「서원향약」은 이이가 1571년 선조 4 청주 목사로 재직할 때 청주 지역의 향촌 자치를 위해 정한 규약이다. 향약은 사대부가 중심이 되어서 향촌 자치를 도모한 사설 기구이다. 이이는 청주의 전임 수령이 정한 향약을 토대로 가감하여 새로 향약을 정비하였다. 이이는 향약 보급에 뜻을 두었지만 시행의 어려움을 절감하고 나중에는 성급하게 향약을 보급하려는 시도를 비판하기도 하였다.

성혼에게
答成浩原*

성현의 말씀은 곧바로 말하기도 하고 에둘러 말하기도 하여서 저마다 가리키는 바가 있습니다. 만약 에둘러 말한 것을 곧바로 말한 것에 맞추려고 하거나 곧바로 말한 것을 에둘러 말한 것에 합하려고 하면 취지를 잃어버릴 수 있습니다.

마음心은 하나인데 '도심道心'이라고도 하고 '인심人心'이라고도 하는 것은 '성명性命'과 '형기形氣'*를 구별하는 것입니다. 감정情은 하나인데 '사단四端'이라고도 하고 '칠정七情'*이

* 호원浩原은 성혼의 자字이다
* 주희가 『중용장구집주中庸章句集註』의 서문에서 "마음의 텅 비고 영활한 지각 능력은 하나일 뿐이지만 인심이 있고 도심이 있다고 여기는 까닭은 어떤 것은 사사로운 형기形氣에서 나오고 어떤 것은 올바른 성명性命에서 나오기 때문이다. 이 때문에 지각하는 것이 다르다."라고 한 데서 따왔다. 인심은 감각적 욕망에서 비롯한 마음이고 도심은 도덕적 본성에서 비롯한 마음이다. 형기는 몸과 의식 현상 일반을 가리키고 성명은 도덕적 본성이다.
* 사단은 맹자가 인간의 본성이 착함을 논증하면서 근거로 삼은 네 가지 감정이다. 측은히 여기는 마음惻隱之心, 남의 잘못을 미워하고 자기 잘못을 부끄러워하는 마음羞惡之心, 사양하는 마음辭讓之心, 옳고 그름을 가리는 마음是非之心으로 각각 인仁·의義·예禮·지智의 단초가 된다. 칠정은 인간의 감정 일반으로 여겨지는 일곱 가지 감정이다. 조선 성리학의 사단칠정 논쟁은 사단과 칠정을 서로 별도의 감정으로 볼 것인가, 사단과 칠정을 포섭 관계로 볼 것인가 하는 문제를 놓고 벌어졌다. 『맹자』「공손추公孫丑·상」, 『예기』「예운禮運」.

라고도 하는 것은 오로지 이理만 말한 것과 기氣를 아울러 말한 것이 같지 않은 것입니다. 그러므로 인심과 도심은 서로 아우를 수 없으나 서로 처음과 끝이 되며, 사단은 칠정을 아우를 수 없으나 칠정은 사단을 아우릅니다. 도심의 은미함과 인심의 위태로움에 대해서는 주자朱子의 해설이 더할 나위 없습니다.

사단은 칠정과 같이 전체가 아니며, 칠정은 사단처럼 순수하지 않다는 것이 제 견해입니다. 인심과 도심이 서로 처음과 끝이 된다 함은 무엇을 말하는 것입니까? 지금 사람의 마음이 올바른 성명에서 곧바로 나온 것이라 하더라도 혹 이를 따라 선善을 이루지 못하고 사사로운 의식私意이 섞이게 된다면 이는 도심에서 시작하였다가 인심으로 마치는 것입니다. 혹 형기에서 나온 것이라 하더라도 바른 이치를 거스르지 않는다면 본디 도심에 어긋나지 않은 것입니다. 혹 바른 이치에 거스르지만 그른 줄을 알고서 제재하여 욕망을 따르지 않는다면 이는 인심에서 시작하였다가 도심으로 마치는 것입니다.

인심과 도심은 '감정情'과 '의지意'를 아울러 말하는 것이지 '감정'만 가리키는 것은 아닙니다. 칠정이라 하면 사람 마음에 있는 일곱 가지 움직임을 통틀어 말하는 것이고 사단이라 하면 칠정 가운데서 선한 한 측면을 가려서 말한 것이어서 본래 인심과 도심을 서로 대립시켜서 말하는 것과는 같지 않습니다. 또한 감정은 표현되어서 나온 그대로의 것으로서 헤아리고 따지는 작용에까지는 이르지 않은 것이니 또한 인심과 도심이 서로 처음과 끝이 되는 것과는 같지 않습니다. 어찌 억지로 나아가서 서로 견줄 수 있겠습니까. 이제 만약 두 측면으로 말하려 한다면 마땅히 인심, 도심의 설을 따라야 하며, 선한 측면만을 말하려 한다면 마땅히 사단의 설을 따라야 하며, 선과 악을 아울러 말하려 한다면 마땅히 칠정의 설을 따라야 합니다. 네모난 촉꽂이를 둥근 구멍에 꽂으려고 하듯이 시끄럽게 주장할 필요는 없습니다.

사단과 칠정은 바로 '본연지성本然之性'과 '기질지성氣質之性'*의 관계와 같습니다. 본연지성이라 하면 기질氣質을 아우르지 않고 말하는 것이고 기질지성이라 하면 도리어 본연지성을 아우른 것입니다. 그러므로 사단은 칠정을 아우를 수 없으나 칠정이라면 사단을 아우릅니다. 주자가 "이理에서 발한다.", "기氣에서 발한다."고 한 것은 다만 큰 줄기를 말한 것인데 후세 사람이 너무 심하게 나눌 줄을 어찌 알았겠습니까. 배우는 사람이 의미를 살려서 보아야 합니다. 또한 퇴계 선생은 선을 사단에 귀속시켰고 또 "일곱 가지 감정도 선하지 않

* 주자학의 인성론에서는 인간의 본성을 본연지성과 기질지성으로 나눈다. 본연지성은 인간의 보편적 도덕성을 말하고, 기질지성은 개개의 인간에 내재한 본성을 말한다. 본연지성은 순수하게 선하며 악이 없지만 기질지성은 기질 속에 들어 있는 본성이기 때문에 그 자체는 선하나 표현되는 과정에서 기질의 영향을 받는다.

음이 없다."고 말하였는데 만약 그렇다면 사단 밖에 또 선한 정情이 있다는 것입니다. 이 정은 어디에서부터 발한 것입니까? 맹자는 큰 틀을 말하였기 때문에 측은惻隱·수오羞惡·공경恭敬·시비是非*만 말하였으니 그 밖의 선한 감정이 사단으로 되는 것에 대해서는 배우는 사람이 마땅히 나머지를 추론하여서 알아야 합니다. 사람의 감정이 어찌 인仁·의義·예禮·지智에 뿌리를 두지 않고서 선한 감정이 될 수 있겠습니까.이 한 단락은 깊이 연구하고 정밀하게 생각해야 합니다. 선한 감정으로는 이미 사단이 있는데 또 사단 밖에 선한 감정이 있다면 이는 사람의 마음에 근본이 둘 있는 것이 되니 옳겠습니까.

대체로 아직 발하지 않으면未發 본성이고 이미 발하면已發 감정이며, 발하여서 헤아리고 따지고 생각하면計較商量 의지意입니다. 마음心은 본성·감정·의지의 주인이므로 아직 발하지 않은 것, 이미 발한 것, 헤아리고 따지는 것을 모두 마음이라고 이를 수 있습니다.

발하는 것은 기氣이고 발하는 까닭은 이理입니다. 발하는 것이 바른 이에서 곧바로 나오고 기가 작용하지 않으면 도심

* 맹자가 네 가지 도덕적 감정을 인·의·예·지의 덕과 결부시켜 설명한 부분이다. 「공손추·상」에서는 네 가지 마음을 네 가지 덕의 단초라고 하였으며 또 '사양하는 마음'을 예의 단초라고 하였으나 「고자·상」에서는 네 가지 마음을 곧바로 네 가지 덕과 결부시키며 또한 '공경하는 마음은 예'라고 하여 '사양하는 마음' 대신에 '공경하는 마음'을 들었다. 『맹자』 「고자告子·상」

이니 칠정 가운데 선한 측면입니다. 발할 즈음에 기가 작용하면 인심이니 칠정 가운데 선과 악을 합한 것입니다. 기가 작용함을 알고서 정밀하게 살펴서 바른 이로 나아간다면 인심은 도심의 명령을 듣습니다. 정밀하게 살피지 못하고 오직 향하는 데로 둔다면 감정이 우세하고 욕망慾이 치열해져서 인심은 더욱 위태롭고 도심은 더욱 은미해질 것입니다. 정밀하게 살피고 살피지 못하는 것은 모두 이 의지의 소행이므로 스스로 닦음에 '뜻을 성실히 함誠意'보다 먼저 할 것이 없습니다.

이제 만약 "사단은 이가 발함에 기가 거기에 따르는 것이며, 칠정은 기가 발함에 이가 거기에 탄 것이다."* 라고 한다면 이는 이와 기 둘이 앞서기도 하고 뒤서기도 하여서 서로 대립하여 두 갈래로 제각기 나오는 것이니 사람의 마음이 어찌 근본이 둘로 되는 것이 아니겠습니까. 감정은 비록 오만 가지라 하더라도 그 어느 것이 이에서 발하지 않겠습니까. 오직 기가 가려서 작용하기도 하고, 가리지 않고 이의 명령을 듣기도 하므로 선과 악의 다름이 있습니다. 이것으로써 깊이 살펴본다면 거의 알 수 있을 것입니다.

별지別紙의 말은 대체로 옳습니다.* 다만 이른바 "사단과 칠

* 이황은 사단과 칠정을 각각 이가 발한 것, 기가 발한 것으로 나누면 이와 기는 떨어질 수 없다는 주자학의 명제에 위배된다고 한 기대승의 지적을 받고서 사단과 칠정을 각각 이가 발함에 기가 따르는 것, 기가 발함에 이가 올라타는 것이라고 수정하였다. 『퇴계전서』 권 16 「답기명언논사단칠정제2서答奇明彥論四端七情第二書」.

정은 본성에서 발하고, 인심과 도심은 마음에서 발한다."는 말은 마치 마음과 본성을 두 갈래로 보는 문제가 있는 듯합니다. 본성이란 마음 가운데의 이理요, 마음이란 본성을 담고 있는 그릇器입니다. 어찌 본성에서 발하는 것과 마음에서 발하는 것이 따로 있겠습니까. 인심과 도심은 모두 본성에서 발하는데 기에 가린 것은 인심이고 기에 가리지 않은 것은 도심입니다.

* 이이가 이황의 이기호발理氣互發을 수정하여 사단은 칠정 가운데 선한 측면을 가리켜 말한 것이고 칠정은 중절中節하지 못한 것으로서 지나침과 모자람으로 흘러서 악이 된다고 하면 이기호발의 혼동을 일으키지 않고 둘로 나누는 문제가 없을 것이라 한 성혼의 주장에 동의한 것이다.

성혼과 함께 사단칠정, 인심과 도심을 토론한 편지이다. 이이는 사단과 칠정에 대하여 사단은 감정의 일부로서 선한 감정이며, 칠정은 감정의 전체로 보았다. 또한 사단과 칠정은 감정의 문제로서 칠정이 사단을 포함하고 있으며 아직 의식 작용에까지 이르지는 않는 것이라 하였다. 그리고 인심과 도심은 감정과 의지를 포함하는 것으로서 서로 대립적이며 또한 인심에서 시작하여 도심으로 될 수도 있고, 도심에서 시작하여 인심으로 될 수도 있는 것이라 하였다. 이이는 또한 표현되지 않은 본성, 표현된 감정, 표현되어서 의식 작용을 거친 의지, 본성과 감정과 의지를 포함하여 주재가 되는 마음의 개념을 명확히 정의하였다.

정언묘선 서문
精言妙選序

사람의 소리 가운데 정교한 것이 말이고 시는 말 가운데 또한 정교한 것이다. 시는 본성과 감정에 근본을 둔 것이지 거짓으로 꾸며서 이루어진 것이 아니어서 소리와 음의 높낮이가 자연스럽게 나온 것이다.

300편『시경』의 별칭은 사람의 감정을 부분에 이르기까지 다 표현하고 사물의 이치에 두루 통하며, 우아하고 부드럽고 충직하고 두터우니 그 요체는 본성과 감정을 바르게 하려는 것이다. 이것이 시의 본원本源이다. 시대가 점차 내려오면서 풍기風氣가 점점 어지러워져서 시로 표현한 것이 모두 바른 본성과 감정에 근본을 둘 수 없어 간혹 꾸밈을 통해 사람의 눈을 즐겁게 하려고 애쓴 것이 많았다.

나는 여러 해 동안 병이 들어서 홀로 한가롭게 지냈는데 병을 앓는 사이에 때때로 옛 시를 찾아서 여러 가지 시의 체제를 갖추어 놓았다. 시의 본원이 오랫동안 막히고 말단으로 흘러서는 여러 갈래로 나타나 배우는 사람이 눈을 부릅뜨고 보아도 현란하여서 그 길을 찾지 못함을 근심하였다. 이에 감히 가장 정교하여 본받을 만한 것을 모아서 여덟 편으로 묶고 권점圈點을 찍어서 『정언묘선』이라고 이름 붙였다.

순수하고 담담한 것을 첫머리로 삼아 흘러나온 원류를 알게 하였다. 다음으로 점차 내려가 아름답고 고운 시에 이르면 시의 맥락이 거의 진실을 잃어버린 것에 가깝기 때문에 도를 밝히는 시로 끝을 맺었다. 거짓에 흐르지 않게끔 버리고 취하는 사이에 의미가 있다.

시는 비록 학문하는 사람의 능사는 아니지만 또한 본성과 감정을 읊어서 맑은 조화를 펼쳐 내고 가슴속의 더러운 찌꺼기를 씻어 내는 것인즉 본성을 보존하고 살피는 데 일조가 되는 것이다. 어찌 글귀를 다듬고 꾸미며 감정을 흔들고 마음을 들끓게 하려고 하는 것이겠는가. 이 선집을 보는 사람은 이 점에 유념하라.

『정언묘선』은 이이가 중국의 시를 골라 뽑아서 엮은 시선집이다. 이이는 시란 본성과 감정의 자연스러운 발로로서 본성과 감정을 바르게 표현하는 것이어야 하는데 시대가 흐르면서 꾸밈에 치중하게 되어 시의 길을 잃어버렸으므로 시의 본원을 찾는 데 모범으로 삼을 만한 시를 모아서 편집하였다고 이 선집을 편찬한 의도를 밝혔다.
또한 이이는 온화하고 담담한 것을 머리로 삼고 도를 밝히는 시로 끝을 맺었다고 시를 선정한 기준을 제시하였다. 이이가 시를 선정한 기준에는 『시경』에 근원을 둔 유교의 전통적 시학관詩學觀과 함께 문장은 도를 표현하는 도구라는 성리학적 문학관이 드러나 있다.

만언봉사
萬言封事

신은 생각건대, 정사政事는 때를 아는 것이 귀하고 일은 실질에 힘쓰는 것務實이 중요합니다. 정사를 하면서도 시의時宜, 시대 상황에 알맞음를 모르고, 일을 당하여서 실공實功, 실제로 노력함에 힘쓰지 않으면 비록 성스러운 왕과 현명한 신하가 서로 만났다 하더라도 다스림의 효과는 이루어지지 않을 것입니다.

공손히 생각건대, 전하께서는 총명하며 영특하고 과단성이 있어서 선비를 좋아하고 백성을 사랑하십니다. 안으로는 음악과 주색의 오락을 즐기지 않고 밖으로는 말을 달리고 사냥하는 기호嗜好를 끊어서, 옛날 임금들의 마음을 좀먹고 덕을 해치는 원인이 된 일은 모두 달가워하시지 않습니다. 노성한 이에게 의지하고 인망이 있는 이를 뽑아 쓰며 뛰어난 이를 널리 불러들여서 벼슬길이 점차 맑아지고, 곧은 말을 너그러이 받아들여 공정한 의론이 성행하여서 조정과 재야에서는 흠모하면서 이상 정치를 금방이라도 볼 듯합니다.

따라서 기강이 엄숙하게 펴지고 인민이 생업을 즐기는 것이 마땅할 터인데, 기강을 말하자면 사사로운 이익을 좇고 공공의 이익을 버리는 것이 옛날과 같고, 명령이 시행되지 않는 것이 옛날과 같으며, 여러 관리가 직무를 태만히 하는 것도 옛날과 같습니다. 민생을 말하자면 집안에 일정한 생계가 없는 것이 이전과 같고, 살 곳을 잃고 이리저리 떠도는 것이 이전과 같으며, 거리낌 없이 악한 짓을 일삼는 것이 이전과 같습니다.

신은 일찍이 개탄하면서 속으로 그 까닭을 깊이 탐구하여 임금님께 한번 아뢰고자 하였으나 기회를 얻지 못하고 있었습니다. 엊그제 전하께서 천재天災로 말미암아 대신에게 유시한 전교를 보았더니,* 전하께서도 크게 의혹을 갖고 깊이 탄식하며 진휼賑恤할 방책을 듣기를 바라고 계십니다. 이는 참으로 뜻있는 선비가 할 말을 다할 때인데 애석하게도 대신들은 너무도 황공하고 당혹하여서 말이 뜻을 다 나타내지 못하고 있습니다.

재이災異를 일으키는 하늘의 깊고 원대한 의도는 본래 헤아리기 어렵지만 역시 임금을 사랑하고 아끼기 때문입니다. 옛날을 차례로 살펴보건대, 명철한 임금, 올바른 군주로서 큰일을 할 만한데도 혹 정사를 제대로 하지 않으면 하늘은 반드시 그를 꾸짖어서 놀라 행동하게 하였습니다. 자포자기한 임금은

* 『선조실록』 7년1574 음력 정월 4일에 천재지변으로 인해 언론을 구하는 전교를 내렸다는 기사가 기록되어 있다.

임금도 하늘도 서로를 잊어버려서 도리어 재이가 없습니다. 그러므로 재이가 없는 재이야말로 천하에서 가장 무서운 재앙입니다.

지금 전하께서 명철하고 성스러우며 일을 할 만한 자리에 계시고 일을 할 만한 때를 만났는데도 기강이 이와 같고 민생이 이와 같으니 하늘皇天이 맡긴 일에 그 책임을 다하지 못하하신 것입니다. 설사 지금 상서로운 별景星이 날마다 나타나고 경사스런 구름慶雲이 날마다 일어난다* 하더라도 전하께서는 걱정하고 두려워하여 더욱 스스로를 용납할 길이 없으실 것입니다. 여러 가지 재변이 거듭 나타나고 하루도 그냥 지나가지 않는 것은 바로 하늘이 지극히 사랑하고 아끼기 때문입니다. 전하께서는 걱정하고 두려워하며 마음을 닦고 반성하는 일을 조금이라도 느슨하게 하실 수 있겠습니까. 비록 그러하나 시의를 모르고 실공에 힘쓰지 않는다면 아무리 절절하게 걱정하고 두려워한다 하더라도 다스림의 효과는 끝내 아득하리니 민생을 어찌 보전하며 하늘의 노여움을 어찌 그치게 할 수 있겠습니까.

신은 이제 어리석은 소견을 다 털어놓아 먼저 오랜 고질이 된 폐해를 진술한 다음 이를 구제할 대책을 아뢰겠습니다. 바

* 상서로운 별인 경성과 경사스러운 구름인 경운은 고대의 성왕聖王이 다스리던 태평성대에 나타났다고 한다.

라건대, 전하께서는 마음을 비우고 평온한 기분으로, 번거로운 글이라고 싫어하지 말고 감정을 거스른다고 노여워하지 말고 밝게 살펴주소서.

이른바 시의란 때에 따라 변통變通하고 법을 마련하여 백성을 구제하는 것을 말합니다. 정자가 『주역』을 논하여 "때를 알고 형세를 인식하는 것이 『주역』을 배우는 큰 방법이다."라고 하였고, "때에 따라 변화하고 바뀌는 것이 바로 보편의 도常道이다."라고 하였습니다.

법이란 때에 근거하여 제정하는 것이므로 때가 바뀌면 법도 같지 않습니다. 저 순 임금이 요 임금을 계승하였으므로 마땅히 같지 않은 것이 없어야 할 터인데도 9주州를 쪼개어 12주로 만들었고, 우 임금이 순 임금을 계승하였으므로 마땅히 같지 않은 것이 없어야 할 터인데도 12주를 고쳐서 9주로 만들었습니다. 이는 어찌 성인들이 변혁을 좋아하였기 때문이겠습니까. 때에 근거하였을 뿐입니다. 그러므로 정자가 "요, 순, 우가 서로 계승함에 그들의 문물과 기상氣象도 절로 조금씩 달랐다."라고 하였습니다.

하夏와 상商 이래 그 사이의 작은 변화는 낱낱이 들어서 말할 수 없고 큰 것만 말씀드리겠습니다. 하 사람들은 충忠, 충직함을 숭상하였는데 충에 폐단이 생기자 상에서는 질質, 질박함로 그 폐단을 해결하였으며, 질에 폐단이 생기자 주周에서는 문文, 꾸밈으로 해결하였습니다.* 문에 폐단이 생겨도 해결하지 않으니 천하가 무너지고 혼란해져서 강포한 진秦으로 들어갔습니다. 진은 포학하게 『시경』, 『서경』 같은 전적을 태워 버린 끝에 망하였습니다.

한漢이 일어나서 그 폐단을 거울삼아 너그러운 덕을 숭상하고 경술經術, 경학을 높였는데, 그것이 폐단이 되자 공허한 꾸밈만 숭상하고 참된 절의는 없어져서 권력이 외척外戚에게 옮겨 가고 아첨과 간사함이 풍조를 이루었습니다. 세조世祖, 후한의 광무제가 일어나서 절의를 장려하고 숭상하니 이에 선비들도 명예와 절개를 지키려고 힘썼으나 그 폐단은 예禮로써 조절할 줄 모르고 죽음을 자기 집으로 돌아가는 일처럼 여기는 것이었습니다. 중도를 벗어난 지나친 절개를 사람들은 모두 싫어하였으나 그때 현명한 군주가 나와서 구제하지 못하였기 때문에 지나친 절개가 위魏·진晉에서는 방탕함으로 변하여서 경박하고 허황한 것을 숭상하여 예의와 법도가 없어졌습니다.

예의와 법도가 없어지자 오랑캐와 다름없게 되었으므로 오호五胡*가 중화中華*를 어지럽혀서 중원中原은 짓밟혀 문드러

* 질質은 타고난 바탕, 꾸밈없는 자질 같은 것이고 문文은 예의, 제도와 같은 문화적 요소를 말한다. 공자는 "바탕이 꾸밈보다 우세하면 촌사람이고 꾸밈이 바탕보다 우세하면 서기書記이다. 바탕과 꾸밈이 함께 빛나야 군자이다."라고 하였다. 『논어』「옹야雍也」.

졌습니다. 혼란이 극도에 이르면 다시 치세治世가 됩니다. 그러므로 당唐의 정관貞觀, 태종의 연호 627~649의 정치가 있게 되었던 것입니다. 그러나 폐단을 해결하는 데 미진한 점이 있었으니 그들의 도에는 오히려 오랑캐의 풍습이 남아 있었던 것입니다. 삼강이 바르지 않아 임금은 임금답지 못하고 신하는 신하답지 못하였으며, 번진藩鎭* 은 복종하지 않고 권세 있는 신하가 날뛰어 점차 어지러워진 끝에 오대五代*의 혼란이 있었습니다.

송宋이 일어나서는 번진의 환란을 교훈 삼아 군대의 권한을 없애 버리고 위엄과 권력을 거두어 잡았습니다. 그러나 진종眞宗 이후 평화에 젖어서 기강이 점차 해이해졌고 군사 정책에 힘쓰지 않았습니다. 인종仁宗은 비록 나라를 대단히 부유

* 오호는 흉노匈奴·갈羯·선비鮮卑·저氐·강羌 등 중국 서북방 지역에 살던 다섯 유목 민족을 말한다. 서진西晋 시대에 이들이 중원에 들어와 양쯔 강 이북을 차지하면서 열여섯 나라가 명멸하였다. 서진은 남쪽으로 망명하여 동진東晋을 세우고 이어서 송宋-제齊-양梁-진陳으로 한족 왕조가 바뀐다. 북쪽의 다섯 유목 민족이 세운 열여섯 나라를 오호십육국五胡十六國이라 한다. 수隋가 중원 전체를 다시 통일하기까지 남쪽에 한족 정권이, 북쪽에 유목 민족의 정권이 대립한 이 시기를 남북조 시대라고 한다.

* 중화는 중국을 가리키는 별칭이지만 중화라고 하면 특히 이민족 문화에 대한 중국 문화의 우월감을 담은 말이다.

* 번진은 국경의 요충지를 일컫는다. 당 대에는 이민족과 가까운 변경에 절도사節度使를 두었는데 이들이 점차 강성해져서 중앙의 정권을 위협하기에 이르렀다. 마침내 현종 때는 절도사 안녹산이 난을 일으켰다. 당은 변방 절도사의 세력 강화로 중앙의 헤게모니가 무너지면서 망하였다.

* 오대는 43쪽 오계五季의 주석 참조.

하게 하고 백성을 아주 번성하게 하였으나 퇴폐한 현상이 이미 드러나서 당시 위대한 현인들은 모두 변통할 계책을 생각하였습니다. 다만 신종神宗에 이르러 변혁할 기회를 맞이하여서 일을 하려는 의지를 분발하였으나 신임한 사람이 하필 왕안석王安石*이었습니다. 그는 인의仁義를 뒤로 하고 공리功利, 성과와 이익를 앞세웠으며 하늘의 뜻과 사람의 도리를 어기고 혼란과 멸망을 재촉하여 도리어 변혁을 하지 않은 것만 못하게 되었고, 큰 재앙을 불러일으켜서 중국을 오랑캐로 변하게 하였으니* 다른 것은 오히려 무슨 말을 하겠습니까.

위아래 수천 년 동안 역대의 다스려지고 어지러워진 자취는 대체로 이와 같은데 때를 따라 폐단을 잘 해결한 사례는 다만 삼대에서 볼 수 있을 뿐입니다. 삼대 이후로 폐단을 해결한 일도 본디 드물었지만 올바른 방도를 다하지도 못하였습니다.

대체로 때를 따라 변혁할 수 있는 것은 법령과 제도이며, 고

* 왕안석의 개혁 정책은 영세 농민을 보호하고 대상인, 대지주를 억제하는 것을 목표로 삼았는데 이를 신법新法이라 하고 왕안석을 지지하는 세력을 신법당이라 한다. 지주, 상인 세력을 기반으로 하여 왕안석의 개혁 정책을 반대하는 기득권 관료층의 정책을 구법舊法이라 하고 이들을 구법당이라 한다. 구법당을 대표하는 사람은 사마광司馬光이었다. 신법당과 구법당의 투쟁은 처음에는 이념성을 띠었으나 이후 당리당략黨利黨略으로 전락하면서 송의 국력을 기울게 만들었다. 정이를 비롯한 도학파도 대부분 구법당과 연관이 있었기 때문에 정이의 학설을 계승한 주희와 주자학을 받아들인 조선의 유학자들은 왕안석과 신법의 개혁 정책을 비판하였다.
* 북송이 중원을 금金에 빼앗기고 남쪽으로 망명하면서 북송에서 남송으로 이어진 것을 말한다.

금을 통하여 변혁해서 안 되는 것은 왕도王道요, 인정仁政이요, 삼강三綱이요, 오상五常입니다. 후세에는 도술道術이 밝지 못하여 변혁해서 안 될 것은 때로 개혁하고, 변혁해야 할 것은 때로 고집스레 지켰습니다. 이것이 잘 다스려지는 날은 늘 적고 어지러운 날은 늘 많았던 까닭입니다.

우리 조선으로 말씀드리자면 기자箕子*의 팔조금법八條禁法은 문헌으로 고증할 수 없으며, 솥발처럼 대치하여 혼란하였던 삼국 시대의 정치와 교화는 알려진 것이 없고, 전 왕조 500년은 비바람 치고 깜깜한 날씨와 같은 시대였습니다.

우리 왕조에 이르러서는 태조께서 나라를 여시고 세종께서는 수성하시면서 처음으로 『경제육전』을 사용하였으며, 성묘成廟, 성종에 이르러 『경국대전』을 간행하셨고 그 뒤로도 때에 따라 법을 만들어서 『경국대전속록經國大典續錄』이라 이름 붙였습니다. 대체로 성군이 성군을 계승하셨으니 당연히 같지 않음이 없어야 할 터인데도 『경제육전』을 사용하기도 하고 『경국대전』을 사용하기도 하고 『경국대전속록』을 보탠 것은 때에 근거한 것입니다. 그 시대에는 의견을 건의하고 제도를

* 기자는 상商 말의 현자이다. 상을 멸망시킨 주 무왕에게 정치의 요체를 담은 홍범洪範을 진술하였고, 조선왕에 봉해져서 단군 조선을 교체하여 기자 조선을 세웠다고 전한다. 이에 따라 조선 시대 유학자들은 기자에 의해 유학의 가르침이 우리나라에 전해졌다고 믿었다.

만들어도 사람들이 괴이하게 여기지 않았고, 법령을 지체 없이 시행하여 백성은 편히 쉬고 번성할 수 있었습니다.

연산군은 황음무도荒淫無道하고 정치를 어지럽혔으며 씀씀이가 사치스럽고 낭비하여 조종祖宗의 공법貢法*을 바꿔서 나날이 백성의 것을 덜어 위에 보태는 것을 일삼았습니다. 중묘中廟, 중종가 반정을 하였으니 정치는 당연히 옛날과 같아야 할 터인데 초년에 나라를 맡았던 사람은 다만 식견이 없는 공신들뿐이었습니다.

그 뒤 기묘년1519의 여러 현인이 조금 일을 해보려 하였으나 참소의 칼끝이 찔러서 피와 살이 갈가리 찢겼습니다. 이어서 을사사화는 기묘사화보다도 더 참혹하였습니다. 이로부터 사림士林은 낌새를 살피고 숨을 죽이며 구차하게 살아 있는 것만도 다행으로 여겨 감히 나랏일을 말하지 못하였고 오직 권간權姦의 무리만 마음 놓고 제 뜻대로 하였습니다. 자기에게 이익이 되는 것이면 옛 법도라고 주장하며 준수하고, 자기에게 방해가 되는 것이면 새 법이라고 하며 고쳐서 없애 버렸습니다. 요컨대, 그 결과는 백성을 착취하여 자기를 살찌우는 데 지나지 않을 뿐이었습니다. 나라의 형세는 날로 쭈그러

* 조종의 공법은 1444년세종 26에 개정한 지세地稅 제도를 말한다. 기존 지세 제도를 재검토하여 토지를 비옥한 정도에 따라 전분田分 6등, 풍년과 흉년에 따라 연분年分 9등으로 나누어 조세를 거두어들였다.

들고 나라의 근본은 날로 깎여 나가는데 털끝만큼이라도 신경을 쓴 사람이 누가 있었습니까.

다행히도 성명聖明께서 학문에 마음을 두고 백성의 생계를 염려하시니 때에 근거하여 법을 마련하여서 한 시대를 바로잡아 구제할 수 있게 되었습니다. 그러나 상上께서는 선불리 모방하여 역효과가 날까 걱정하여 경장하려는 생각이 부족하고, 신하된 자는 남을 논하면서는 왕안석처럼 환난을 일으킬까 두렵다 하고, 제 몸을 아껴서는 기묘년과 같이 실패할까 두렵다 하여 아무도 감히 경장을 말하지 않습니다.

시험 삼아 오늘날의 정치를 말씀드리면, 공안貢案, 공물의 품목과 수량을 적은 내역서은 백성을 학대하던 연산군 때의 법을 지키고 있고, 관리 선발은 청탁을 앞세우던 권간의 규례를 따르고 있습니다. 문예文藝를 앞세우고 덕행을 뒤로하여서* 덕행이 높은 이는 끝내 굽혀서 작은 벼슬에 머물게 되고, 문벌을 중히 여기고 현명한 인재를 가벼이 대하여서 집안이 빈한한 이는 기량을 펴지 못합니다. 승지가 들어가 임금께 아뢰지 못하므로 가까운 신하와는 소원해지고 환관과는 친하며, 시종侍從이 조정의 논의에 참여하지 못하므로 유신儒臣*은 가벼

* 성리학에서는 문장은 도를 담는 수단으로 보았다. 그래서 사람을 평가할 때도 문장의 기교나 문예를 중시하지 않고 인품과 덕행을 중시하였다.

이 여겨지고 세속의 논의는 중시되고 있습니다. 한 관직에 오래 있지 않고 청현직淸顯職* 을 두루 거치는 것을 영예로 여기고, 직무를 분간하지 않고 오로지 실무 부서에 떠맡기는 것을 일삼고 있습니다. 나쁜 습성과 그릇된 규례는 낱낱이 아뢰기도 어려운데 기묘사화 때 시작된 것이 아니면 반드시 을사사화 때 이루어진 것입니다. 그런데도 지금 논하는 이들은 조종의 법으로 여겨서 감히 경장하자는 주장을 꺼내지 못하고 있습니다. 이는 이른바 시의를 모르는 것입니다.

비록 성왕이 법을 제정하였다 하더라도 현명한 후손이 변통하지 않으면 끝내 폐단이 생깁니다. 그러므로 주공周公* 은 위대한 성인으로서 노魯나라를 다스렸으나 뒷날 점점 쇠퇴할 형세를 떨치게 할 수 없었고, 태공太公* 은 위대한 현인으로서

* 유신은 왕이 비공식적으로 유학에 조예가 깊은 학자를 예우하여 가까이 불러서 학문과 정치에 관해 자문을 구하는 신하를 유신이라 하였다. 또한 유학의 학식이 넓은 신하를 두루 가리키기도 한다.

* 청현직은 청환淸宦과 현직顯職을 말한다. 학식과 문벌이 높은 사람에게 임명하는 벼슬을 청환이라고 한다. 지위와 녹봉은 대단하지 않으나 뒷날 고관에 오르려면 거쳐야 하는 자리로 여겨졌다. 홍문관, 선전관 등의 벼슬을 말한다. 현직은 고귀한 높은 벼슬을 말한다.

* 주공은 주 문왕의 아들이며 무왕의 아우, 성왕의 숙부이다. 어린 조카 성왕이 왕위에 오르자 초기 주 왕실의 안정을 도모하였고 봉건 체제를 정비하였다. 노魯나라에 봉해졌다. 공자가 가장 존경하였다.

* 태공은 이름은 여상呂尙, 강씨姜氏 부족의 대표로서 강태공姜太公이라고도 한다. 문왕이 위수渭水에서 낚시질하던 그를 만나고서 할아버지太公께서 바라던 인물이라 하여 태공망太公望이라는 별칭을 지어 주었다. 주 무왕을 도와 상商을 무너뜨리는 데 결정적인 역할을 하였다. 그 공으로 제齊나라에 봉해졌다.

제齊나라를 다스렸지만 뒷날 찬탈簒奪과 시해弑害의 싹을 막을 수 없었습니다. 만약 제나라와 노나라의 현명한 후손이 선조가 남긴 뜻을 잘 따르며 법에 얽매이지 않았더라면 어찌 쇠퇴하고 어지러워지는 재앙이 있었겠습니까.

우리나라도 조종이 법을 제정한 당초에는 본래 극히 주도면밀하고 상세하였으나 200년이 지나는 동안 시대도 변하고 사태도 바뀌어 폐단이 없지 않으니 변통해야 할 터인데, 하물며 뒷날의 그릇된 규례는 마땅히 불을 끄고 물에 빠진 사람을 구해 주듯 서둘러 개혁해야 하지 않겠습니까. 『역전易傳』에 이르기를 "궁하면 변하게 되고, 변하면 통한다."라고 하였습니다. 바라건대 전하께서는 유념하여 변통할 방법을 생각하소서.

이른바 실공이란 일을 함에 성실하고 빈말을 힘쓰지 않음을 말합니다. 자사子思는 "성실하지 않으면 사물이 없다."고 하였고, 맹자는 "지극한 정성이면 감동하지 않음이 없다."고 하였습니다. 만일 실제로 노력한다면 어찌 실제 효과가 없겠습니까. 오늘날 다스림의 효과를 얻지 못하는 까닭은 실제로 노력하지 않기 때문인데 근심할 만한 일 일곱 가지가 있습니다.

위아래에 서로 믿는 실상이 없다는 것이 첫째 근심입니다.

신하들에게 일을 책임지려는 실상이 없다는 것이 둘째 근심입니다. 경연에서 성취하는 실상이 없다는 것이 셋째 근심입니다. 현자를 불러서 거두어 쓰는 실상이 없다는 것이 넷째 근심입니다. 재이를 당하여도 하늘의 뜻에 반응하는 실상이 없다는 것이 다섯째 근심입니다. 여러 가지 정책에 백성을 구제하는 실상이 없다는 것이 여섯째 근심입니다. 인심이 선을 지향하는 실상이 없다는 것이 일곱째 근심입니다.

이 일곱 가지 근심은 오늘날 세상의 깊은 고질痼疾입니다. 기강이 무너지고 민생이 곤경에 빠진 것은 이것들로 말미암습니다. 일곱 가지 근심을 없애지 않고서는 비록 성상의 마음이 위에서 노심초사하고 맑은 논의가 아래에서 크게 일어난다 하더라도 나라를 보전하고 백성을 편안하게 하는 효과는 없을 것입니다.

예로부터 임금이 덕을 잃어 스스로 패망을 불러들인 것은 이치와 형세가 그러하였으니 한탄할 것 없습니다. 그러나 오늘날 성명께서 무슨 덕을 잃었다고 나라의 형세가 이와 같이 위태롭게 되었습니까. 신은 비록 병이 많고 재주가 엉성하여 도움이 되지 못함을 스스로 알고 있으나 구구한 피어린 정성은 여느 사람에게 뒤지지 않습니다. 입궐하여 임금을 뵈면 빼어난 모습과 사리에 통달하고 슬기로운 견해와 명쾌한 판단력을 지니고 계시지만, 나와서 사방을 돌아보면 백성은 신음하고 괴로워하며 위축되고 갈 곳을 몰라 하니, 깊이 괴이하게 여기고 긴 한숨을 지으며 마음을 졸이고 눈물을 흘리지 않은 적이 없습니다.

아! 병이 위중하게 되었다 하더라도 신의神醫는 아직 고칠 수 있으며, 나라가 망할 지경이라 하더라도 명철한 임금은 아직 일으킬 수 있습니다. 현재 조정은 아직 맑고, 권간도 자취를 감추었으며, 사방 국경은 아직 온전하여 외란外亂이 일지 않고 있습니다. 지금은 오히려 일을 할 수 있으나 조금이라도 늦춘다면 때를 놓쳐서 손쓸 수 없을 것입니다. 맹자는 "국가가 한가하면 이때에 미쳐서 정사와 형벌을 정비한다."라고 하였습니다. 바라건대 전하께서는 유념하여 떨쳐 일으킬 방법을 생각하소서.

이제 자기를 닦고 백성을 편안하게 하는 요체를 말씀드려 천명이 영원하기를 비는 방법으로 삼고자 합니다. 자기를 닦는 데 벼리가 되는 조목은 네 가지가 있습니다. 첫째, 성상의 뜻을 분발하여 융성하였던 삼대와 같이 되돌리기를 기약하는 것입니다. 둘째, 성학聖學에 힘을 써서 뜻을 성실히 하고 마음을 바로잡는 공부를 다하는 것입니다. 셋째, 한쪽으로 치우친 사사로움을 버려서 지극히 공정한 도량을 넓히는 것입니다. 넷째, 현명한 선비를 친하여 온 마음을 다하여 지성껏 깨우치는 이익을 마련하는 것입니다.

백성을 편안히 하는 데 벼리가 되는 조목은 다섯이 있습니다. 첫째, 성실한 마음을 열어서 뭇 신하의 충정衷情을 얻는 것입니다. 둘째, 공안貢案을 개혁하여 포학하게 거두어들이는 폐해를 없애는 것입니다. 셋째, 절약과 검소를 숭상하여 사치스런 풍조를 바꾸는 것입니다. 넷째, 선상選上을 바꾸어서 공노비公賤의 고통을 덜어 주는 것입니다. 다섯째, 군정軍政을 개혁하여서 안팎의 방비를 굳건히 하는 것입니다.

가만히 보건대, 지금의 시사時事는 날로 그릇되어 가고 있고, 백성의 기력은 날로 소진되어 권간이 세도를 부렸을 때보다 더 심한데 그 까닭은 무엇입니까? 권간의 시절에는 조종이 남긴 은택이 다하지 않았기 때문에 조정의 정사가 어지러웠다 하더라도 백성의 역량은 아직 지탱할 수 있었습니다. 오늘날은 조종이 남긴 은택은 이미 다하고, 권간이 남긴 해독은 한창 작용하여서 맑은 논의가 비록 행해진다 하더라도 백성의 역량은 이미 바닥나 버렸습니다. 비유하자면, 어떤 사람이 젊어서 건장할 적에 마구 술을 마시고 함부로 여색을 즐겨서 상해의 요인이 여러 갈래였으나 혈기가 한창 강성하였기 때문에 아직 손상을 입지 않았지만, 만년에 노쇠함에 따라 상해의 독이 갑자기 나타나서 비록 근신하고 조섭하더라도 원기가 이미 쇠하여 지탱할 수 없는 것과 같습니다.

오늘날의 일은 실로 이와 같아서 10년이 못 되어 반드시 화란禍亂이 일어날 것입니다. 보통 사람도 열 칸짜리 집과 전답 100묘畝를 자손에게 물려주면 자손은 오히려 그것을 잘 지켜서 부모를 욕되지 않게 하려고 생각합니다. 하물며 지금 전하께서는 조종의 100년 사직과 1000리나 되는 영토를 물려받았는데 화란이 닥쳐오려 하고 있지 않습니까. 마음에 정성을 다하여 추구하면 목표에 꼭 들어맞지는 않는다 하더라도 아주 동떨어지지는 않으니 비록 능력이 부족하다 하더라도 오히려 스스로 구제할 수 있을 것입니다. 하물며 지금 전하께서는 권력의 벼리를 거두어 잡고 사리를 밝게 살피며 시국을 구할 능력이 있지 않으십니까.

소신은 나라의 두터운 은혜를 받아 백번 죽어도 보답하기 어려우니 만일 나라에 이익이 된다면 끓는 가마솥에 던지고 도끼로 목을 자른다 하더라도 신은 피하지 않겠습니다. 하물며 지금 전하께서는 언로를 넓게 열어 놓고 의견을 거리낌 없이 받아들이려고 손수 교서를 내렸는데 말씀의 뜻이 아주 간절하십니다. 신이 만약 말을 하지 않는다면 실로 전하를 저버리는 일이라 충정에서 치밀어 오르는 바를 남김없이 말씀드리고 다 논하였습니다. 그러나 병을 앓고 난 뒤라 정신이 흐릿하고 손이 떨려서 글은 속되고 말은 중복되었으며, 글자꼴도 겨우 갖추어져서 볼 만한 것이 없습니다. 비록 그러하나 그 뜻은 먼 듯하나 실은 가깝고, 그 계책은 현실에 어두운 듯하나 실은 절실하니, 비록 삼대의 제도는 아니라 하더라도 실로 왕정王政의 근본이어서 시행하면 효과가 있고 왕정을 회복할 수 있을 것입니다.

바라건대, 전하께서 자세히 보고 익히 검토하며, 찬찬히 탐구하고 깊이 생각하여서 성상의 마음속에 취하고 버릴 것을 결정하신 다음 널리 조정의 신하에게 물어서 가부를 의논하여서 이를 받아들이거나 물리친다면 매우 다행이겠습니다. 전하께서 신의 계책을 채택하시거든 능력 있는 사람에게 맡겨서 정성스럽고 독실하게 시행하고 견고하고 확실하게 지켜서 전례를 지키려는 세속의 의견 때문에 생각을 바꾸거나 빼앗기지 말고, 바른 것을 미워하여 헐뜯는 혓바닥 때문에 미혹되어 흔들리지 마소서.

3년 동안 이와 같이 하고서도 나라가 떨쳐 일어나지 않고 백성이 평안하지 않으며 군대가 정예롭지 않다면, 청컨대 임금을 속인 죄로 신을 다스려서 요사한 말을 하는 사람의 경계로 삼으소서. 신은 지극히 격하고 절실한 마음을 주체하지 못하겠습니다.

「만언봉사」는 만 글자로 된, 임금이 직접 읽어 보도록 밀봉하여 올린 상소라는 뜻이다. 1573년선조 6 12월에 서울에서 '흰 무지개가 해를 꿰뚫는' 변고가 일어났는데 이를 계기로 선조는 이듬해 1월 초에 좋은 언론을 구하는 교서를 내렸다. 이 구언 교서求言敎書에 부응하여 이이는 왕의 수양과 국정 운영의 요체에 대한 자기 생각을 정리하여서 이 글을 올렸다.

「만언봉사」는 머리말, 본문, 맺음말 세 부분으로 되어 있다. 머리말에서는 전체의 요지로 때를 아는 것과 실질에 힘쓰는 것을 제시하였다. 본문은 개혁의 필요성과 개혁의 성패에 관련한 역사적 사례를 제시한 부분, 실질에 힘쓰지 않는 현재의 실상을 제시한 부분, 현실의 폐단을 개혁하기 위한 대책으로 군주가 자기 수양을 하고 인민을 안정시키는 방법을 제시한 부분으로 되어 있다. 맺음말에서는 현실의 상황을 젊을 때 함부로 몸을 굴리다가 노쇠하여 병든 사람에게 견주어서 나라도 10년이 못 가서 화란을 당할 형편이니 온 마음과 정성을 다하여 해결책을 찾아야 한다고 경고하고 왕에게 자신감을 불어넣으며 격려하였다. 「만언봉사」는 이이의 무실務實과 경장更張의 정치사상이 잘 집약되어 있는 명문이다.

경연일기 1575년 5월
經筵日記

고故 처사處士 서경덕徐敬德에게 의정부 우의정을 추증하였다. 서경덕은 개성 사람이다. 타고난 자질이 총명하고 빼어나게 특출하였다. 젊었을 때 과거 공부에 힘써서 사마시司馬試에 합격하였으나 곧 과거 공부를 포기하고 화담花潭에 집을 짓고 오로지 궁리격물窮理格物을 일삼아 때로는 여러 날 묵묵히 앉아 있기도 하였다. 그는 이치를 탐구할 때 예컨대 하늘의 이치를 탐구하고자 하면 천天 자를 벽에다 써서 붙이고 탐구한 뒤에 다시 다른 글자를 써서 붙이고 탐구하였다. 그의 정밀한 사색과 연구에 힘쓰는 태도는 남이 따를 수 없었다. 이와 같이 여러 해가 지나자 도리가 마음에 환하게 밝아졌다.

그의 배움은 독서를 일삼지 않고 오로지 탐색만 하여 터득한 뒤 독서를 하여서 이를 증명하는 방식이었다. 그는 늘 "나는 스승을 얻지 못하였기 때문에 공력을 지극히 깊이 쏟았다. 뒷사람들이 내 말에 근거한다면 내가 하였던 것만큼 노력하지 않아도 될 것이다."라고 말하였다.

그의 이론은 대부분 횡거橫渠, 장재의 학설을 주로 하여 정주程朱*의 학설과 약간 달랐으나 스스로 터득한 즐거움은 남들이 헤아릴 수 없었다. 늘 마음 가득 희열을 느끼고 세간의 득실·시비·영욕은 모두 마음에 두지 않았다.

집안 생계에 전혀 관심을 두지 않아서 자주 양식이 떨어졌으나 굶주림을 참았다. 남들은 견딜 수 없을 터인데 그는 태연히 견뎠다. 문하생 강문우姜文佑가 쌀을 지고 가서 화담에 앉아 있는 서경덕을 뵈었는데 해는 이미 정오가 되었다. 서경덕의 말은 사람을 감동시켰고 피곤한 빛은 조금도 없었는데 강문우가 부엌에 들어가 그 집 사람에게 물으니 어제부터 양식이 없어서 밥을 짓지 못했다고 하였다.

그가 저술한 문집이 세상에 전하는데 그 학설이 때로 성현과 차이가 있어서 이황은 그를 유자儒者의 바른 줄기가 아니라고 평가하였다.

중묘中廟, 중종 때 효행孝行으로 천거되어 참봉參奉에 제배되었으나 나아가지 않았다. 명묘明廟, 명종 때 호조 좌랑을 추증하였다. 이때에 이르러 조정에서 논의하여 높여서 추증하기를 청하였는데, 박순朴淳과 허엽許曄이 그의 문인이었기 때문에 매우 힘써 주장하였다.

* 정주는 북송의 유학자 정이程頤와 남송의 유학자 주희朱熹를 함께 일컫는 말이다. 주희는 특히 정이의 학설을 많이 받아들여 자기 학문 체계를 확립하고 송대 이학理學을 집대성하였다. 이 때문에 주자학을 정이와 주희의 학문이라는 뜻에서 정주학程朱學이라고도 한다.

상上이 시신侍臣에게 "경덕의 저서를 내가 가져다 보니 기수氣數를 논한 것이 많고 수신修身의 일은 언급하지 않았으니 이는 수학數學*이 아니냐? 또 그 공부가 의심스러운 데가 많다."라고 하였다. 박순이 "서경덕은 늘 '배우는 사람의 공부하는 방법에 대해서는 이미 네 선생*이 말하지 않은 것이 없다. 다만 이기理氣의 설은 미진한 것이 있으므로 밝게 변론하지 않을 수 없다.'고 하였습니다."라고 아뢰었다.

박순이 이어서 서경덕이 궁리에 힘쓰던 모습을 아뢰었다. 상이 "이 공부는 끝내 의심스럽다. 지금 사람은 칭찬하면 지극히 칭찬하고 헐뜯으면 지극히 미워하여서 모두 중도를 잃었다."고 말하였다. 내가 "이 공부는 본디 배우는 사람이 마땅히 본받을 것은 아닙니다. 서경덕의 학문은 횡거에게서 나왔으니 저서가 성현의 뜻에 꼭 맞는지는 잘 모르겠습니다. 그러나 세상의 이른바 배우는 사람은 성현의 설을 모방하여 말하지만 대부분은 마음속에 터득한 바가 없습니다. 서경덕은 깊이 생각하고 멀리까지 이르러서 스스로 터득한 아름다움이 많습니다. 문자나 언어의 학문은 아닙니다."라고 아뢰었다. 상이 의정議政으로 추증하도록 허락하였다.

* 수학은 현대의 수학이 아니라 수리數理를 바탕으로 천문, 역법, 점술 등에 적용한 학문을 말한다.

* 네 선생은 북송의 유학자 주돈이周敦頤, 정호程顥, 정이程頤, 장재張載를 가리킨다.

허엽이 늘 서경덕을 높여서 기자箕子의 도통道統을 이을 만한 사람이라 하였는데 내가 서경덕의 학문이 횡거에게서 나왔다고 주장하는 말을 듣고 나를 꾸짖으며 "그대가 이런 말을 하니 내가 깊이 근심하는 바요. 화담의 학문이 소장정주邵張程朱, 소옹·장재·정이·주희를 아울렀다고 한다면 옳을 것이오. 그대는 10여 년 동안 자세히 독서에 전념한 뒤라야 화담의 경지를 논할 수 있을 것이오."라고 하였다. 나는 "아마도 내가 독서를 오래 하면 할수록 더욱더 그대의 의견과는 배치될 것이오."라고 하였다.

이에 앞서 허엽이 이황에게 "화담은 횡거에게 견줄 만합니다."라고 하였다. 이황이 "화담의 저술 가운데 어느 글이 「정몽正蒙」에 견줄 수 있고, 어느 것이 「동명東銘」, 「서명西銘」* 에 견줄 만한가?"라고 하니 허엽은 말이 없었다. 이때에 이르러 과장이 더욱 심하여 소장정주의 학문을 아울렀다고 하기까지 하니 알지도 못하고 망언을 한다고 할 수 있다.

* 「정몽」은 우주론을 담고 있고 「동명」과 「서명」은 인간에 관한 존재론적 사색을 담고 있는데, 모두 장재의 저술이다. 신유학의 중요한 텍스트로, 특히 주희는 「정몽」과 「서명」을 매우 중시하여 주석을 달았으며 주자학의 이념을 설명하는 데 많이 참조하였다.

서경덕을 의정부 우의정에 추증한 일에 대하여 평가한 기록이다. 이이는 서경덕의 학문이 북송의 유학자 장재에게 연원을 두고 있어서 정이, 주희의 성리학적 정통 학문과 다름이 있으나 나름대로 터득한 내용이 많다고 긍정적으로 평가한다. 그러나 서경덕의 제자들이 서경덕을 지나치게 높이는 것에 대해서는 비판하였다.

추증이라는 제도는 뛰어난 업적을 남긴 학자나 정치적 인물을 기려서 그들의 영향력을 이용하여 인민의 의식을 교화하고 높이는 구실을 하였다. 물론 이면에는 정치적 역학 관계에 따라 어떤 인물이 추증되기도 하고 공훈이 삭제되기도 하였다. 이 기록을 통해 어떤 인물을 추증하는 과정과 추증하기까지 그 이면에서 일어나는 일의 일면을 엿볼 수 있다.

성학집요를 올리는 차자
進聖學輯要箚

홍문관 부제학 신 이이는 아룁니다. 소신은 땅강아지나 개미같이 보잘것없는 존재인데도 하늘과 땅과 같은 큰 은혜를 입어서 은혜가 강이나 바다같이 깊고 의리가 언덕이나 산같이 무겁습니다. 슬기를 다하고 정성을 다하여 만분의 일이라도 갚고 싶지만 오직 타고난 기질이 잡박雜駁하고 공부도 얕아서 재주를 말하자면 엉성하고 빈틈이 많아 실용에 적합하지 않고, 배움을 말하자면 거칠고 다 잊어버려서 실효를 보지 못하였습니다.

안으로는 시종의 직책을 맡고서도 왕의 계책을 도와서 빛내지 못하였고, 밖으로는 관찰사의 직책을 맡고서도 덕의 교화를 선포하지 못하였습니다. 그래서 아무리 생각해도 벼슬을 내놓고 고향으로 돌아가는 수밖에 달리 계책이 없습니다. 다만 임금을 사랑하는 일념만은 타고난 도리에서 나오는 것이라 없앨 수 없어 여러 번 망설이고 간절히 그리워하며 물러갔다가 또다시 나왔습니다. 반드시 나무하고 꼴을 베는 어리석은 시골뜨기와 같은 생각이나마 임금께 남김없이 모두 아뢰어 물방울이나 먼지와 같이 아주 적은 도움이나마 드린 뒤라야 마음 편히 먹고 쉴 수 있을 것 같습니다.

가만히 생각건대, 제왕의 도는 미묘한 마음 씀씀이에 뿌리를 두고 나온 것으로서 글로 뚜렷이 표현되어 있습니다. 성현이 대대로 일어나서 때에 따라 이론을 세우고 반복하여 미루어 밝혔기 때문에 서적이 점점 많아졌습니다. 경훈자사經訓子史*가 수천 질, 수만 권이나 되는데 어느 것인들 도를 실은 글이 아니겠습니까.* 지금 이후로 성현이 다시 일어나더라도 더 이상 다하지 못한 말이 없을 테니 다만 이런 말을 근거로 하여 이치를 살피고, 이치를 밝혀서 실행에 옮겨 자기를 완성하고 다른 사람과 사물을 완성하는 노력을 다할 뿐입니다.

후세에 도학이 밝지 못하고 행해지지 못하는 것에 대해서는 널리 독서를 하지 못한 것을 걱정할 것이 아니라 이치를 정확하게 살피지 못하는 것을 걱정해야 하며, 지식과 견문이 넓지 못한 것을 걱정할 것이 아니라 독실하게 실천하지 못하는

* 경經은 유가의 경전으로 흔히 주요한 것을 들어서 사서삼경, 또는 사서오경이라 하거나 전체를 들어서 십삼경이라 한다. 훈訓은 유가 경전에 대한 해설을 말한다. 자子는 원래 제자서諸子書라고도 하며 유가에서 받드는 성현 이외 춘추 전국 시대 이래 여러 사상가의 저서를 말하는데 여기서는 유학자의 저술을 말하는 것으로 보인다. 사史는 역사서로서 『사기』, 『한서』 같은 공식 역사서와 『자치통감』 같은 역사 기록을 말한다. 과거 동아시아에서는 모든 서적을 경, 사, 자에 개인 문집을 포함하여 경사자집經史子集으로 분류하였다.

* 성리학의 문장관인 재도론적載道論的 문장론을 말한다. 재도론적 문장론이란 문학을 인간의 정감을 표현하는 것이 아니라 성정性情을 교화하는 계몽적 성격으로 파악하여 유학의 도를 전달하는 수단으로 보는 것을 말한다.

것을 걱정해야 합니다. 이치를 정확하게 살피지 못하는 것은 요점을 깨닫지 못하였기 때문이며, 독실하게 실천하지 못하는 것은 정성을 다하지 않았기 때문입니다. 요점을 깨달은 뒤에 그 의미를 알게 되고, 의미를 안 뒤에 정성을 다할 수 있습니다. 신이 이 말을 외운 지는 오래입니다.

일찍이 여러 글귀를 모아 차례를 매겨 책으로 엮어서 요점을 깨닫는 도구로 삼아 위로는 우리 임금께 바치고 아래로는 후학을 가르치려고 하였으나 자신을 반성해 보니 부끄러운 점이 많아서 생각만 있을 뿐 뜻을 이루지 못하고 있었습니다.

계유년1573에 특별히 부름을 받아* 감히 굳게 사양하지 못하고 명을 받들어 직무를 맡아 여러 관료와 함께 일을 수행하였지만 나라에는 공을 세우지 못하고 배움에는 해가 되어서 큰 은혜를 저버리고 책임을 다하지 못하는 것을 스스로 한탄하였습니다. 비로소 책을 엮어 보려는 계획을 세우고서 경전과 해설서를 찾아보고 역사책을 고르고 추리다가 일을 절반도 마치지 못하고 병으로 조정을 떠났습니다. 시골에 살면서도 작은 정성이나마 그치지 않고 한가하게 홀로 거처하면서 나머지 작업을 계속하였습니다. 미처 탈고脫稿하기도 전에 또

* 이이는 1573년 선조 6 7월에 홍문관 직제학弘文館直提學에 제수되어 병으로 사직하였으나 윤허를 받지 못하여 세 차례나 상소를 하여 윤허를 받고 8월에 율곡으로 돌아갔다. 9월에 또 직제학에 제수되어 사양하였으나 윤허를 받지 못하였다.

황해도 관찰사에 제수되어 갖가지 공문서를 처리하느라 바빠 이 일에만 매달릴 수 없었습니다. 게다가 병이 나서 여러 달 동안 일에 손도 대지 못하고 있다가 올해 초가을에 비로소 편찬을 마무리하여 『성학집요』라고 이름 붙였습니다.

이 책은 제왕이 학문할 때 근본이 되는 것과 말단이 되는 것, 정치를 할 때 먼저 해야 할 것과 나중에 해야 할 것에 관한 것으로서, 덕을 밝힘으로써明德 얻는 실제 효과와 백성을 새롭게 하는新民 실제 자취의 얼개를 모두 대충이나마 드러냈습니다. 작은 일을 유추하여 큰일을 파악하고 자기를 근거로 삼아 대상을 밝힌다면 온 세상의 도가 실로 여기서 벗어나지 않습니다. 이는 신의 글이 아니라 성현의 글입니다. 비록 신의 식견이 비루하고 편집한 차례도 두서頭緖가 없지만 모은 말은 한 글귀가 곧 한 가지 약처럼 어느 하나 몸에 절실한 교훈 아닌 것이 없습니다.

정자는 "학문은 경지에 오르지 못하였지만 말은 올바르게 하는 사람이 있다. 그런 사람의 말이라도 따르면 도에 들어갈 수 있다."고 하였습니다. 설사 이 책이 신의 손에서 나온 것이라 하더라도 또한 사람이 변변찮다고 하여 그 말까지 버려서는 안 될 터인데 하물며 성현의 말씀이겠습니까. 이제 만번 죽음을 무릅쓰고 삼가 세 책을 흰 보에 싸서 절하고 대궐에 바칩니다. 혹시라도 이 책을 열람하여 지난 성현의 교훈을 깊이 음미하고, 더욱더 선왕의 빛나는 업적을 계속 이어서 빛내도록 노력하여 높고 밝게 만물을 덮어 주고 넓고 두텁게 만물을 싣는 덕을 갖추는 경지에 이르게 된다면 충성을 다하기를 원하는 소신의 구구한 뜻을 조금은 펼 수 있겠습니다.

가만히 생각건대, 제왕의 학문은 기질氣質을 변화시키는 것보다 절실한 것이 없고 제왕의 정치는 정성을 다하여 현명한 이를 등용하는 것보다 먼저 할 것이 없습니다. 기질을 변화시키는 일은 마땅히 병을 살펴서 약을 쓰듯이 해야 성공하고, 정성을 다하여 현명한 이를 등용하는 일은 마땅히 위아래가 틈이 없어야 결실을 얻을 수 있습니다.

엎드려 뵈니 전하께서는 역대의 왕들 가운데 남달리 뛰어나게 총명하고 지혜로우며, 천성으로 효도·우애·공손·검소함을 타고나셨으며, 음악을 즐기고 여색을 찾고 이익을 추구하고 욕망을 충족하려는 마음은 뿌리에서부터 끊었으니 지난 역사에서 찾아보아도 견줄 왕이 드뭅니다. 이 때문에 신은 임금께 마음을 쏟고 궁궐에 정을 맺어 두고서 반드시 덕을 닦아 삼황오제三皇五帝의 뒤를 따르는 것을 보고자 하는 것입니다.

다만 문제점을 논하자면, 영특한 기질을 너무 드러내서 착한 것을 받아들이는 도량이 아직 넓지 못하고, 쉽게 화를 내어서 남을 이기기 좋아하는 사사로운 마음을 아직 극복하지 못하셨습니다. 이런 단점을 제거하지 않으면 참으로 도에 들어가는

데 방해가 됩니다. 이런 까닭에 온순한 말과 겸손한 말을 하는 사람은 많이 채용하고 바른 말과 면전에서 잘못을 나무라는 말을 하는 사람은 배척하고 계시니, 이는 자기를 비우고 남을 따르던 거룩하고 현명한 제왕의 도리가 아닌 듯합니다.

이제 여러 일에서 드러난 것을 말씀드리겠습니다. 전하께서는 평소 부인과 내관을 매우 엄격하게 대하여 사랑에 이끌리고 얽매이는 생각은 없지만, 한쪽을 두둔한다고 지적하는 사람이 있으면 번번이 언성을 높여 도리어 한쪽을 두둔하는 뜻을 보이십니다. 나랏일이 날로 퇴폐해지는 것을 보고 바로잡아 개혁하려는 뜻이 없지는 않지만, 관행을 그대로 굳게 지킨다고 비판하는 사람이 있으면 번번이 완강하게 거부하고 도리어 굳게 지키려는 뜻을 보이십니다. 대체로 이런 식으로 말씀하고 일 처리를 함은 비록 여러 신하가 임금의 마음을 알지 못하는 탓도 있지만 또한 전하께서 도량이 아직 넓지 못하고 사사로운 마음을 아직 극복하지 못하셨기 때문입니다.

고대의 성스러운 제왕은 그렇게 하지 않았습니다. 위대한 순 임금은 결코 게으르고 놀기나 하고 오만하고 포악한 행동을 하지 않았지만 백익伯益은 '단주丹朱처럼 하지 말라.'*고

* 단주는 요 임금의 맏아들이었다. 요 임금이 왕위를 물려줄 만한 사람을 묻자 여러 사람이 단주를 추천하였는데, 요 임금은 그가 말에 신용이 없고 말로 다투기를 잘하며 오만하다고 거절하고 결국 순에게 물려주었다.

경계하였습니다. 무왕은 사소한 행실도 결코 조심하지 않은 것은 아니지만 소공召公은 '한 삼태기에서 공이 무너진다.'*고 경계하였습니다. 그래도 위대한 순 임금과 무왕은 마음을 비우고 경건하게 받아들였으니 자기를 알아주지 못한다는 유감이 어찌 털끝만큼이라도 있었겠습니까.

지금 전하께서는 자질이 순수하고 아름다우며, 학문이 고명하여서 순 임금이나 무왕같이 되는 것을 누구도 감히 막지 못할 터인데 어찌 해서 확고하게 뜻을 세우지 않고 널리 착한 것을 취하지 않으십니까. 신하들이 잘못을 들추어내어 바로잡아 허물이 없는 경지에 이르게 하려고 하면 반드시 '나를 알지 못한다.'고 의심하고, 착한 말을 아뢰고 어려운 일을 권하여 요순의 도로 이끌려고 하면 반드시 '감당하지 못한다.'고 거절하십니다. 전하께서 한가한 때나 혼자 계실 때 무슨 책을 읽고 무슨 일을 하시는지 알지 못하겠습니다. 자질이 아름다워도 배양하지 못하고 병이 깊어도 치료하지 못한다면 어찌 신하들만 아래에서 통탄하고 있겠습니까. 아마도 또한 하늘과 조종께서도 반드시 위에서 근심하고 계실 것입니다.

엎드려 바라건대, 전하께서는 먼저 큰 뜻을 세워서 반드시

* 아홉 길이나 되는 산을 만들려고 흙을 퍼다 붓다가 한 삼태기를 덜 부어서 지난 공이 다 허물어진다는 말에서 나왔다. 사소한 일이라도 소홀히 하지 말고 끝까지 노력을 기울여야 목표를 달성할 수 있다는 뜻이다. 『서경』「주서周書·여오旅獒」.

성현을 표준으로 삼고 삼대를 기약하소서. 온 마음을 다 기울여 글을 읽고 대상 사물에 나아가 이치를 탐구하소서. 마음에 거슬리는 말을 하면 반드시 도리에 맞나 따져 보고, 뜻에 맞는 말을 하면 반드시 도리에 맞지 않은가 따져 보소서. 곧은 여론을 즐겨 듣고 뜻을 어기는 것을 싫어하지 말아서 착한 말을 받아들이는 도량을 넓히며, 의리가 귀결되는 곳을 깊이 살피고 자신을 굽히는 것을 부끄러워하지 말아서 남을 이기려는 사사로운 마음을 버리소서. 일상생활에서 성실하게 실천하여 한 가지 일이라도 실수가 없고, 조용하게 혼자 있을 때 마음가짐을 순수하고 돈독하게 지켜서 한 가지 생각이라도 잘못이 없게 하소서. 중도中途에서 게으르지 말고 작은 성공에 만족하지 말며, 병의 뿌리를 모두 제거하고 아름다운 자질을 완전하게 하소서. 이렇게 하여서 제왕의 학문을 이루신다면 더없는 다행일 것입니다.

신은 또 엎드려 보건대, 전하께서는 맡겨진 무거운 책임을 깊이 생각하고 시운時運이 쇠퇴함을 개탄하여 온 힘과 정신을 다 쏟아 잘 다스리기를 도모하고, 어진 이를 예우하고 선비를 겸손하게 대하며, 대신을 어른처럼 공경하고 신하를 벗처럼 여기며, 백성이 혹시라도 다칠까봐 걱정하시니 삼대 이후 참으로 볼 수 없었던 일입니다. 이 때문에 신은 제 분수도 헤아리지 않고 대궐문 앞에서 하늘과 땅을 움직이듯이 세상의 도를 일변시키는 것을 보고 싶다고 함부로 부르짖는 것입니다. 다만 임금과 신하 사이에 진실한 마음으로 서로 믿지 못하여 신하의 마음이 임금에게 전달되지 못하고 임금의 뜻을 신하가 깨닫지 못하는 일이 있으니, 책임을 맡기고 임무를 완성하도록 독촉하여서 이상 정치를 이루어 내지 못할까 걱정입니다.

예로부터 임금과 신하가 서로 마음을 알지 못하고서도 공적을 이루었다는 말은 들어 보지 못하였습니다. 삼대 이전은 애초에 따질 것도 없습니다. 광무제光武帝가 관중關中을 마음에 두고 있으면서도 풍이馮異*를 깊이 믿은 것은 그가 반드시 함양왕咸陽王을 일컫지 않을 것임을 알았기 때문이며, 황권黃權*이 길이 막혀 위魏에 투항하였지만 소열제昭烈帝를 깊이 믿은 것은 그가 반드시 처자를 죽이지 않을 것임을 알았기 때문입니다. 이런 일은 모두 평소에 충성과 신뢰가 마음으로 맺어

* 풍이는 처음에 왕망王莽을 위해 일하였으나 나중에 광무제 유수劉秀에게 귀순하여 후한 건국을 도왔다. 특히 적미적赤眉賊을 평정하고 관중關中을 차지할 때 공을 세워서 유수의 신임을 받았다. 관중을 평정한 뒤 풍이가 관중의 왕이 되려고 한다는 소문이 나자 풍이가 불안하여 처자식을 낙양에 두겠다고 하였으나 유수는 가족과 함께 관중으로 가도록 명하여 신임을 표시하였다. 함양咸陽은 관중 평원에 있다.

* 황권은 처음에 익주목益州牧 유장劉璋을 섬겼고 소열제 유비劉備에게 맞서기도 하였으나 유장이 투항하자 유비에게 귀순하였다. 유비가 오吳를 정벌하려고 하자 황권은 유비에게 후방을 지휘하며 전선에서 모험을 하지 말라고 건의하였다. 이 말을 듣지 않은 유비가 패전하였고, 철수할 때 길이 오의 군사에게 봉쇄되어 황권은 위에 투항하였다. 사람들이 황권의 가족을 체포하라고 하였지만 유비는 황권의 잘못이 아니라 자기 잘못이라고 하며 그의 가족을 이전과 다름없이 대하였다. 촉蜀에서 투항한 어떤 사람이 유비가 황권의 가족을 죽였다고 전하였지만 황권은 헛소문인줄 알고 상복을 입지 않았다. 나중에 소식이 전해졌는데 황권이 믿고 있던 대로였다.

져서 헐뜯고 사이를 갈라놓는 말이 들어갈 데가 없었던 것입니다. 하물며 성스러운 임금과 현명한 신하가, 뜻이 같고 도가 일치하여 물고기가 물을 만난 듯이 기뻐하며 하루에 세 차례나 만나서 훈도하고 서로 도움을 주고받아서, 말하면 무엇이나 들어주고 충고하면 무엇이나 좇았으니, 어떤 착한 일인들 실행하지 못하였겠으며 무슨 일인들 이루지 못하였겠습니까. 이는 후세 임금이 마땅히 본받아야 할 것입니다.

후세의 임금은 그렇지 않았습니다. 높고 깊은 궁궐 깊숙이 거처하고 신하를 멀리하여 착하다는 것을 알면서도 등용할 뜻을 보이지 않고, 악한 것을 보고서도 물리치라는 명을 내리지 않으며, 스스로 나라의 정치와 관련된 중요한 기밀은 아랫사람이 함부로 엿보거나 헤아리지 못하게 하는 것이 참으로 임금의 체통을 얻은 것이라 여기니, 마침내 군자는 정성을 다하지 못하고 소인은 그 틈을 타서 거짓과 바름이 섞이고 옳음과 그름이 모호해져서 나라를 다스릴 수 없게 되었습니다. 이는 경계로 삼을 수 있는 것입니다.

지금 전하께서는 착한 것을 지극히 좋아하지만 또한 사류士類가 반드시 옳지는 않을 것이라 의심하며, 악한 것을 깊이 미워하지만 또한 비열한 사람이 반드시 그르지는 않을 것이라고 의심하십니다. 그러므로 정직한 선비와 겉으로만 강직한 체하는 소인이 똑같이 과격하다는 평판을 얻어서 현명한 사람은 충성을 다하지 못하며, 아첨하는 사람과 노성한 사람이 똑같이 순박하고 중후하다는 평가를 받아서 어리석은 사람은 더욱 절도를 잃어버립니다.

게다가 신하를 만나 보는 일은 아주 드물고 감정과 뜻이 가로막혀서 정령政令이 천심에 부합한 것을 볼 수 없고, 등용과 축출이 나라 사람의 평판*에 따른 것을 볼 수 없습니다. 유학자의 주장은 시행되지 않고 한갓 과장된 말이라는 비평만 받게 되며, 백성에게 해를 끼치는 법은 제거되지 않고 오히려 경장으로 인한 과오만 근심합니다. 이 때문에 착한 것을 좋아하지만 현자를 등용한 실상이 없고 악한 것을 미워하지만 간사한 사람을 제거한 이익이 없습니다. 정치의 견해는 이리저리 갈래가 많으며 옳고 그름의 기준은 정해지지 않아서 충성스럽고 현명한 사람에게는 굳게 믿고 일을 맡기지 못하고 간사한 소인배에게는 분에 넘치는 욕망을 펼 수 있는 길이 있으니, 모르겠습니다만 전하께서는 어린 후손을 누구에게 부탁하겠으며, 지방의 정사를 누구에게 맡기시겠습니까? 성상의 마음에 반드시 생각해 둔 것이 있겠지만 신하들은 그것을 알지 못하니, 이것이 어찌 위아래가 틈이 없는 실상이겠습니까.

* 맹자가 사람을 등용하고 물리칠 때 가까운 신하나 귀족 관료의 판단을 따르지 말고 나라 사람國人의 판단을 따르라고 한 데서 따왔다. 나라 사람이란 생산자 농민까지 포함한 영토 안의 모든 사람이라는 뜻이 아니라 도성 안에 살면서 여론을 주도하는, 신분이 있는 사람들을 가리킨다. 『맹자』「양혜왕·하」.

엎드려 바라건대, 전하께서는 반드시 진실하고 올곧아서 믿을 만한 대신에게 보좌의 중책을 맡겨서 그의 말을 듣고 그의 계책을 좇으며, 처음부터 끝까지 한결같이 믿고 의심하지 마소서. 또 학문에 밝고 행실이 조촐한 사람을 뽑아서 경연에 두고 시도 때도 없이 드나들고 늘 좌우에서 모시고 온 마음을 다하여 지성껏 임금을 깨우치게 하여서 이 시대의 사류가 모두 일어날 뜻을 품게끔 하소서. 깊숙이 숨어 있는 현자까지도 정성을 다하여서 불러내어 재능을 헤아려서 벼슬을 주고 반드시 쓸모 있는 자리에 두며, 끝내 불러오지 못하는 사람도 표창하고 장려하여서 그 높은 뜻을 이루어 주소서.

가령 시의時宜를 헤아리고 역량을 생각할 때 비록 갑자기 세상의 도를 변화시킬 수는 없다 하더라도 조정에서 항상 굽히지 않고 맑은 논의를 할 수 있도록 하여 착한 것을 좋아하는 실상을 다 발휘하소서. 왜곡된 주장을 제창하여 선왕의 도를 드러내 놓고 배척하거나, 겉으로만 혁신하는 것처럼 꾸미고 속으로는 열심히 일하는 세력을 남몰래 방해하는 색다른 사람이 있어서 모습과 자취가 이미 드러나서 가릴 수 없다면 마땅히 멀리 귀양을 보내고 죽여서 악한 것을 미워하는 실상을 다 발휘하소서. 반드시 현자를 등용하고 못난 사람은 멀리 물리친다면 위에서는 가리는 것이 없고 아래에서는 의심하는 것이 없어서 위아래가 서로 진심으로 대하고, 온 나라 사람들이 푸른 하늘 밝은 해와 같아서 털끝만큼도 다하지 못함이 없는 성상의 마음을 우러러볼 수 있을 것입니다. 이로써 군자는 믿는 것이 있어서 정성을 다하고 재능을 펴며 소인은 두려워하는 것이 있어서 잘못을 뉘우치고 착한 것을 좇아서 올바른 원기가 자라나고 국가의 명맥이 씩씩해지며, 기강이 진작되고 선정善政이 행해져서 제왕의 다스림을 이룬다면 더없는 다행일 것입니다.

아! 현명한 임금이 나타나는 것은 천년에 한 번 있을까말까 하고 세상의 도는 물과 같이 더욱 하락합니다. 지금 급히 구원하지 않으면 후회하더라도 소용이 없습니다. 옛사람이 "어리석은 임금을 원망하는 것이 아니라 현명한 임금을 원망한다."고 하였습니다. 어리석은 임금은 훌륭한 일을 하려고 하여도 하지 못하기에 백성이 아예 바랄 것이 없지만 현명한 임금은 할 수 있는데도 힘쓰지 않아 백성이 더욱 깊이 원망한다는 뜻입니다. 어찌 크게 두려워할 만한 일이 아니겠습니까.

신이 바야흐로 엮은 책을 바치면서 반복하여 군더더기 말씀을 드리지 않아야 옳지만 그래도 몇 마디 말씀을 드리는 것은 참으로 전하께서 기질을 변화하는 공부를 하지 않거나 정성을 다하여 현자를 등용하는 실상이 없다면 비록 이 책을 드리더라도 역시 헛된 말이 되고 말 것이기 때문입니다. 그러므로 분수에 넘치게도 이런 말씀까지 드립니다. 엎드려 바라건대, 전하께서는 어리석고 망녕된 점을 용서하고 사랑을 베풀어 살펴서 받아 주소서. 재결하소서.

선조에게 『성학집요』를 올리면서 함께 올린 차자이다. 『성학집요』는 「통설」과 『대학』의 팔조목을 재배열한 「수기」, 「정가」, 「위정」의 본론, 유가의 진리를 인간 세계에 실현한 성현의 계통과 그들이 전수한 진리의 전승을 집약한 「성현도통」의 세 부분으로 이루어져 있다.

유가의 진리를 담고 있는 경전과 진리 실현의 성패를 기록한 역사서는 너무나 방대하여 학문에 매진하는 학자라도 요령을 잡기 어려운데, 하루에도 수만 가지 일을 처리해야 하는 제왕은 도무지 이치를 탐구하여 현실에 적용할 수 없다. 그러므로 제왕의 학문을 위해서는 유학의 가르침 가운데에서 핵심을 잘 가려 뽑아 일목요연하게 제시하여야 한다.

이이는 바로 이런 문제의식에서 수기치인修己治人의 유교적 정치 이념과 도덕 이상을 언급한 텍스트를 체계적으로 정리하고 집약하여 『성학집요』를 편찬하였다. 『성학집요』는 이후 제왕학의 교재로 경연에서 자주 진강하였다. 이 책은 성리학의 학문 체계를 간결하고 요령 있게 정리하여 조선 학자들이 성리학의 이념을 얼마나 잘 이해하고 있는지를 보여 주는 지표가 된다.

이 차자에서 이이는 『성학집요』를 편찬한 경위와 의의를 진술하고 선조에게 이상적인 군주가 되기를 바라는 기대를 담았다.

제4장

우국충정을 남기고

41-49세 · 훈구와 사림의 대립이 소멸되고 바로 나타난 원로와 신진의 갈등이 격해지면서 이이의 중재 노력은 실패로 돌아간다. 현실 정치에 환멸을 느낄수록 진리 탐구에 대한 열망이 강해지고, 이에 따라 출처와 진퇴를 반복하면서 학자와 관료라는 중첩된 정체성 사이에서 많은 딜레마를 겪는다. 마침내 이이는 스스로 표현한 대로 오래되고 낡아서 기울어져 가는 고대광실을 떠받치려고 안간힘을 쓰다가 스러진다.

격몽요결
擊蒙要訣

서문

사람은 이 세상에 태어나 학문이 아니고서는 사람다운 사람이 될 수 없다. 이른바 학문이란 이상하거나 특별한 사물이 아니다. 다만 어버이가 되어서는 자애로워야 하고, 자식이 되어서는 효도해야 하고, 신하가 되어서는 충성해야 하고, 부부간에는 분별이 있어야 하고, 형제간에는 우애로워야 하고, 젊은이는 어른을 공경해야 하고, 벗들 사이에는 신의를 두어야 하는 것으로서, 일상생활에서 일에 따라 저마다 마땅하게 하는 것일 뿐 현묘玄妙한 것에 마음을 두어 기이한 효과를 바라는 것이 아니다.

학문을 하지 않은 사람은 마음이 막히고 식견이 어둡고 어리석다. 그러므로 모름지기 글을 읽고 이치를 탐구하여 마땅히 가야 할 길을 밝힌 뒤에야 나아가는 길이 올바르고 실천에 중도中道를 얻게 된다. 지금 사람은 학문이 일상생활에 있는 줄은 모르고 높고 멀어서 실행하기 어려운 것이라고 함부로 생각한다. 그러므로 다른 사람에게 미루고 스스로 자포자기하며 안주하니 어찌 슬프지 않은가.

내가 해산海山, 황해도 해주 남쪽에 거처를 정하자 한두 학도가 찾아와 학문을 물었다. 나는 스승이 될 나위가 없어 부끄러웠으나 처음 배우는 이가 방향도 모르고 굳은 의지도 없이 두루뭉술하게 배움을 청하면 피차 도움이 없고 도리어 남의 조롱만 사게 될까 염려하였다. 그러므로 간략하게 책자 하나를 써서 대략 마음을 세우고, 몸가짐을 단속하고, 어버이를 봉양하고, 남을 상대하는 방법을 서술하여 『격몽요결』이라 이름 붙였다. 학도에게는 이 책자를 통해 마음을 씻고 발을 딛고 당장에 공부를 하게끔 하며, 나 또한 오랫동안 구습에 얽매여 근심하던 차였으니 이 책자를 통해 스스로 경계하고 반성하고자 한다.

정축년1577 늦겨울 덕수德水 이이가 쓰다.

뜻을 세움

처음 배우는 사람은 모름지기 먼저 뜻을 세워야 한다. 반드시 성인이 되기를 스스로 기약하고서 털끝만큼도 스스로를 작게 여겨 물러서고 미루려는 생각을 가져서는 안 된다. 보통 사람들도 본성本性은 성인과 동일하다. 비록 기질은 맑고 흐리고, 순수하고 뒤섞인 차이가 없을 수 없으나 만일 참되게 알고 실천하여 낡은 버릇을 버리고 처음의 본성을 회복하면 털끝만큼도 보태지 않더라도 온갖 선善이 다 충족될 것이다. 사람들이 어찌 성인이 되기를 스스로 기약하지 않을 수 있겠는가. 그러므로 맹자는 본성이 선함을 말하되 반드시 요순을 일컬어 실증하면서 "사람은 모두 요순이 될 수 있다."고 하였는데 그가 어찌 우리를 속였겠는가.

마땅히 늘 스스로 분발하여서 "사람의 본성은 본래 선하다. 예나 지금이나 지혜로운 이나 어리석은 이나 다름이 없다. 성인은 무슨 까닭에 홀로 성인이 되고 나는 무슨 까닭에 홀로 보통 사람이 되었는가? 참으로 뜻을 세우지 않고 앎이 분명하지 않고 행실이 독실하지 않기 때문이다. 뜻을 세우고 앎을 분명히 하고 행실을 독실하게 하는 것은 다 나에게 달려 있을 따름이니 어찌 다른 데서 구할 수 있겠는가?"라고 해야 한다. 안연顔淵이 "순舜은 어떤 사람이며 나는 어떤 사람인가? 그렇게 하는 사람은 또한 그같이 된다."고 하였다. 나도 마땅히 안연이 순과 같이 되기를 바랐던 것을 본받아야 한다.

사람은 추한 얼굴을 예쁘게 고칠 수 없으며, 약한 힘을 강하게 바꿀 수 없으며, 작은 키를 크게 바꿀 수 없다. 이는 이미 정해진 푼수여서 고칠 수 없는 것이다. 오직 심지心志는 어리석은 것을 지혜롭게, 못난 것을 현명하게 바꿀 수 있다. 이는 마음의 텅 비고 영활함이 타고난 기질에 얽매이지 않기 때문이다. 슬기로움보다 아름다운 것이 없고 현명함보다 귀한 것이 없는데 어째서 현명하고 슬기로워지려 하지 않고 하늘이 내려 준 본성을 훼손하고 있는가. 사람이 이 뜻을 간직하고 굳게 지켜서 물러서지 않는다면 거의 도에 가깝다.

보통 사람이 스스로 뜻을 세웠다고 하면서도 즉시 노력하지 않고 머뭇거리며 기다리는 것은, 명목상으로는 뜻을 세웠다고 하나 실제로는 배움을 향한 성의가 없기 때문이다. 만일 내 뜻을 참으로 배움에 둔다면 인仁을 행함은 나로 말미암으니 내가 인을 하려고 하면 인을 이룰 수 있다. 그런데 어째서 남에게서 구하며 어째서 뒤로 미루는가. 뜻을 세움이 귀한 까닭은 즉시 공부를 하고서도 오히려 미치지 못할까 두려워하며 생각하고 생각하여서 물러서지 않으려고 하기 때문이다. 예컨대 혹 뜻이 성실하고 독실하지 않아 늘 하던 대로 하면서 날만 보낸다면 나이가 다하여 죽을 때까지 어찌 성취하는 바가 있으랴!

낡은 습관을 고침

사람이 비록 배움에 뜻을 두었더라도 용감하게 곧바로 앞으로 나아가 성취하지 못하는 것은 낡은 습관이 막아서 허물어 버리기 때문이다. 낡은 습관의 조목을 다음과 같이 나열하니 만약 뜻을 분발하여 단호하게 끊어 버리지 않는다면 끝내 배움의 바탕이 없을 것이다.

첫째, 마음 바탕을 게을리하고 몸가짐을 방종하게 하여서 다만 놀고 편한 것만 생각하고 구속되는 것을 매우 싫어한다.

둘째, 늘 뭔가를 하려 들고 고요함을 지키지 못하여 분주히 드나들고 남과 이야기로 날을 보낸다.

셋째, 동화同化하는 것을 좋아하고 남다른 것을 싫어하여 세속에 빠져들며, 조금 몸을 닦고 단속하려다가도 무리와 버성길까 두려워한다.

넷째, 문장을 잘 써서 한때의 명예를 취하고, 경전經傳을 표절하여 들뜨고 화려하게 꾸민다.

다섯째, 글씨와 편지에 공을 들이고 악기 연주와 술 마시기를 일삼아 느긋하게 노닐며 세월을 보내면서 스스로 맑은 운치韻致라 여긴다.

여섯째, 한가한 사람을 모아 바둑과 장기를 즐기고, 종일 배불리 먹고 재물을 내어 내기를 한다.

일곱째, 부귀를 부러워하고 빈천을 싫어하며, 나쁜 옷과 나쁜 음식을 매우 부끄럽게 여긴다.

여덟째, 기호와 욕망에 절제가 없어서 끊고 억제하지 못하며, 재화의 이익과 음악과 여색女色의 맛을 달게 여긴다.

습관이 마음을 해치는 것들은 대체로 이와 같으며 나머지는 다 열거하기 어렵다. 이런 습관이 사람들로 하여금 뜻을 견고하게 하지 못하도록 하고 행실을 독실하게 하지 못하도록 하여서 오늘 한 일을 내일 고치기 어렵고, 아침에 행실을 뉘우치고서 저녁에 다시 저지르게 된다. 모름지기 용맹한 뜻을 크게 분발하여 마치 단칼에 뿌리와 줄기를 끊어 버리듯 마음 바탕을 깨끗이 씻어서 남은 맥락이 털끝만큼도 남아 있지 않게 하며, 때때로 늘 맹렬하게 반성하는 노력을 기울여서 이 마음에 더러운 낡은 습관이 한 점도 없게 한 뒤라야 배움에 나아가는 공부를 논할 수 있다.

몸가짐

배우는 사람은 반드시 성실한 마음으로 도道를 향하며, 세속의 잡다한 일로 뜻을 어지럽히지 않은 뒤라야 배우는 기초가 마련된다. 그러므로 부자夫子, 공자는 "충직과 신실을 주로 삼는다."고 하였고, 주자는 "사람이 충직하고 신실하지 않으면 일이 모두 실상이 없어서 악을 하기는 쉽고 선을 하기는 어렵다. 그러므로 반드시 이것을 주로 삼아야 한다."고 풀이하였다. 반드시 충직과 신실을 주로 삼고 용맹하게 공부를 한 뒤라야 성취하는 바가 있을 수 있다. 황면재黃勉齋, 황간가 말한, '진실한 마음 바탕과 각고刻苦의 공부'라는 두 마디가 이를 다 말하였다.

늘 아침에 일찍 일어나고 밤에 늦게 자며, 의관은 반드시 바르게 하고 낯빛은 반드시 엄숙하게 하며, 손을 모으고 꿇어앉으며, 걸음걸이는 침착하고 듬직하며, 말은 신중하게 하여서 움직이거나 고요하거나 경솔하고 구차하게 함부로 두어서는 안 된다.

몸과 마음을 가다듬는 데는 구용九容, 아홉 가지 용모보다 절실한 것이 없고, 배움에 나아가고 슬기를 더하는 데는 구사九思, 아홉 가지 생각보다 절실한 것이 없다.

이른바 구용이란, 발걸음은 묵직하고, 가볍게 들지 않는다. 어른 앞에서 걷는다면 여기에 얽매여서는 안 된다. 손놀림은 공손하고, 손을 게으르고 느른하게 놀리지 않는다. 일이 없을 때는 단정하게 모으고 함부로 놀리지 않는다. 눈매는 단정하고, 눈동자를 고정시켜서 정면으로 보아야 하며 눈동자를 이리저리 굴려서 보거나 흘겨보아서는 안 된다. 입매는 다물고 있고, 말을 하거나 먹고 마실 때가 아니면 늘 입을 벌리지 않는다. 말소리는 조용하고, 형체와 기운을 단정하게 가다듬어야 하며 트림이나 기침 소리 등 잡스러운 소리를 내서는 안 된다. 머리 모양은 곧고, 머리를 바르게 하고 몸을 곧게 펴야 하며 기울이거나 한쪽으로 기대서는 안 된다. 호흡은 엄숙하고, 조화롭게 숨을 쉬어야 하며 거친 숨소리가 나게 해서는 안 된다. 선 자세는 후덕하고, 똑바로 서고 기대지 않으며 엄연히 덕스러운 기상이 있다. 얼굴빛은 씩씩하게 얼굴빛이 단정하고 엄숙하여 게으른 기색이 없다. 하는 것이다.

이른바 구사란, 볼 때는 바로 볼 생각을 하고, 볼 때 가려진 것이 없으면 분명하여서 보이지 않는 것이 없다. 들을 때는 똑똑히 들을 생각을 하고, 들을 때 막힌 것이 없으면 귀가 밝아서 들리지 않는 것이 없다. 얼굴빛은 온화하게 가질 생각을 하고, 얼굴빛이 온화하고 펴져서 화나고 사나운 기색이 없다. 용모는 공손할 생각을 하고, 한 몸의 몸가짐이 반듯하고 씩씩하지 않음이 없다. 말은 충직하게 할 생각을 하고, 한마디를 하더라도 충직하고 신실하지 않음이 없다. 일은 경건하게 할 생각을 하고, 한 가지 일을 하더라도 경건하고 신중하지 않음이 없다. 의심나면 물을 생각을 하고, 마음에 의심이 생기면 반드시 먼저 깨달은 자에게 나아가 살펴 물어서 알지 않고서는 그대로 두지 않는다. 분忿이 나면 어려움이 생길 것을 생각하고, 분이 나면 반드시 징계하되 이치로써 스스로 극복해야 한다. 이득을 보면 의義를 생각하는 재물을 얻게 되면 반드시 의리와 이익 사이를 밝게 변별하여 의리에 부합한 뒤에 취한다. 것이다. 늘 구용과 구사를 마음에 간직하고서 몸을 단속하여 잠시라도 놓아 버려서는 안 되며 또한 자리 곁에 써 두고서 때때로 살펴본다.

예禮가 아니면 보지 말고, 예가 아니면 듣지 말고, 예가 아니면 말하지 말고, 예가 아니면 행동하지 말라는 이 네 가지는 몸을 닦는 요체이다. 처음 배우는 이는 예와 예가 아닌 것을 변별하기 어려우니 모름지기 이치를 궁구하여 이를 밝혀야 한다. 다만 이미 아는 바를 힘써서 행하면 이미 과반은 공부가 된 셈이다.

학문은 일상생활에서 하는 것이다. 만약 평소에 공손하게 거처하고 일을 경건하게 처리하고 충직하게 남을 대한다면 이런 것을 학문을 하는 것이라 한다. 글을 읽는 일은 이 이치를 밝히려는 것일 뿐이다.

의복은 호화롭고 사치스러운 것을 입어서는 안 되니 추위를 막으면 그만이다. 음식은 감미로워서는 안 되니 주림을 채우면 그만이다. 거처는 편안하게 해서는 안 되니 병이 나지 않을 정도면 그만이다. 오직 이 학문의 노력과 마음 씀씀이의 올바름과 위의威義의 준칙은 날마다 힘쓰고 힘쓰되 스스로 충분하다고 여겨서는 안 된다.

자기를 극복하는克己 공부가 일상생활에서 가장 절실하다. 이른바 자기己란, 내 마음은 좋아하는데 천리에는 부합하지 않은 것을 말한다. 모름지기 내 마음이 여색을 좋아하는가, 이익을 좋아하는가, 명예를 좋아하는가, 벼슬하기를 좋아하는가, 편안함을 좋아하는가, 잔치를 베풀어 즐기기를 좋아하는가, 진기한 노리개를 좋아하는가를 검속하고 살펴서 모든 좋아하는 것이 만약 이치에 부합하지 않으면 일절 단호하게 잘라서 싹도 남기지 않은 뒤에야 내 마음이 좋아하는 것이 의리에 합당하여 비로소 극복해야 할 자기가 없어질 것이다.

말이 많고 생각이 많은 것이 마음 씀씀이에 가장 해롭다. 일이 없으면 조용히 앉아서 마음을 간직하며, 남을 상대하면 마땅히 말을 가려서 간결하고 정중하게 해야 한다. 말을 해야 할 때 말을 하면 간결하지 않을 수 없다. 말이 간결한 것이 도에 가깝다.

선왕의 법도에 맞는 옷이 아니면 감히 입지 않고, 선왕의 법도에 맞는 말이 아니면 감히 말하지 않으며, 선왕의 덕행이 아니면 감히 행하지 않는다. 이는 마땅히 한평생 가슴에 간직해야 하는 것들이다.

학문을 하는 사람은 한결같이 도를 향하고 대상 사물外物에 마음이 빼앗겨서는 안 된다. 바르지 않은 대상 사물은 마땅히 일절 마음에 두어서는 안 된다. 마을 사람이 모인 곳에서 만약 장기나 바둑, 저포주사위놀이 비슷한 노름 따위의 놀음을 벌이면 마땅히 눈길을 돌리거나 머뭇거리지 말고 물러나와야 한다. 창기娼妓가 노래하고 춤추는 것을 보면 반드시 피해 가야 한다. 예컨대 마을에 큰 모임이 있어서 혹 높은 어른이 굳이 만류하여 피해 물러날 수 없으면 비록 자리에 있으나 모습을 단정하게 하고 마음을 맑게 하여서 간사한 소리나 음란한 여색이 나에게 범접하지 못하게 한다. 잔치에서 술을 마시더라도 만취하도록 마셔서는 안 되니, 얼큰하면 그만 마셔야 한다. 음식은 마땅히 알맞게 먹어야 하며 실컷 먹어서 기氣를 손상하는 일이 있어서는 안 된다. 말과 웃음은 마땅히 간결하고 정중해야 하니, 시끄럽게 떠들어서 절도에 벗어나서는 안 된다. 행동거지는 마땅히 침착하고 듬직해야 하니,

경솔하여서 위의를 잃어서는 안 된다.

일이 있으면 이치로써 대응하고 글을 읽으면 성실하게 이치를 탐구해야 한다. 이 두 가지 이외에는 조용히 앉아서 마음을 가다듬어서 고요하여 어지럽게 일어나는 생각이 없게 하고 말똥말똥 깨어서 어두워지는 잘못이 없게 해야 한다. 이른바 '경건으로 안을 곧게 한다敬以直內' 하는 말은 이와 같은 것이다.

마땅히 몸과 마음을 바르게 하여서 안팎을 한결같이 해야 한다. 어두운 곳에 처해서도 밝은 곳에 있듯이 하고 홀로 있을 때도 뭇사람과 함께 있는 듯이 하여서 이 마음을 마치 푸른 하늘에 밝은 해처럼 사람이 볼 수 있게 한다.

의롭지 않은 일을 한 가지만 하고 죄 없는 사람을 한 사람만 죽이면 천하를 얻을 수 있다 하더라도 그렇게 하지 않는다는 생각을 늘 가슴 속에 간직한다.

경건을 유지함居敬으로써 근본을 세우고, 이치를 탐구함窮理으로써 선을 밝히고, 힘써 실행함力行으로써 실천하는 세 가지는 한평생 할 일이다.

'생각에 사특함이 없다思無邪', '공경하지 않음이 없다無不敬'는 두 글귀는 일생 받아서 써도 다함이 없으니 마땅히 벽에 걸어 두고 잠시도 잊어서는 안 된다.

날마다 자주 스스로 마음을 간직하지 않았는가, 배움이 진보하지 않았는가, 행실을 힘쓰지 않았는가를 점검하여서 있으면 고치고 없으면 더욱 힘써서 부지런히 하고 게을리함이 없되 죽은 뒤에야 그친다.

독서

배우는 사람은 늘 이 마음을 간직하여 사물에 마음을 빼앗겨서는 안 되며, 모름지기 이치를 탐구하고 선善을 밝힌 뒤에야 마땅히 가야 할 길이 밝게 앞에 있어서 앞으로 나아갈 수 있다. 그러므로 도에 들어가는 데는 이치를 궁구하는 것보다 먼저 할 것이 없고, 이치를 궁구하는 데는 글을 읽는 것보다 먼저 할 것이 없다. 성현이 마음을 쓴 자취, 본받고 경계할 만한 선과 악이 모두 책에 씌어 있기 때문이다.

글을 읽는 이는 반드시 단정히 손을 모으고 꿇어앉아서 경건하게 책을 대하여 마음을 오로지 기울이고 의지를 다하며, 자세히 생각하고 푹 잠겨 들어서精思涵泳, 함영이란 숙독하고 깊이 사색하는 것을 말한다. 글의 뜻과 취지를 깊이 이해하고 매 구절마다 반드시 실천할 방법을 찾아야 한다. 만약 입으로 읽고서 마음으로 체득하지 않고 몸으로 실행하지 않으면 글은 그냥 글이고 나는 그냥 나일 뿐이니 무슨 도움이 있으랴!

먼저 『소학』을 읽어서 어버이를 섬기고 형을 공경하며, 군주에게 충성하고 어른에게 공손하며, 스승을 높이고 벗과 친하게 지내는 도리에 대하여 하나하나 상세히 음미하고 힘써 행한다.

다음 『대학』과 『대학혹문大學或問』을 읽어서 이치를 궁구하고, 마음을 바로잡고, 몸을 닦고, 남을 다스리는 도리에 대해 하나하나 참으로 알고 실제로 밟아 나간다.

다음 『논어』를 읽어서 인仁을 추구하고 자기 수양을 목표로 하며, 본래의 근원을 간직하고 기르는 공부에 대해 하나하나 자세히 생각하고 깊이 체득한다.

다음 『맹자』를 읽어서 의리와 이익을 분명히 변별하며, 인욕人慾을 막고 천리天理를 보존하는 말씀에 대해 하나하나 밝게 살피고 넓혀서 채운다.

다음 『중용』을 읽어서 본성과 감정의 덕, 끝까지 추구하는 공부, 하늘과 땅이 제자리를 잡고 만물이 자라나는 묘한 이치에 대해 하나하나 음미하고 탐색하여 터득하는 것이 있도록 한다.

다음 『시경』을 읽어서 본성과 감정의 사특함과 올바름, 선악의 포상과 징계에 대해 하나하나 깊이 생각하고 뜻을 알아서 올바름과 선을 보고는 따르고 사특함과 악을 보고는 고친다.

다음 『예경禮經』을 읽어서 하늘의 이치를 마디 지어 꾸며낸節文 것과 사람의 일의 표준儀則이 되는 절도와 규칙에 대해 하나하나 강구하여 확립하는 것이 있도록 한다.

다음 『서경書經』을 읽어서 두 임금과 세 왕*이 천하를 다스린 큰 경륜과 큰 법도에 대해 하나하나 요령을 터득하고 근본을 거슬러 올라가 찾는다.

다음 『역경易經』을 읽어서 길하고 흉함, 존속하고 망함, 나아가고 물러남, 줄어들고 자라남의 기미에 대해 하나하나 관찰하여 음미하며 탐구하고 연마한다.

다음 『춘추春秋』를 읽어서 성인이 선을 포상하고 악을 징벌하며 중국과 이민족, 왕과 제후를 누르고 치켜세우며 잡고 내버리기 위해 표현한 은미한 말과 심오한 의의*에 대해 하나하나 자세히 연구하여 적확하게 깨닫는다.

다섯 책*과 오경五經을 돌려가며 숙독하고 이해하기를 끊임없이 하여서 의리가 날로 밝아지게 하며, 송의 선현이 저술한 『근사록近思錄』·『주자가례朱子家禮』·『심경心經』·『이정전서二

* 두 임금二帝은 요 임금과 순 임금이며, 세 왕三王은 하를 세운 우왕, 상을 세운 탕왕, 주를 세운 문왕 또는 무왕을 가리킨다. 문왕과 무왕은 부자간으로서 문왕은 주의 기틀을 닦고 무왕이 주를 세웠으므로 흔히 세 왕을 가리킬 때 우왕, 탕왕과 함께 문왕을 들거나 무왕을 든다. 또는 문왕과 무왕을 함께 하나로 취급하기도 한다. 모두 유가에서 내세우는 중국 고대의 이상적인 제왕이다.
* 은미한 말과 심오한 의의는 이른바 『춘추』의 미언대의微言大義 또는 춘추필법春秋筆法을 가리킨다. 공자는 춘추 시대 노魯나라의 연대기年代記인 『춘추』를 편집하여서 역사의 이념과 의미를 평가하였다고 한다. 곧 중국을 중심으로 하고 이민족을 부가附加하며, 왕을 높이고 제후를 낮추어서 천명을 받은 왕을 역사의 중심으로 삼았다고 한다. 아울러 역사적 사건에 대해 용어를 달리하거나 기술 방식을 달리함으로써 나름대로 교묘하게 포상褒賞하거나 폄하貶下하였다고 한다.
* 다섯 책은 『소학』·『대학』·『논어』·『맹자』·『중용』을 말한다.

程全書』·『주자대전朱子大全』·『주자어류朱子語類』 같은 책과 그 밖의 성리학설을 마땅히 틈틈이 정독하여 의리가 중간에 끊어지는 때가 없이 늘 내 마음에 젖어들게 하고, 남은 힘으로 역사책을 읽어서 고금을 통달하고 일의 변화를 깨달아서 식견을 기르며, 이단異端·잡류雜類의 올바르지 않은 글이라면 잠시도 펼쳐 보지 말아야 한다.

독서는 반드시 한 책을 숙독하여 뜻과 취지를 다 알고 꿰뚫어서 의심이 없어진 뒤 다른 책으로 바꾸어 읽어야 한다. 많이 읽고 터득하려고 탐을 내서 이 책 저 책 바쁘게 섭렵해서는 안 된다.

어버이 섬기기

어버이에게는 당연히 효도해야 한다는 것을 모르는 사람은 없으나 효도하는 사람이 매우 드문 까닭은 부모의 은혜를 깊이 알지 못하기 때문이다. 『시경』에 "아버지는 나를 낳으시고 어머니는 나를 기르셨다. 은덕을 갚고자 하나 하늘처럼 끝이 없다."고 이르지 않았는가. 사람의 자식으로서 삶을 받음에 생명과 피와 살은 모두 어버이가 끼쳐 준 것이다. 급하고 느린 숨과 호흡, 기운과 맥박이 서로 통하여 있으니, 이 몸은 내 사사로운 물건이 아니라 바로 어버이가 끼쳐 준 기氣이다. 그러므로 "애달프고 애달프다. 아버님, 어머님! 나를 낳고 기르시

느라 수고로우셨다."고 하였으니 부모의 은혜는 어떠한 것인가. 어찌 감히 몸을 제 것이라 여겨 부모에게 효도를 다하지 않겠는가! 사람이 늘 이러한 마음을 간직할 수 있다면 저절로 어버이를 향한 정성이 생길 것이다.

부모를 섬기는 자는 한 가지 일, 한 가지 행동이라도 감히 제 마음대로 하지 말고 반드시 명을 받은 뒤 행해야 한다. 만약 할 만한 일인데도 부모가 허락하지 않으면 반드시 자세히 말씀드려 승낙을 얻은 뒤 행하고, 만약 끝내 허락하지 않더라도 곧바로 자기 생각대로 해서는 안 된다.

매일 날이 밝기 전에 일어나서 세수하고 머리 빗고 옷을 입고 띠를 띠고서 부모의 침소에 나아가서 숨결을 낮추고 기쁜 소리로 따뜻한지 추운지, 편안하신지 여부를 여쭙고 저녁이면 침소에 나아가서 이부자리를 보아 드리고 따뜻한지 서늘한지 살핀다. 낮에 모실 때에도 늘 부드러운 낯빛과 온순한 얼굴로 공경히 응대하고, 좌우에서 가까이 모실 때 정성을 다하며, 드나들 때 반드시 절을 하고 다녀온다고 아뢰며, 다녀와서는 절을 하고 아뢴다.

지금 많은 사람이 부모의 양육을 받고서도 자기 힘으로 부모를 봉양하지 못한다. 이렇게 세월만 보내다가는 끝내 정성껏 봉양할 때가 없게 된다. 반드시 살림을 몸소 맡아서 스스로 맛있는 음식을 갖춘 뒤라야 자식의 직분을 다하는 것이 된다. 만약 부모가 굳이 따르지 않으시면 비록 살림을 맡지 못하더라도 마땅히 두루 마련하고 보충해서 온 힘을 다 쏟아 맛있는 음식 재료를 구하여서 어버이의 구미에 맞게 해 드려야 한다. 만약 온 마음과 생각이 늘 어버이를 봉양하는 데 있다면 진미珍味도 반드시 얻을 수 있을 것이다. 늘 왕연王延이 한겨울 큰 추위에 자신은 온전한 옷이 없어도 어버이에게는 맛난 음식을 다 해 드렸던 것을* 생각하면 감동의 눈물을 흘리게 된다.

대부분 집안에서 부자간의 사랑이 공경보다 넘치는데 반드시 낡은 버릇을 말끔히 씻어 버리고 존경을 극진히 해야 한다. 부모가 앉고 눕던 자리에 자식이 감히 앉고 눕지 않으며, 손님을 맞던 곳에 자식이 감히 자기 손님을 접대하지 않으며, 말을 타고 내리던 곳에서 자식이 감히 말을 타고 내리지 않아야 한다.

부모의 뜻이 의리에 해롭지 않으면 당연히 미리 받들고 조금도 어겨서는 안 된다. 만약 이치를 해치는 것이면 고른 숨소리와 기쁜 낯빛, 부드러운 소리로 간하되 반복하여 아뢰어서 반드시 듣고 따를 때까지 한다.

* 왕연은 아홉 살에 어머니를 잃고 삼 년 동안 피눈물을 흘렸으며, 계모를 지성껏 모셔 무도한 계모를 감화시켰다고 한다. 위의 일화는 계모 복씨卜氏를 모실 때의 이야기이다. 『진서晉書』「왕연전王延傳」.

부모가 편찮으시면 마음은 우울하고 낯빛은 꺼이니, 다른 일은 버려둔 채 다만 의원에게 묻고 약을 짓는 데 힘쓴다. 병이 나으면 평상시로 돌아간다.

일상생활에서 한순간도 부모를 잊지 않아야 효자라고 부른다. 몸가짐을 삼가지 않고 말을 함부로 하며 놀이로 날을 보내는 저들은 모두 부모를 잊은 자들이다.

세월은 물 흐르듯 하여 어버이를 오래도록 섬길 수 없다. 그러므로 자식 된 자는 모름지기 정성을 다하고 힘을 다하여서 미치지 못할까 두려워하듯이 해야 한다. 옛사람의 시에, "옛사람은 하루 동안의 어버이 봉양을 삼공三公과 바꾸지 않는다.古人一日養, 不以三公換"고 하였다. 이른바 날짜를 아끼는 것*이 이와 같다.

사람 대하기

사람을 대할 때는 마땅히 온화하고 공경하도록 힘써야 한다. 나이가 배나 위면 아버지처럼 섬기고, 10년 위면 형으로 섬기고, 5년 위라도 조금은 공경한다. 학문을 믿고 스스로 높은 체하거나 기운을 숭상하여서 남을 업신여기는 일을 해서는 안 된다.

* 날짜를 아끼는 것은 효자가 하루하루 날짜가 흘러 부모가 늙어서 살아 계실 날짜가 줄어드는 것을 안타까워 한다는 말이다.

벗을 선택할 때는 반드시 배움을 좋아하고 선을 좋아하며, 반듯하고 엄숙하고 곧고 진실한 사람을 얻어서 그와 함께 있으면서 따지고 훈계하는 말을 마음을 비우고 받아들여서 나의 결함을 다스린다. 게으르고 장난을 좋아하며, 남의 비위를 맞추고 아첨하며 정직하지 않은 자를 사귀어서는 안 된다.

마을 사람 가운데 착한 사람이 있으면 반드시 친근하게 지내며 서로 마음을 터놓는다. 마을 사람 가운데 착하지 않은 자라도 나쁜 말로 그의 비루한 행실을 드러내서는 안 되며 다만 범범하게 대하고 서로 왕래하지는 않는다. 만약 지난날 서로 알던 사이라면 만날 때 안부나 묻고 다른 말을 주고받지 않으면 저절로 차츰 버성기되 원망하고 성을 내는 데까지 이르지는 않는다.

같은 소리는 서로 반응하고 같은 기운은 서로 찾는 법이다. 만약 내가 학문에 뜻을 두면 나는 반드시 학문하는 선비를 찾고 학문하는 선비도 반드시 나를 찾을 것이다. 학문을 한다고 내세우면서 뜰에 잡스러운 손님이 들끓고 시끄러이 날을 보내는 자들은 반드시 즐기는 바가 학문에 있지 않기 때문이다.

절하고 읍하는 예를 미리 정할 수는 없다. 대체로 아버지의 친한 벗이면 마땅히 절하고, 동네에서 나이가 15세 위인 사람에게는 마땅히 절하고, 벼슬과 품계가 당상堂上이고 나보다 10년 이상 위인 사람에게는 마땅히 절하고, 고을 사람으로서 나이가 20세 이상인 사람에게는 마땅히 절해야 하나 그 사이에 높이고 낮추는 세세한 곡절은 때에 따라 절도에 맞게 하며 반드시 이 사례에 얽매일 필요는 없다. 다만 늘 나를 낮추고 남을 높이는 생각을 가슴속에 간직해야 한다. 『시경』에 "따듯하고 공손한 사람이여! 덕의 기본이로다.溫溫恭人, 惟德之基"라고 하였다.

나를 헐뜯는 사람이 있으면 반드시 돌이켜 스스로 반성하여 만약 나에게 참으로 헐뜯을 만한 행실이 있었다면 스스로 꾸짖고 마음속으로 시비를 가려서 잘못을 고치기를 꺼리지 않는다. 만약 내 잘못이 매우 작은데도 주워 모으고 덧붙였다면 그의 말은 비록 지나쳤다 하더라도 내게 참으로 비방을 받을 만한 싹이 있었으니 또한 마땅히 지난 허물을 싹둑 잘라서 털끝만큼도 남기지 말아야 한다. 만약 내게 본래 허물이 없는데 헛된 말을 꾸며 냈다면 이는 망령된 사람에 지나지 않을 뿐이니 망령된 사람과 어찌 참과 거짓을 따질 게 있겠는가. 또 그의 헛된 비방은 마치 바람이 귓가를 스치고, 구름이 허공을 지나가는 것과 같으니 나에게 무슨 상관이 있는가. 이렇게 하는데도 헐뜯을 때는 허물이 있으면 고치고 허물이 없으면 더욱 노력하여야 하니, 그렇게 하면 나에게 유익하지 않음이 없다.

만약 허물을 듣고 떠들썩하게 스스로 변명하여 마지않으며 반드시 몸을 허물이 없는 곳에 두려고 하면 그 허물은 더욱 깊어지고 비방을 받는 것은 더욱 심해진다. 예전에 어떤 사람이 비방을 그치게 하는 방법을 묻자 문중자文中子, 왕통 가 "자기 수양보다 좋은 것이 없다."라고 하였고, 더 묻자 "변명하지 않는 것이다."라고 하였다. 이 말은 배우는 사람의 법도가 될 만하다.

선생이나 장자長者를 모시고서는 마땅히 의리에서 깨닫기 어려운 점을 질문하여 배움을 밝히고, 향당鄉黨의 장로長老를 모시고서는 마땅히 조심하고 공손하며 함부로 말하지 않고, 물으면 공경스럽게 사실대로 대답하여야 한다. 벗과 함께 있으면 마땅히 도의道義를 강론하여 연마하고, 다만 문장과 의리만 말할 뿐 세속의 비루한 말과 현실 정치의 잘잘못, 수령의 현명함 여부, 남의 과오는 일절 입에 올려서는 안 된다. 마을 사람과 함께 있으면 비록 물음에 따라 응답하더라도 끝내 비루한 말을 해서는 안 된다. 비록 스스로 장중한 몸가짐을 지니더라도 절대 뽐내고 잘난 체하는 기색을 지녀서는 안 된다. 오직 착한 말로 달래고 반드시 이끌어서 배움을 향하도록 해야 한다. 어린이와 함께 있으면 차근차근 효도·공경·충직·신실을 말하여서 착한 마음을 일으키도록 해야 한다. 이와 같이 하여 마지않으면 고을의 풍속이 점점 변화할 수 있다.

늘 온화하고 공손하며 자애로움으로써 남에게 혜택을 베풀고 사람을 구제하기로 마음먹고, 만약 남을 침해하고 사람들에게 손해를 끼치는 일이라면 털끝만큼도 마음 구석에 두어서는 안 된다. 사람이 자기에게 이롭게 하려고 하면 반드시 남을 침해하기 마련이다. 그러므로 배우는 사람은 먼저 이익을 추구하는 마음을 끊은 뒤라야 인仁을 배울 수 있다.

시골에 사는 선비는 공무나 의례상 면회를 하거나 어쩔 수 없는 일이 아니면 관부官府에 드나들어서는 안 된다. 수령이 비록 가까운 친척이라 하더라도 자주 가서 보아서는 안 되는데 하물며 친척도 벗도 아님에랴! 의리에 어긋나는 청탁이라면 마땅히 일절 하지 말아야 한다.

처세

옛날 배우는 사람은 벼슬을 구한 적이 없고 학문이 성취되면 윗사람이 들어서 썼다. 대체로 벼슬이란 남을 위해 하는 것이지 자기를 위해 하는 것이 아니다. 지금 세상은 그렇지 않아서 과거로 사람을 뽑으니 비록 하늘에 통하는 학식과 남달리 뛰어난 행실이 있다 하더라도 과거가 아니면 도를 행하는 지위에 나아갈 길이 없다. 그러므로 아비가 자식을 가르치고 형이 아우에게 권하는 것으로 과거밖에 달리 다른 방법이 없다. 선비의 습속이 구차해진 것은 주로 이 때문이다. 다만 지금 선비 된 자는 대부분 부모의 희망과 문호門戶를 위한 계책 때문에 과거 공부를 면하지 못한다 하더라도 마땅히 자기 기량을 가다듬어 때를 기다리며, 합격과 불합격은 천명에 맡겨야 한다. 탐내고 조급하게 열중하여 뜻을 잃어버려서는 안 된다.

사람들이 "과거 공부에 얽매여 학문을 할 수 없다."고 하는데 이는 또한 핑계를 대는 말이지 성실한 마음에서 나온 말은 아니다. 옛날에는 어버이를 봉양하려고 몸소 농사를 지은 사람, 품팔이를 한 사람, 쌀을 지고 다닌 사람이 있었다. 농사를 짓고, 품을 팔고, 쌀을 등에 지고 다니던 시절에는 그 노고가 심하였을 터이니 어느 겨를에 글을 읽었겠는가. 오직 어버이를 위하여 기꺼이 힘쓰며 자식의 직분을 닦고 나서 남은 힘으로 글을 배워도 덕으로 나아갈 수 있었는데, 오늘날 선비 된 자는 옛사람같이 어버이를 위하여 기꺼이 힘쓰는 자를 볼 수 없다.

다만 과거 공부 한 가지는 어버이의 정으로 바라는 것이어서 지금으로서는 벗어나지 못하고 공부해야 한다면 과거 공부가 비록 이학理學*과는 같지 않으나 또한 앉아서 글을 읽고 글을 짓는 일이니 농사를 짓고, 품을 팔고, 쌀을 등에 지기보다는 백배나 편할 뿐이 아니다. 하물며 남은 힘이 있으면 성리性理에 관한 서적을 읽을 수도 있음에랴!

* 이학은 성리학을 말한다. 과거를 보아 벼슬을 하고 출세하기 위한 학문이 아니라 인격을 완성하기 위한 진정한 학문을 말한다.

다만 과거 공부를 하는 사람은 으레 합격과 불합격에 마음이 동요되어 늘 조급하게 다투므로 도리어 힘을 쓰는 일이 마음 씀씀이를 해치지 않음만 못하다. 그러므로 선현이 "공부에 방해되는 것은 걱정되지 않는다. 오직 뜻을 빼앗기는 것이 걱정이다."라고 하였다. 만약 과거 공부를 하면서도 마음을 지킬 수 있다면 과거 공부와 이학이 병행하여 서로 어긋나지 않을 것이다.

지금 사람은 과거 공부를 한다고 내세우면서 실상은 힘을 쏟지 않고, 이학을 한다고 내세우면서 실상은 손을 쓰지 않는다. 만약 과거 공부를 하라고 하면 "나는 이학에 뜻을 두어서 이것에는 마음이 내키지 않는다."고 하고, 이학을 하라고 하면 "나는 과거 공부에 얽매여 참된 학문에 힘을 쏟을 수 없다."고 한다. 이와 같이 두 가지 편리한 바탕을 차지하고서 느긋하게 나날을 보내다 마침내 과거 공부와 이학 두 가지 모두 성취하는 바가 없는 지경에 이르니 늙고 나서 비록 뉘우치더라도 어찌 돌이키랴! 아! 경계하지 않을 수 있겠는가.

사람이 아직 벼슬하지 않았을 때는 오직 벼슬에만 급급하고 벼슬을 한 뒤에는 또 잃을까 걱정한다. 이와 같이 골몰하여 본심을 잃은 사람이 많으니 어찌 두렵지 않으랴. 지위가 높은 자는 도를 행하는 것을 위주로 하되 도를 행할 수 없으면 물러나야 한다. 만약 집안이 가난하여 녹사祿仕, 낮은 직책를 하지 않을 수 없다면 모름지기 중앙 관직을 사양하고 지방 관직에 나아가며, 높은 지위를 사양하고 낮은 지위에 있으면서 굶주림과 추위를 면할 뿐이다. 비록 녹사라 하더라도 마땅히 청렴하고 부지런하게 공무를 받들어서 직무를 다해야지 직분을 팽개치고 녹만 먹어서는 안 된다.

『격몽요결』은 처음 공부하는 사람을 올바른 방향으로 이끌어 가기 위한 중요한 지침을 요약한 글이라는 뜻이다. 구성은 서문과 본문 10개 장으로 되어 있다. 본문은 1장 입지立志에서부터 10장 처세處世까지 한 사람이 배워야 할 학문과 지켜야 할 일상생활의 예법, 닦아야 할 행실의 기본 내용을 잘 망라하였으며, 처음 배우는 사람의 공부 순서를 체계적으로 구성하였다.

특히 뜻을 세움을 배움의 출발로 삼고 성인이 되기를 배움의 목표로 삼아야 한다는 사상은 송대 신유학이 성취한 바, 배워서 성인이 될 수 있다는 사상을 현실화하였다는 점에서 중요한 의미를 갖는다.

내용이 간결하며 서술이 조리 있고, 당시 사회에서 꼭 필요한 실천 덕목을 수록하여서 이후 초학자의 학습 교재로 널리 이용되었다. 이이의 학맥에서 예학禮學이 발달하였다는 점을 고려하면 따로 예에 관한 독립 저술이 없는 이이의 예학 사상의 단편을 『격몽요결』에서 찾아볼 수 있다.

정사의 학도에게 보이는 글
示精舍學徒

도道는 떠날 수 없는 것이다. 배우는 사람이 날마다 공부를 하되 마음이 늘 도에 있다면 오래 쌓이게 되어 반드시 뚜렷한 효과가 있어서 다만 심지心志가 안에서 안정될 뿐만 아니라 용모와 말씨도 이전과 달라질 것이다.

이제 여러분과 서로 이별한 지 여러 해가 되었는데, 오늘 서로 만나보니 오히려 예전 사람 그대로이니* 이 도에 실제로 착수하지 않아서 그런 것이 아니겠는가. 이와 같이 느긋하게 그럭저럭 세월만 보내면서 대단한 죄과罪過나 짓지 않는 것만 능사로 여긴다면 결국 쇠퇴하여서 비록 한 고을의 착한 사람이 되고자 하더라도 역시 될 수 없다.

도에 들어가는 기본은 뜻을 원대하게 세우고 독실하게 마음을 간직하는 데 있다. 이 일은 스승과 벗의 힘을 입을 것이 아니라 다만 스스로 힘쓰는 데 있으니, 스승과 벗의 힘은 다

* 예전 사람 그대로란 말은 서로 헤어진 뒤로 전혀 진보하지 않았다는 뜻이다. 선비는 서로 헤어진 지 사흘이면 진보한 정도가 놀라워서 눈을 비비고 봐야 한다는 말이 있다.

만 경계하고 채찍질하며 강론할 수 있을 뿐이다. 뜻이 크지 않고 마음이 독실하지 않으면 비록 날마다 경책警策을 듣고 날마다 강론을 익숙하게 하더라도 다만 말일 뿐 몸과 마음, 본성과 감정性情에 무슨 관계가 있겠는가.

대체로 도란 아득히 깊고 먼 것이 아니라 다만 일상생활에 있는 것이니 집에 들어가면 효도하고 밖에 나가면 공경하며, 거처할 때는 공손하고 일할 때는 경건하며, 남을 대할 때는 충직하고 이득을 보면 의리를 생각하는 이런 일일 뿐이다. 다만 의리에 밝지 않으면 시비를 깨닫기 어렵다. 그러므로 독서하고 강론하는 것은 의리를 밝히고자 하는 일이지만 이 마음이 안정되지 않으면 의리를 알기 어렵다. 그러므로 주정主靜, 덕성 함양의 방법으로서 고요함을 주로 삼음을 근본으로 삼으니, 일이 없을 때 고요히 앉아서 마음을 맑게 하는 것은 덕성을 높이는尊德性* 일이고, 일이 있을 때 시비를 강론하여 밝히는 것은 묻고 배우는 길을 밟는道問學* 일이다. 이 두 가지는 평생 동안 일삼고 노력해야 할 것이니 한 가지라도 빠뜨려서는 안 된다.

참으로 뜻을 크게 하고 마음을 독실하게 하여서 옳은 것을 찾아서 행한다면 종일 말하고 행동하는 일이 모두 이 도리여

* 존덕성과 도문학은 『중용』 제27장에 나오는 말이다. 이에 대해 주희는 "덕성을 높이는 일은 마음을 간직하는 방법으로써 도체道體의 큰 것을 끝까지 추구하는 일이다. 묻고 배우는 길을 밟는 일은 앎에 이르는 방법으로써 도체의 미세한 것을 다하는 일이다."라고 풀이하였다.

서 비록 과거 공부를 하더라도 또한 물을 긷고 땔나무를 하는 것과 같이 오묘한 작용이 되나, 만약 이 참마음이 없다면 종일 말하고 행동하는 일이 모두 곧 속된 일일 터이니 오래되면 어찌 저속한 사람이 되지 않겠는가. 명색이 학자로서 저속한 사람과 다름이 없으면 안으로는 식자의 놀림을 받고 밖으로는 지역 사회의 비방을 초래하게 될 터이니 이는 사소한 일이 아니다.

뜻을 세우고 마음을 간직함은 비록 다른 사람을 쳐다보며 성취되기를 바라서는 안 되나 또한 벗들이 서로 돕는 힘으로麗澤之功* 점점 아름다운 경지로 들어가는 법이니, 정사精舍를 설치함은 구차한 일이 아니라 오로지 한마음으로 배우고 익혀서 서로 인仁을 돕는 결실을 보고자 함이다.

바라건대, 여러분은 비록 늘 모일 수는 없다 하더라도 매월 초하루에는 반드시 모여서 대엿새 동안 아무 책을 통독한 뒤 의리를 실제로 강론하여서 이 실제 학문을 잊어버리지 마라. 이와 같이 공부를 쌓고 익숙하게 익힘으로써 인을 실천하는 수단으로 삼아 선을 행하는 것이 가장 즐거운 경지에 이르기를 한없이 빌고 비는 바이다.

옛사람도 스승은 용렬한데 제자는 우수한 예가 많았다. 거

* 『주역』 태괘兌卦 「상전象傳」에 "위아래로 이어져 있는 못麗澤이 태괘의 모습이다. 군자는 이를 본받아 벗과 함께 강론하고 익힌다."고 하였다.

듭 바라건대, 여러분이 세상일에 골몰하느라 적게 진보하고 많이 퇴보하는 이 못난 사람을 준거로 삼아 쉽게 향학向學의 정성을 늦추지 않으면 다행하고 다행하겠다.

은병정사隱屛精舍에 기숙하는 학생들에게 도에 뜻을 두고 원대한 뜻과 독실한 마음으로 도를 추구할 것을 당부하는 글이다. 도를 추구함은 스승이나 벗들에게 힘입을 일이 아니라 혼자 힘으로 추구해야 하는 일이지만 또한 벗들이 서로 도와 공을 이루는 것도 필요하다고 하였다. 그러므로 늘 모이지는 못한다 하더라도 매달 한 차례씩은 모여서 함께 글을 읽으라고 당부하고 격려한다.

이이는 마흔세 살 되던 1578년선조 11에 주희의 무이구곡武夷九曲을 모방하여 황해도 해주 고산의 석담石潭에 고산구곡高山九曲을 명명하였다. 또한 석담의 바위 봉우리 사이에 정사를 짓고 무이의 대은병大隱屛 밑에 무이정사가 있는 것을 본떠서 은병정사라고 하였다.

배 안에서 남산을 돌아보고 허전하여 짓다

舟中回望南山悵然有作

세상 미련 많다는 비아냥 감수하노니 屑屑之譏我所甘
본래 산중에서 늙고 싶지는 않았다네 素心非欲老雲巖
배 떠남에 멀어지는 남산 차마 못 보아 舟行不忍南山遠
사공더러 돛을 올리지 말라 하네 爲報篙師莫擧帆

마흔한 살 되던 해, 이이는 은퇴하고 율곡으로 돌아갔다가 이듬해 해주 석담에 들어가 거주하였다. 그러다가 같은 해에 대사간에 임명되어 올라와 사은謝恩하고 돌아가면서 이 시를 지었다. 당시 동서붕당東西朋黨이 격화하자 이이는 중간에서 중재하려고 노력하였으나 양쪽 모두로부터 오해를 받고 실패하였다. 이에 이이는 실의에 빠져서 정철에게 화해를 부탁하고 율곡으로 돌아갔다.

이 시는 배를 타면서 지은 듯한데, 배가 떠나자 멀어지는 남산을 차마 볼 수 없어 사공에게 돛을 올리지 말라고 부탁한다는 구절은 임금이 계시는 대궐과 멀어지는 안타까운 심정을 표현하였다.

눈 속에 소를 타고 성혼을 찾아가다
雪中騎牛訪浩原敍別

한 해는 저물고 산은 온통 눈으로 덮였는데　歲云暮矣雪滿山
울창한 숲 사이로 가느다란 갈림길　野逕細分喬林間
소를 타고 어깨를 움츠린 채 어디로 가나　騎牛聳肩向何之
우계 가에 좋은 사람이 그리워서　我懷美人牛溪灣
느지막이 사립문 두드려 맑은 모습을 뵈니　柴扉晩扣揖淸臞
작은 방에 칡옷 입고 방석에 기댔네　小室擁褐依蒲團
고요한 긴긴 밤 잠 못 이루고 앉았으니　寥寥永夜坐無寐
벽 가운데 깜박이는 등불 그림자만 일렁인다　半壁靑熒燈影殘
반평생 이별도 많았어라　因悲半生別離足
수많은 산 험한 길을 다시금 생각한다　更念千山行路難
이야기 끝에 뒤치락거리다 새벽닭이 울어　談餘輾轉曉鷄鳴
눈을 들어 보니 온 창문엔 달빛만 차갑네　擧目滿窓霜月寒

성혼은 이이의 평생지기이자 도우道友였다. 호원浩原은 성혼의 자이다. 이이는 그와 인심도심人心道心 논쟁을 벌여 조선 성리학을 더욱 발전시켰다. 성혼은 인간의 욕망이 들어 있는 인심과 순수한 도심을 각각 분리하여 보았고, 이이는 인심과 도심이 상대적으로 존재하는 것이 아니라 어떤 마음에서 시작하여 어떻게 귀결되는가에 주목하여 인심에서 나와서 도심으로 될 수도 있고 도심에서 나왔으나 인심으로 될 수도 있다고 하여 인심과 도심은 서로 시작도 되고 끝도 된다는 이론을 주장하였다.

두 사람은 서로 다른 학설을 주장하였지만 이런 논쟁을 통해 서로 사상과 학문을 발전시켰고 돈독한 우정을 나누었다.

교통과 통신이 발달하지 않은 시절이라 그리운 사람이라도 자주 만나기 어려웠다. 그리하여 한 해가 저물 무렵에야 겨우 짬을 내어 소를 타고 눈 속을 헤치고 은거하여 마음을 고요히 기르는 그리운 벗을 찾아간다. 오랜만에 만났으니 어찌 쉬 잠을 이루랴! 두런두런 쌓인 회포를 풀고 서로 헤어져 있는 동안 갈고닦은 학문의 진보를 가늠해 보고 염량세태炎凉世態의 세상사를 안주 삼아 씹기도 하고 세상과 시대를 근심 걱정 하노라니 어느덧 긴긴 겨울밤도 짧기만 하다.

이 시에서도 성혼에 대한 이이의 존경과 우정이 흠씬 묻어난다.

도봉서원 기문
道峯書院記

서원을 세우는 까닭은 본래 오로지 한마음으로 공부하고 아울러 선현의 덕을 높이고 공을 보답하는 전례를 일으키기 위해서이다. 그러므로 반드시 그 지역의 선생鄕先生 가운데 후학의 모범이 될 만한 이를 찾아 사우祠宇를 세우고 공경을 다하여서 현인 되기를 바라는 많은 선비의 뜻을 흥기시키는 것이다.

정암靜菴 선생 조 문정공趙文正公은 한산漢山 사람*이다. 한산은 본래 양주楊州 지역이었으나 지금은 도성都城이 되었다. 양주 소재지 남쪽 30리에 도봉산道峯山이라는 산이 있고 영국동寧國洞이라는 골짜기가 있다. 옛날에는 영국사寧國寺가 있었는데 절은 없어졌으나 골짜기는 그 이름을 그대로 지니고 있다. 선생이 소싯적에 이 골짜기의 시내와 바위를 무척 좋아하여 오가며 머물러 쉬었고, 조정에 들어갔을 때도 공무가 끝나는 틈을 타 그곳에 찾아가 노닐었다. 지금도 시골 노인 중

* 한산 사람이라 함은 한산 태생이 아니라 본관本貫이 한양漢陽인 사람이라는 말이다. 조광조는 한양 조씨이다.

에는 이 일을 이야기하는 이가 있다.

1573년 선조 6 겨울에 목사牧使 남언경南彦經이 그 골짜기를 찾아가서 선생의 남은 자취를 보고 감격하여 지역 선비鄕士를 찾아서 공경하고 흠모할 장소를 만들려고 의논하여 사람들의 뜻이 합치하였다. 그래서 바로 절터에 사우를 건립하고 이어서 서원을 설계하니 지역 사람들이 나서고 장인들이 부지런히 힘써서 이듬해 여름에 이르러 사우와 서원이 완공되었다.

사우는 북쪽에 있는데 동재東齋와 서재西齋로 보조 건물을 삼았다. 서원은 남쪽에 있는데 가운데에 강당講堂을 설치하고 두 협실夾室로 날개를 삼았으며, 전랑前廊은 시내를 내려다보고 있고 낭사廊舍 옆에는 문이 있다. 지형을 따른 것이다.

목수의 공역工役만 대강 완공되었을 뿐 나머지 온갖 일이 마무리되지 않았는데 남 목사는 병으로 벼슬을 그만두었고 이 고을에 후임으로 온 목사 이제민李齊閔과 이정엄李廷馣이 차례로 사업을 잘 이어서 흐지부지 되지 않게 하였다. 이에 선비에게 공급하는 식량을 마련할 수단과 장서실과 제물祭物을 차릴 주방이 차례로 마무리되었다. 6년째 되는 1579년 선조 12 봄에 비로소 일손을 뗄 수 있었다. 낙성落成하게 되어서 서원의 유생 안창安昶이 많은 선비의 청을 들어 나에게 기문記文을 청하여 왔다.

내가 가만히 생각건대, 지금 문형文衡의 대가가 한둘에 그치지 않는데 반드시 바닷가의 마르고 병든 사람의 붓을 빌려 유림儒林의 성대한 행사를 그려 내려고 하니 그 뜻이 어디에 있는가. 어쩌면 선생이 끼치신 은택을 받고 내가 이 학문의 찌꺼기라도 거칠게나마 들었다고 잘못 생각한 것이나 아닐까. 너무나 부끄러워서 감히 감당하지 못하겠다.

영국동의 골짜기는 바위가 깨끗하고 물이 맑아서 뛰어난 경치를 이루었고, 현인의 사우와 유교의 서원이 일시에 새로 갖추어져서 많은 유생이 모여든 지 몇 해가 되었다. 그렇지만 나는 한 번도 가 보지 못하였고 병이 있어 곁에라도 참여할 수 없어 스스로 한이 되었더니, 다만 이름만이라도 그 사이에 끼이게 되는 것을 지극한 영광으로 여긴다. 그러므로 주제넘고 망령됨을 잊고서 한마디 말을 덧붙인다.

우리나라가 평소 문헌文獻의 나라로 일컬어지고 있기는 하나 고려王氏 이전에는 이른바 학문이라는 것이 미사여구美辭麗句를 조탁하고 꾸며서 솜씨를 겨루고 화려함을 다투는 데 지나지 않았을 뿐 성리性理에 관한 담론은 전혀 들을 수 없었다. 말엽에 정포은鄭圃隱, 정몽주이 비로소 이학理學의 시조라고 불렸으나 학설과 이론, 풍격과 취지는 상세히 알 수 없고, 후세 사람으로서는 다만 500년 왕조의 퇴폐하고 허물어진 강상綱常을 한 몸으로 떠받쳤음을 알 뿐이다. 조선의 학문 풍조는 학자들이 모여드는聚奎 운수를 이었으나* 자기 인격 수양을 위한爲己 학문으로 세상에 이름난 이는 또한 아직 배출되지 않았다.

오직 우리 정암 선생만이 그 단서를 한훤당寒暄堂 문경공文敬公, 김굉필에게서 얻어 독실하게 행하고 더욱 힘을 써서 스스로 더 깊이 터득하였으며, 몸가짐은 반드시 성인이 되고자 하였고 조정에 서서는 반드시 도를 행하고자 하였다. 정성스럽게 힘써 임금의 마음을 바로잡고, 왕정王政을 개진하고, 의義의 길을 열고, 이욕의 근원을 막는 일을 급선무로 삼았다. 이런 일을 앞장서서 이끈 지 얼마 되지 않아 선비의 기풍이 크게 변하였는데 하늘이 이 나라를 돕지 아니하여 음험하고 사특한 일이 비록 당시에 일어나기는 하였지만, 그 영향은 오래 가지 못하는 법이라 오늘날 바야흐로 밝은 빛이 비쳤다.

후세의 선비 된 자가 어버이는 버려두어서는 안 되며, 임금은 뒤로 미루어서는 안 되며, 의리는 버려서는 안 되며, 이익은 추구해서는 안 된다는 것과 제사에는 마땅히 경건하기를 생각하고, 상喪에는 마땅히 지극히 슬퍼할 줄 알게 된 것이 모두 우리 선생의 가르침 덕분이다. 만일 공적을 논하고 덕을

* 취규聚奎에서 규는 규성奎星을 뜻한다. 규성은 28수 가운데 하나로, 북두칠성 가운데 국자 모양에 해당하는 네 별을 가리킨다. 고대에는 이 별이 문장을 담당한다고 여겼다.

보답하려 할진대 어찌 끝이 있겠는가. 남 목사가 그러한 사실을 환히 알고 이 아름다운 일을 시작한 것은 매우 높일 만한 일이다.

나는 이로 인하여 남몰래 느끼는 바가 있다. 선생이 평소 남을 가르친 내용은 다만 자기 인격 수양에 힘쓰는 것일 뿐이었고, 당시 유행하는 글을 익혀서 녹봉과 벼슬자리를 구하는 데는 본디 덤덤하였다. 이 서원에 기거하는 후학이 참으로 세속의 풍습을 버리고 한결같이 거경居敬·궁리窮理·역행力行을 깊은 경지로 나아가는 과정으로 삼아서 서로 관찰하여 착하게 되고 서로 꾸짖어 고쳐서 학문의 깊은 경지에 날로 나아간다면 선생의 은혜를 보답할 수 있다고 하겠으니, 묘정廟庭을 우러러보고 참배함에 부끄러움이 없을 것이다. 이와 같다면 선생의 도가 비록 전에는 막혔으나 나중에 와서는 실현된 것이니 어찌 우리 학문斯文에 큰 다행이 아니겠는가.

만일 뜻을 독실하게 세우지 못하고 옛 습관이 도져서 붓을 쥐고 글이나 지어 오로지 과거에 급제하기를 바라고, 배고프면 먹고 배부르면 놀이나 하면서 짧은 시간이라고 아까워하지 않고 버린다면 선생을 크게 저버리는 일이다. 무슨 면목으로 사당 문을 들어갈 수 있으랴! 이와 같다면 선생의 도는 이미 옛날에 궁하였고 또 오늘날에는 폐기되었을 것이니 어찌 가슴이 아프지 않겠는가. 아! 후생後生은 이를 생각해야 한다.

서원의 규약은 여러 학생이 부제학 초당草堂 허엽許曄 공에게 아뢰어서 정하였다. 이 공사에 우리 학문의 선후배가 함께 비용을 도왔는데, 허 공이 실로 주장하였다. 그 밖에 우참찬 백인걸白仁傑 공과 이조 참판 박소립朴素立 공과 같은 사람의 공적 또한 다른 사람들보다 두드러졌다.

도봉서원은 1573년 선조 6에 세운, 조광조를 모신 서원이다. 1696년 숙종 22에 송시열을 추가 배향하였다. 이 기문記文은 조광조를 모신 도봉서원을 세운 전말과 조광조에 대한 추모, 도봉서원을 세우기까지 애쓴 사람들의 노고를 치하하는 내용을 서술하였다. 또한 서원에서 강학을 하는 학생들에게 선현의 뜻을 받들어 학문에 힘쓰기를 당부하고 있다.

구용첩 발문
九容帖跋

하늘이 뭇 백성을 낳으셨으니 사물이 있음에 법칙이 있다. 사물은 있는데 법칙이 없으면 사물은 사물이 아니다. 『예기』 「옥조玉藻」의 '구용九容'*은 한 몸의 법칙이다. 발은 무겁지 않으면 발이 아니고 손은 공손하지 않으면 손이 아니다. 머리부터 눈·입·코·말·얼굴빛에 이르기까지 모두 그렇지 않은 것이 없다. 만약 그 법칙을 잃어버리면 비록 그 사물이 있다 하더라도 실상은 귀가 먹고 눈이 먼 것이나 팔다리와 몸이 부러지고 손상된 것과 다름이 없다. 반드시 저마다 그 법칙을 따른 뒤에야 천형踐形*의 경지에 이를 수 있다.

오늘날 사람이 한 치 살갗도 아까워하여서 손가락 하나가 펴지지 않아도 반드시 깊이 근심하고 속으로 아파하여서 반드시 펴고 난 뒤에 그만두지만 바로 한 몸의 법칙에 대해서는

* 구용은 아홉 가지 몸가짐에 관한 가르침이다. 241~242쪽 참조.
* 천형은 타고난 본질을 실현한다는 뜻이다. 사람의 형체와 기질은 타고나는 것인데 보통 사람은 자기가 타고난 형체와 기질을 다 발휘하여 사람으로서 주어진 이치를 성취하지 못하며 오직 성인만 타고난 형체와 기질을 발휘하여 사람으로서 주어진 이치를 성취할 수 있다는 말이다. 『맹자』 「진심盡心·상」.

깊이 이해하지 않은 채 눈멀고 귀먹고 부러지고 손상된 채로 내맡겨 두고서 아무도 근심하지 않는다. 아! 슬퍼할 일이다.

내 벗 정계함鄭季涵, 정철이 청송聽松, 성수침 선생이 쓰신 구용첩九容帖을 얻어서 병풍에 걸어 놓고 아침저녁으로 완상玩賞하였는데 나에게 발문을 청하니 그 또한 법칙을 따르는 방법을 반성한 것인가. 참으로 구용을 일삼아서 털끝만큼도 어긋남이 없다면 잘 길들여서 행동거지가 예禮에 맞는 경지에 이르게 하는 것도 어렵지 않을 것이다. 먼저 힘써야 할 것을 안다고 할 수 있으니 가상하다 할 만하다.

다만 계함이 때때로 술에 형편없이 취함을 면하지 못하는 점을 생각하면 흐리멍덩하게 취하고 홀연히 술에서 깰 때 혹 아홉 가지 용모가 그 법칙을 잃는 일은 없는지 계함은 현명하니 오히려 알 수 있을 것이다.

정철을 위하여 쓴 발문이다. 구용첩은 성혼의 아버지 성수침이 『예기』「옥조」에 나오는 아홉 가지 단정한 몸가짐에 관한 글을 첩자帖子로 써서 정철에게 준 것인데 정철이 이 첩자를 위하여 이이에게 발문을 요청하였다. 이이는 이 글에서 특히 자주 술에 취하여 실수하는 정철의 단점을 경계하고 있다.

정암 조광조 선생의 묘지명
靜菴趙先生墓誌銘

1519년중종 14 겨울 12월 20일에 정암 선생 조 공이 능성綾城 유배지에서 돌아가셨다. 이듬해 용인龍仁 심곡리深谷里에 반장返葬하였으니, 선영先塋에 모신 것이다. 1557년명종 12 8월 24일에 서쪽 수백 보 되는 곳에 이장하였고 부인 이씨를 합장하였다.

1580년선조 13에 태학太學, 성균관의 학생들이 한입으로 소리 높여 "오직 선생의 은택이 끊어지지 않아서 선비가 오늘에도 은택을 받고 있다. 덕을 높이고 공에 보답하려면 마땅히 극히 성대한 전례典禮로 받들어야 할 터인데 지금 이 신도神道에는 비석이 없고 유당幽堂, 분묘에는 묘지墓誌가 없으니 공적을 밝고 경건하게 드높여서 무궁토록 빛나게 할 방법이 없다."고 하였다.

이에 서로 재물을 모아 일을 시작하여 장인을 모집하고 돌을 다듬었다. 조정의 신하로는 위로 의정부의 재상으로부터 아래로 처음 벼슬한 이에 이르기까지 그리고 외진 시골 선비들도 선생의 풍모를 들은 사람은 모두 다투어 서로 도와서 힘들이지 않고도 일을 마치게 되었다.

묘지명을 덕수德水 이이李珥에게 청하였다. 나는 감당할 만한 인물이 아니라고 사양하였으나 피할 수 없었다. 우러러 생각건대, 선생의 도덕과 사업은 역사에 밝게 실려 있으며 퇴계 선생이 행장行狀을 지었고 소재穌齋 노 상공盧相公, 노수신이 비명碑銘을 지었으니 어찌 군더더기를 덧붙일 말이 더 있겠는가. 그렇지만 이미 짓겠다고 응낙하였으므로 말을 하지 않을 수 없다. 이에 세계世系, 이력, 자질, 학문과 행실, 펼친 일과 자손에 대해 대략 서술하고 아울러 선악·화복·천명의 비태否泰*를 논하고, 이어서 명銘을 붙인다. 다음과 같이 서술한다.

아! 선생의 이름諱은 광조光祖이며 자는 효직孝直이다. 정암靜菴은 스스로 붙인 호이다. 조씨趙氏는 한양을 본관으로 하는 이름난 성씨이다. 고려 때 총관摠管 양기良琪는 군사상의 공적으로 원元의 조정에서 금포錦袍와 옥대玉帶를 하사받았는데 이분이 선생의 7대조이다. 총관의 증손 휘 온溫은 우리 태조를 도와서 개국 공신으로 훈공이 기록되고 한천부원군漢川府院君에 봉해졌다. 시호는 양절良節이다. 선생에게

* 비와 태는 원래 『주역』의 두 괘 이름이다. 비괘는 위 괘가 건乾, 하늘을 상징, 아래 괘가 곤坤, 땅을 상징 으로 되어 있는데, 하늘은 위로, 땅은 아래로 향하여 서로 교섭이 일어나지 않음을 상징한다. 그래서 비괘는 소통하지 않음을 나타낸다. 비괘의 뜻은 막힘이다. 태괘는 이와 반대로 되어 있어서 하늘과 땅 사이에 교섭이 일어나 소통이 이루어진다. 태괘의 뜻은 통함이다.

는 고조가 된다. 양절공은 이조 참판에 추증된 의영고 사義盈庫使 휘 육育을 낳았다. 참판공은 이조 판서에 추증된 성균관 사예 휘 충손衷孫을 낳았다. 판서공은, 벼슬이 사헌부 감찰에 이르고 이조 참판에 추증된 휘 원강元綱을 낳았다. 이분이 선생의 아버지이시다. 어머니는 여흥 민씨驪興閔氏이며 현감 의誼의 딸이다. 1482년성종 13 8월 10일에 선생을 낳았다.

아! 선생은 열아홉 살에 아버지를 여의었다. 1510년중종 5에 진사시에서 장원을 하였고 이듬해에 어머니상을 당하였다. 1515년에 효렴孝廉으로 천거되어 조지서 사지에 제수되었다. 이해 가을에 중묘中廟, 중종가 선성先聖, 공자께 배알하고 선비를 시험하였는데 선생이 그 과거에 응시하여 을과 제1인자로 뽑혀서 성균관 전적에 제수되었고, 곧 사헌부 감찰·사간원 정언으로 옮겼다.

1516년에 호조·예조·공조 세 조의 좌랑을 거쳐서 홍문관에 선발되어 부수찬이 되었다가 수찬으로 승진하였다. 1517년에 부교리로 사가독서賜暇讀書를 하였고, 자품資品을 건너뛰어 응교에 제수되었다가 전한, 직제학으로 승진하였다. 1518년에 통정대부로 품계가 오르고 부제학에 제수되었다가 승정원 동부승지로 옮겼다.

선생이 임금의 덕을 기르는 데 적임이라 하여 선생을 다시 옥당玉堂, 홍문관의 수장首長으로 삼았다. 얼마 뒤 가선대부로 품계가 오르고 동지성균관사를 겸하였으며 곧 사헌부 대사헌으로 옮겨서 성균관을 예겸例兼하였다. 1519년 중종 14 봄에 부제학에 제수되었고, 여름에 다시 대사헌에 제수되었다.

겨울에 밀고자의 말에 따라 의금부에 하옥되어서 사태가 매우 위태하였다. 영의정 정광필鄭光弼 공이 힘껏 구출하여 차율次律, 사형 다음가는 형벌이 적용되어 귀양을 갔다. 마침내 자진自盡하라는 어명이 내렸다. 나이 서른여덟 살이었다.

아! 선생은 타고난 성품이 남달리 뛰어나고 용모가 옥과 같이 윤이 나고 금과 같이 정결하였다. 모습은 맑고 수려하여서 난초같이 윤택하고 달같이 환하였다. 용모와 행동거지는 볼만하여 봉황의 거동과 난새의 날갯짓 같았다. 효성스럽고 우애가 있었으며, 충직하고 곧았으며, 영특하고 지혜로웠으며, 꿋꿋하고 과단성이 있었다.

어려서부터 장난을 좋아하지 않아 이미 어른다운 모습과 범절을 갖추고 있었다. 강개한 큰 뜻이 있어서 성현을 흠모하여 반드시 먼 자취를 따르려 하였다. 세속에서 가치를 두는 일은 비록 천사千駟* · 만종萬鍾이라도 조금도 개의치 않았다. 착한 일을 좋아하고 악한 일을 미워하여서 남의 잘못을 보면 자기가 더럽혀지기라도 하는 듯이 여겼다.

* 사駟는 네 마리를 한 묶음으로 하여 말을 세는 단위이다. 천사는 말 4천 마리이다.

아! 선생이 소년 시절에 아버지 참판공이 어천 찰방魚川察訪이 되었는데, 한훤寒暄 선생 김 문경공金文敬公, 김굉필이 연산군의 견책을 받아 이웃 고을 희천熙川에 귀양을 와 있었다. 선생은 평소 문경공의 학문에 연원이 있다는 소문을 듣고 있던 차에 아버지의 권유로 가서 수업하였다. 이때 스승의 도가 폐기된 지 오래되었으므로 많은 사람이 손가락질하며 비웃었으나 선생은 전혀 아랑곳하지 않았고, 비로소 학문의 큰 도리를 들었다. 이로부터 더욱 스스로 각고면려하여 과정을 엄격하게 따르고 『소학』, 『근사록』, 사서, 육경을 독실하게 믿었다.

평소에는 아침 일찍부터 밤늦게까지 매무새를 가다듬고 팔짱을 높이 끼고 꿇어앉았으며 엄격하게 재계하고 삼갔다. 위엄 있는 몸가짐이 절도에 맞았고, 나아가고 물러남에 모습이 단아하였다.

일찍이 천마산과 용문산, 두 산에 들어가 학문을 강론하고 익히는 틈틈이 엄숙히 사색하여 마치 하늘을 대하듯 하였다. 어떤 때는 해가 기울도록 꼿꼿이 앉아서 깊이 묵상을 하고 밤중에야 잠자리에 들었으며 5경更, 새벽 3시부터 5시까지의 시각에는 반드시 일어나니, 참선을 익히는 승려들도 모두 그에 미치지 못한다고 감탄하였다.

집에서 어버이를 섬김에는 안색을 살펴서 봉양하는 데 지극정성을 다하였으며, 어버이의 상사와 조상 제사에는 우러나는 정과 예법을 모두 갖추었다. 가묘家廟가 다른 곳에 있었는데 하루에 한 번씩은 반드시 찾았고, 비록 공무가 바쁘고 바람이 크게 불거나 비가 오거나 눈이 오거나 큰 추위와 심한 더위에도 조금도 그만두지 않았다.

법도를 조심스럽게 지켜서 한가하게 집에 있을 때는 안팎이 정숙하였으며, 윤리를 바로잡고 은혜와 의리를 돈독히 하였으며, 음악과 여색을 멀리하고 술을 삼갔다. 후생後生을 장려하여 나아가게 하되 저마다 가진 재능에 따랐고, 속된 논의를 물리치고 이단을 배척하였다. 몸가짐, 집안 살림, 일 처리, 사람 상대에 한결같이 옛 교훈을 상고하였고, 오직 『서경』과 『예기』를 준칙으로 삼아서 만약 털끝만큼이라도 예가 아닌 일이 있으면 마치 면류관을 쓰고 패옥을 찬 채 진흙구덩이에 앉은 것처럼 마음이 불안하였다.

타고난 자질이 이미 특이한 데다 확충하고 기르는 데* 법도가 있었으며, 뛰어난 아름다움이 밖으로 활짝 피어나 온 세상이 감복하였다. 바라보는 이는 모두 한숨을 쉬고 감탄하였으며, 저자나 거리의 어리석은 백성에 이르기까지 그가 밖으로 나가면 언제나 말 앞에 늘어서서 절하고 우러러 흠모하며 찬

* 맹자는 타고난 착한 정감인 사단을 넓혀서 채우면 천하에도 가득 채울 수 있지만 넓혀서 채우지 못하면 자기 부모도 섬기지 못한다고 하였다. 이로부터 유학에서는 타고난 도덕적 본성을 근거로 넓혀서 채워 나가는 것을 수양론의 하나로 삼는다.

양하였다. 아! 이는 선생의 부드럽고 아름다운 몸가짐이 이룬 결과인데 도리어 이것이 재앙을 잉태할 줄을 어찌 알았으랴.

아! 선생은 당대에 저명한 재주를 타고났고 쓰임에 적합한 학문을 품고 있어서 임금을 바로잡고 백성을 편안하게 하는 것이 본래 평소의 마음이었다. 스스로 벼슬 구하기를 부끄럽게 여겨 묻혀 지내면서 마치 벼슬에는 뜻이 없는 것같이 하였는데, 명성과 명예가 성대해져서 조정의 신하가 다투어 천거하였다. 사지司紙에 제수되자 선생은 기꺼워하지 않으면서 "허황한 명예로 벼슬을 얻음은 과거에 응하여 도를 행할 길을 가는 것만 못하다."고 하였다.

제수된 뒤 중묘에게 인정을 받아서 다달이 천거되고 해마다 벼슬이 올라 몇 해가 안 되어 논사論思를 이끌었고* 풍헌風憲을 주장主掌하였다.* 상이 평소 유술儒術, 유학을 숭상하여 문치文治에 온통 마음을 쏟고 있어서 선생을 매우 중하게 의지하였다. 선생은 세상에 없는 예우라고 감동하여 요순시대의 군주와 인민처럼 만들고 유교 문화斯文를 흥기시키는 일을 자

* 논사란 논의하고 사고한다는 뜻으로 나랏일를 의논하는 것을 말한다. 논사를 담당한다는 말은 경연의 관원이 되었다는 뜻이다. 홍문관 관원은 당연직으로 경연을 담당하였다. 정3품 홍문관 부제학이 경연의 실질 책임자였다.

* 풍헌이란 법도와 기강을 가리키는 말로서 풍속을 교화하고 관리의 기강과 법도를 바로잡는 일을 맡은 사헌부를 가리키기도 한다. 여기서는 관리의 기강을 감찰하고 규탄하여 관료의 기강을 바로잡는 일을 맡은 관원을 가리킨다. 곧 사헌부의 우두머리, 대사헌이 되었다는 의미이다.

기 임무로 삼았다.

매번 들어가 임금을 대할 때는 반드시 전날 밤부터 재계齋戒하고 정성과 공경을 쌓았다. 나아가 임금을 모실 때는 한결같은 마음과 엄숙한 생각으로 신명을 대하듯 하여 아는 것은 모두 말하였고 말한 것은 모두 이치에 합당한 말이었다.

예컨대 이런 말을 하였다. "사람의 한 마음一心은 하늘의 이치가 본래대로 온전히 갖추어진 것이어서 크기는 끝이 없고 움직임은 그침이 없습니다. 그러나 참으로 기질에 국한하고 욕망이 가림으로 말미암아 큰 것이 작아지기도 하고, 움직임이 멈추기도 합니다. 보통 사람도 오히려 그 해로움은 해결하기 어려운데 하물며 권세와 지위가 높아 교만하여 분에 넘치는 짓을 하기 쉽고, 감각을 자극하는 음악과 여색의 공세가 필부에 견줄 바가 아닌 임금이겠습니까. 마음이 한번 바르지 못하고 기氣가 한번 순하지 못하면 일에서 생겨나와 정치를 해치고, 조화를 상하게 하고, 여기沴氣, 나쁜 기운를 불러들여서 인륜이 무너지고 만물이 성취되지 못합니다. 주상께서 마음을 보존하고 하늘을 섬겨서 중화中和의 극진한 공을 이루는 방도를 조금이라도 소홀히 해서야 되겠습니까."

의리와 이익 및 왕도와 패도의 변별, 옛날과 오늘날의 치란治亂의 기미, 군자와 소인의 나아가고 물러나며 줄어들고 늘어나는 형상에 이르기까지 아는 것을 다 쏟아서 극진하게 논하지 않음이 없었다. 어떤 때는 해가 기울 때까지 논하였는데 상은 반드시 마음을 비우고 귀를 기울였다.

조정에서 특공대로 야인野人, 두만강과 압록강 언저리에 살았던 여진족 속고내速古乃를 기습하자고 논의하여 장수를 파견하기로 하고, 장수와 정승이 임금을 에워싸 모시고 상의하여서 이미 동의하였다. 선생이 밖에서 들어와 아뢰었다.

"이런 짓은 교활한 속임수이니 왕자王者가 오랑캐를 방어하는 도리가 아닙니다. 당당한 국가에서 도적의 술수를 쓰는 것을 신은 부끄럽게 생각합니다."

상이 이에 중의衆議를 물리치고 선생의 말을 따랐다. 장수와 재상이 다투어 말하였으나 결국 받아들이지 않았다. 선생이 임금에게서 받은 신임이 지극하지 않다 할 수 있겠는가.

드디어 당시의 명류名流가 협력하고 도와서 공을 세우고 임금의 사업을 넓히느라 천거과薦擧科를 설치하여서 뛰어난 인재를 불러들이고, 소격서昭格署, 도교의 제천 의식을 담당하던 관청를 혁파하여서 사전祀典, 종교 행사에 관한 법전을 바로잡고, 『소학小學』을 가르쳐서 영재를 기르니 묵은 폐단이 점점 개혁되고 옛 제도가 차츰 부흥하였다. 모든 관료는 두려운 마음으로 힘썼으며 사방은 교화에 영향을 받았다.

다만 선비의 주장은 서두르다가 날카로움을 너무 드러내는 실수를 범하였고 건의는 시의時宜를 헤아리지 않았으며, 간혹

일 벌이기를 좋아하는 자들이 세속의 선호에 맞추려 하는 것을 면하지 못하였다. 선생은 이를 근심하였는데, 신진 사류들의 맑은 의론이 비위에 거슬리고 모종의 일로 밀려난 구신舊臣들은 원한이 골수에 사무쳐 이를 갈며 기회를 엿보았다.

선생은 한숨을 쉬면서 왕도는 갑자기 실행할 수 없고 큰 계책은 빨리 성취할 수 없음을 알았다. 이에 조금 조정하여 중도를 잡아서 들뜨고 조급한 논의를 진정시키려 하였으나 과격한 의론이 도리어 선생을 비방하여 겉모습만 장중한 체한다고 탄핵하려 들기까지 하였다.

선생은 당시 추진하던 일이 반드시 실패하리라 헤아리고 사퇴를 청하였으나 윤허를 받지 못하였다. 때마침 조정에서 논의하여 남발된 정국공신靖國功臣의 훈적勳籍을 소급하여 삭제하려고 하였다. 선생으로서는 이미 물러날 수 없는 상황이었고, 기강을 바로잡고 이욕의 근원을 막는 직책에 있는 만큼 그 주장에 동조하지 않을 수 없었다. 합문 앞에 엎드려서 여러 달 주장을 굽히지 않은 끝에 윤허를 얻었다. 여러 신하가 입시하여 탑전榻前에서 공권功券, 공신의 공훈을 기록한 문서을 줄 사람과 빼앗을 사람을 정하였다.

때는 1519년중종 14 11월 15일이었다. 가부의 결재가 겨우 끝났는데 놀라운 일이 그날 밤에 일어났다. 남곤南袞·심정沈貞·홍경주洪景舟 등이 몰래 대궐문을 열고 편전便殿에 들어갔다. 말은 비밀에 부쳐져서 전해지지 않았다. 선생이 신문訊問을 받게 되자 관학館學, 성균관과 사학 유생들이 대궐 뜰에 모여들어 통곡을 하면서 다투어 옥으로 가서 자기를 가두어 달라고 청하였다.

귀양을 가게 되었는데 임금이 근시近侍를 시켜서 사사롭게 벌을 주는 것이 아니니 잠시 조정의 의론과 견책을 따르라는 뜻으로 타일렀다. 선생은 사례하고 물러났다. 후명後命, 죄인에게 사약을 내리는 일을 받게 되자 선생은 목욕을 하고 옷을 갈아입고 죄명을 물었다. 사자는 대답이 없었다. 선생은 죽음에 다다라서 친구에게 "임금 사랑하기 어버이 사랑하듯 했나니. 하늘의 태양은 붉은 마음을 비추리라."라는 글을 주었다. 듣는 이가 통곡하였다.

아! 선생의 부인은 첨사 이윤형李允泂의 딸이다. 아들 둘을 낳았다. 정定은 현감 권흡權恰의 딸에게 장가들었는데 아들이 없이 일찍 죽었다. 용容은 음보蔭補, 조상의 음덕으로 벼슬을 얻음로 벼슬이 문천文川 군수에 이르렀다. 대호군 이경李鏡의 딸에게 장가들어서 딸만 둘을 낳고 후사가 없어 사촌동생 희안希顔의 아들 순남舜男을 양자로 삼았으나 아직 어리다. 맏딸은 좌랑 허감許鑒에게 시집가서 윤昀이라는 아들 하나를 낳았다. 둘째 딸은 진사 홍원洪遠에게 시집가서 딸 둘을 낳았는데 둘 다 어리다. 부인은 선생보다 38년 늦게 돌아가셨다.

아! 위에 있는 하늘은 말없이 바로잡아서 착한 사람은 반드시 북돋아 주고 악한 사람은 반드시 망하게 하여서 화와 복의 이치가 본래 분명하다. 이제 선생은 충성스러운 절개를 조정에 드날려서 충성스런 마음을 다 기울이다가 역린逆鱗* 을 건드렸다.

임금이 있는 줄만 알고 제 몸이 있는 줄은 몰랐다. 청빈함과 고행으로 자기 몸을 다스렸고 청탁이 통하지 않았으며 뇌물도 받아들이지 않았다. 공무를 마치고 돌아와서는 집안일을 묻지 않았고 아침저녁으로 염려한 것은 오직 정치에 있었으며, 백성의 고통을 마음 아파하여 차마 못 잊고 잠시도 편안하지 않았으나 끝내 자신은 참소의 칼날을 받아 명대로 살지 못하였다. 착한 사람에게 복을 준다는 이치가 어디 있는가.

저 이러쿵저러쿵 말만 앞세우는 자들은 세상의 벼슬만 중히 여기고 군신의 윤리는 우습게 여겨서 시세를 엿보아 이끗만 노리며, 제 집은 윤택하게 하고 제 몸은 살찌우면서 국가의 안위는 마치 까마득히 먼 남의 나라 일로 여긴다. 털끝 하나도 희생할 생각이 없고, 느긋한 모습으로 곁눈질을 하면서 스스로 세상살이에 통달한 체하고 도리어 선생을 비웃어 '일은

* 역린은 거꾸로 난 비늘이라는 뜻이다. 용의 턱 밑에 역린이 있는데 이 비늘을 건드리면 사람을 잡아먹는다는 데서 온 말이다. 임금의 민감한 부분이나 비위를 건드린다는 뜻이다. 『한비자』「세난說難」.

조금도 모르면서 재앙의 실마리만 일구어 내고 있다.'고 물리쳤다. 심한 경우에는 혹 현자를 죽이고 유능한 이를 해치기까지 하면서 자기 세력을 심어서 굳히기도 하였다. 이러한 무리는 임금에게 신임을 받아 녹봉과 지위를 편안히 누리고 늙어서는 제 집안에서 죽으니 이른바 몹쓸 자에게 재앙을 내린다는 것도 확실하지 않다.

이런 까닭에 사람들이 "은밀하게 제 몸을 위하는 자는 수레바퀴통이 붉고*, 나라에 충성을 하려고 하는 사람은 친족마저 몰살당한다."고 한다. 아비가 아들을 훈계하고 형이 아우를 권면하되 애매하게 어물어물 넘기는 것을 명철함으로 삼고, 자신을 돌보지 않는 것을 부박浮薄한 것이라 여겨서 선비의 습속은 구차스러워지고 세상의 도는 더러워졌다. 슬프다!

비록 그러하나 사람의 마음은 본래 공변되고 하늘이 정한 이치는 어김이 없으니, 어두운 그늘이 사라지면 태양이 도로 비친다. 중묘 만년에 임금은 말끝마다 죄가 없다고 일컬어서 본래 점차 선생을 사면하는 은혜가 있었고, 인묘仁廟, 인종 때에도 계속 밝혀서 묘당에서 거듭 논하였으며, 관학에서 임금께 호소하여 드디어 선왕의 뜻을 좇아서 선생의 관직과 품계를 회복하도록 명하였다. 금상今上, 선조 즉위 초에 미쳐서 밝

* 중국 고대에 2천 석 이상의 녹봉을 받는 관리가 타던 화려한 수레를 말한다.

은 여론이 더욱 확장되고 천심도 꿰뚫어보아서 대광보국숭록대부大匡輔國崇祿大夫 의정부영의정 겸 영경연홍문관예문관춘추관관상감사議政府領議政兼領經筵弘文館藝文館春秋館觀象監事에 추증하도록 명하였다. 이는 1568년 선조 1이었다. 이듬해에 문정文正이라는 시호가 내렸다.

이에 선생의 영광이 위아래에 환히 드러나서 많은 선비들이 우뚝 솟은 태산과 북두 같이 우러르며 사당을 세우고 정결하게 제사를 지내는 데가 한 군데만이 아니었다. 이제 오늘에 이르러서 한 갑자甲子가 돌아와 어제 일같이 추모하며 온 나라 유림이 마음을 가지런히 하고 힘을 하나로 모아서 밖에는 비석을 세우고 안에는 묘지를 묻어서 묘도墓道를 꾸미게 되었다. 이는 참으로 고금에 듣도 보도 못한 일이다. 앞으로 만세토록 큰 제사로 받들게 되리라.

돌아보건대, 부귀하고서 이름이 알려지지 않은 못난 자가 누리는 한때의 총애와 안락은 작은 틈으로 육기六驥, 천리마 여섯 마리가 함께 끄는 매우 빠른 수레가 지나가는 것을 보듯이 잠깐이며, 뼈와 살이 풀이나 꽃과 함께 썩어서 모기나 등에가 그 두엄더미에서 생겨났다가 사라지는 것과 다름이 없다. 만약 그 독살스러운 부리를 벌려 선량한 이를 죽여서 나라의 맥을 끊어 놓은 자는 살 수 없으니 요행히 부월鈇鉞을 면하였다 하더라도 귀신이 목을 베고 사람이 죽일 것이다. 세월이 지날수록 더욱 준엄해져서 삼척동자도 침 뱉고 꾸짖을 줄 알며 저승의 형벌도 천지가 다하도록 용서하지 않을 것이다. 이는 본래 영예와 욕됨에 견주어서 논하기에는 충분하지 않으나 오직 후세 사람은 이로써 권면하고 경계하는 까닭을 알아야 한다.

아! 하늘이 특별히 현자를 낳는 것은 반드시 큰일을 시켜서 나아가서는 이 백성을 구제하고 물러나서는 저술을 남기게 하려는 것이다. 지금 선생은 나아가서는 마침내 도를 실행하지 못하였고 물러나서도 후세에 가르침을 남기지 못하였다. 날마다 밝힌 학문이 크게 성취하지 못하였고 깊은 학설의 실마리를 찾아서 상고할 수 없게 되었다. 하물며 우리나라는 기자箕子 이후 인의仁義로 나라를 다스렸다는 말을 듣지 못하였고, 주공周公의 법도와 공자의 가르침이 다만 빈말의 바탕이 되었을 뿐이었는데, 선생이 한번 외침에 거의 옛 도를 회복할 듯하였다. 선생이 도리어 실패하고 사림도 무너져 분열되어서 왕도의 설은 세상에서 크게 꺼리는 바가 되었으며, 모두들 그럴 때가 아니었다고 탓하였다.

이와 같다면 옛 도는 끝내 회복할 수 없단 말인가. 하늘이 현자를 낳아 놓고서 중도에서 끊어지게 하였는데 천명도 끝내 믿을 수 없단 말인가. 그렇다 하더라도 어찌 그럴 수 있는가. 때란 위에 있는 자가 조성하는 것이다. 다만 그럴 사람이 없는 것이지 어찌 때가 없다 하는가.

생각건대, 위대하신 우리 임금은 선생을 아름답다 칭찬하여 지극히 높이고, 유학을 존중하며 도를 숭상하여 정통을 밝히셨으니, 배우는 사람이 우러러 믿고 거침없이 자기 뜻을 말할 수 있게 되었다. 선생이 하늘의 이치를 밝히고 사람의 마음을 맑게 한 공로가 여기서 널리 드러났다. 이 사람들로 하여금 왕도는 순수하고 패도는 흠이 있으며, 공경敬은 주가 되고 예禮는 울타리가 되며, 안택安宅, 인은 넓히지 않을 수 없고 정로正路, 의는 버릴 수 없음을 모두 깨닫게 하였다. 선생의 도가 막힌 기간은 짧고 통한 기간은 길어서 넉넉히 후세의 왕을 위해 태평 시대를 열어 주었으니 하늘이 선생을 헛되게 낳지 않았음을 이에 믿을 수 있다. 선생보다 뒤에 태어난 사람은 자기를 써 주지 않음을 근심하지 말고 쓰일 수 있도록 스스로를 노력해야 하리라!

명銘한다.

우리나라 학문은	青機有學
은의 기자에게서 비롯되었는데	肇殷父師
교화는 멀어지고 말씀은 사라져서	化逖言泯
끊어진 실마리를 이을 길 없었다	墜緒罔追
아! 한훤당이여	猗嗟寒暄
혼탁한 세상에 홀로 도를 외쳤는데	孤倡濁時

우익도 꺾이고 동조자도 끊어져　　刻羽絶和
처음엔 미약하였다　　始然就微
하늘이 이 유도儒道를 부수지 않아　　天不椓文
특별히 선생을 내셨다　　篤降先生
선생은 불세출의 인물로　　先生間氣
한양의 정기를 모았네　　漢嶽鍾精
곤륜산의 구슬인 양　　一片崑璧
해맑아 티 하나 없었고　　瑩絶纖瑕
일찍부터 높은 학식을 지녀　　夙抱高識
도를 구하고 딴 마음 없었다　　求道靡他
결심하여 스승을 찾아　　撥機尋師
스승의 경지에 깊이 들어갔네　　入室操戈
바른 길을 나서니　　爰啓正軔
책임은 무겁고 갈 길은 멀었다　　任大道遐
자르고 갈고　　旣切旣磋
쪼고 문질러　　亦琢亦磨
행동과 모습이　　動容周旋
법도와 규칙에 맞았으나　　規圓矩方
배운 것에 자신이 없다고　　吾斯未信
깊숙이 감추어 두었건만　　韞櫝而藏
난초 향기 절로 풍기듯　　猗蘭播芬

가릴수록 더욱 드러났다	欲掩彌彰
서울에 가서	觀國之光
임금에게 벼슬하였네	乃賓于王
고기와 물처럼 만나	契孚魚水
몸을 나라에 바쳤네	委身徇國
의지는 우주를 떠받치고	志撐宇宙
충성은 해와 달을 꿰뚫었다	忠貫日月
순수한 풍속을 회복하여	矢回淳風
혼탁한 세속을 도탑게 하려고 맹세했다	以敦淆俗
우정禹鼎*에 요기가 서리고	禹鼎漏妖
물가에는 사특한 기운이 나타나	河麋逞慝
하늘을 찌를 듯한 예장나무*가	參天豫章
단번에 찍혀 넘어가니	一斫斯倒
해도 달도 별도 빛을 잃고	三光失晶
온 백성이 모두 슬퍼하였네	四民齊悼
하늘이 임금의 마음을 열어	天啓聖衷
요기가 말끔히 사라지고	廓開氛祲

* 하夏의 우왕이 중국 전체에서 바친 쇠로 솥 아홉 틀을 만들었는데 주周까지 이르도록 나라에서 나라로 전하는 보배가 되었다. 여기서는 국가 또는 종묘사직을 뜻한다. 조광조가 국가의 명운을 좌우할 인물이므로 이렇게 말한 것이다.
* 녹나무이다. 향이 난다. 조광조의 드높고 향기로운 인품을 비긴 말이다.

대대로 포상을 거듭하여	歷世加褒
신원되고 존경을 받게 되었네	伸枉起歆
선비는 그의 말씀을 외고	士誦其語
인민은 그의 교화에 감복하니	人服其化
오솔길에 잡초는 제거되고	茅開蹊徑
촛불은 어둔 밤을 밝혔네	燭揭昏夜
저 울창한 용인 땅에	鬱鬱駒城
산이 서리고 물이 길이 흐르네	山紆水長
빛나는 아름다운 덕	有斐令德
길이 잊지 못하리	沒世不忘

1580년 선조 13에 조광조의 묘에 신도비를 세울 때 쓴 묘지명이다. 이이는 조광조를 조선 도학의 진정한 인물로 평가하였다. 묘지명을 짓게 된 유래, 조광조의 가계로부터 시작하여 기묘사화로 해를 입고 복원되기까지 행적, 정치적·학문적 의의를 정리하였다. 특히 선악에 따른 상벌이 정당하기를 바라는 원초적인 원망願望과 현실의 보응報應이 일치하지 않는 부조리를 날카롭게 지적하고, 비록 현실에서 당장에는 선악의 보응이 일치하지 않는다 하더라도 역사의 흐름은 사필귀정事必歸正이라는 것과 현자가 나라를 위해 뜻있는 일을 하기 위해서는 때를 조성하는 왕의 역할이 중요하다는 것을 언급하였다는 점이 주목된다.

학부통변 발문
學蔀通辨跋

기氣는 양陽만 있고 음陰이 없을 수 없으며, 학문은 바른 학문만 있고 사특邪慝한 학문이 없을 수 없다. 이치와 형세가 그러한 것이다. 당우唐虞, 요순와 삼대三代에는 도가 본래 크게 밝고 크게 행해졌는데도 사흉四凶* ·비렴飛廉·악래惡來*의 무리가 대대로 그치지 않고 나타나 또한 족히 정도를 해쳤으니 이것이 바로 이단異端의 시작이다. 다만 성군과 현신賢臣이 위아래에서 번갈아 가며 다스림에 힘입어 정도가 자라나고 사도邪道는 소멸하였다. 그러므로 비록 이단자가 있다 하더라도 이단의 피해를 받지 않았다.

주周가 쇠약해지면서 비로소 노자老子·장자莊子·양주楊朱*·묵자墨子가 사특한 학설을 제멋대로 늘어놓았다. 비록 맹자가

* 사흉은 순 임금 때 큰 죄를 지어서 처벌 받은 공공共工·환두驩兜·삼묘三苗·곤鯀을 말한다.
* 비렴은 하의 주왕紂王의 신하로 총애를 받으며 악행을 저질렀다. 비렴과 악래는 부자간인데 비렴은 잘 뛰고 악래는 힘이 세었다고 한다.
* 양주는 개인주의를 주창하였고 묵적墨翟은 노동자의 보편적 평등과 연대를 주창하였다. 양주의 사상을 위아爲我라 하고 묵적의 사상을 겸애兼愛라 한다. 두 사람의 사상은 모두 맹자에 의해 양극단적인 사상으로 배척을 받았다.

물리쳤지만 그치게 하지는 못하였다.

대체로 상고上古의 이단은 사악한 모습이 뚜렷하였으므로 현자가 오히려 혹시라도 더럽혀질까 두려워하였으나 중고中古의 이단은 이욕利欲을 말끔히 벗어나서 사악하나 바른 것 같았으므로 현자가 미혹되기 시작하였다. 한漢 이후로는 또 불학佛學이 있었고 당唐 이후로는 불학이 선학禪學으로 변하였는데, 정교하고 미묘한 이론이 사람을 선동하는 정도가 노자·장자·양주·묵자에 견줄 것이 아니었다. 이에 고명한 선비들이 쏠리듯이 좇아서 드디어 중국으로 하여금 선불禪佛의 세계가 되게 하였다. 생각하면 답답하고 마음이 편하지 않다.

다행히 정자程子와 주자朱子가 일어나 우주를 떠받치고 해와 달을 깨끗이 씻었으니, 이단을 꺾어 무너뜨려서 바른 학문을 훤히 밝게 한 공적은 옛사람에 견주어 더욱 성대하다. 이에 선불의 학문은 쇠퇴하여 떨치지 못하였다. 정자와 주자가 죽고 나니 겉은 유학인데 속은 선학인 학문이 있어서 재를 불어 불을 일으키듯 다시 세상에서 기세가 성하였다. 심하다! 이단을 그치게 하기 어려움이 이와 같다.

저 청란淸瀾 진건陳建 씨는 분개하여 사도를 물리치고 정도를 부축할 목적으로 『학부통변學蔀通辨』을 지었다. 자료를 널리 찾아 깊이 궁구하며 밝게 변별하고 상세히 말하여서 상산象山, 육구연과 양명陽明, 왕수인이 가리고 감춘 속셈을 지적해 내서 방황하는 사람이 속아 넘어가 유혹을 당하지 않게 하였으니, 그 뜻이 매우 성대하고 그 이론이 매우 바르다.

다만 진씨가 평소 쌓은 학행과 덕업이 천하 후세에 신뢰를 받고 중요하게 여겨질지 어떨지는 알지 못하겠다. 성리性理의 중요한 관건이 되는 설을 논한 것도 또한 오묘한 내용을 다 논하여 조금도 착오가 없지는 못하다. 다만 그의 말로 인하여 육왕陸王, 육구연과 왕수인의 사특한 학술을 깊이 알 수 있었으니 그 공적이 이미 위대한데 하필이면 결점과 과오를 찾아내고 지적하여서 사특한 학술을 편드는 입에 보탬이 되어야 하겠는가!

식자는 혹 이 책이 지나치게 장황해서 정밀하고 간략한 뜻이 부족하다고 의문을 삼기도 하는데 이 또한 그럴 듯하다. 다만 중국의 선비가 육학陸學, 육구연의 학문에 휩쓸려 들어가서 듣기로는, 왕양명王陽明이 문묘 종사의 반열에 참여하였다고 한다.

그런즉 사특한 학설의 재앙은 홍수가 산을 에워싸고 언덕을 덮치듯 하니 필부의 힘으로는 구제하여 그치게 하기 어렵다. 그런데 진씨는 눈을 부릅뜨고 용기를 내어 외로이 부르짖고 홀로 대항하였으니 그 말을 끌어 올려서 자기를 높이지 않을 수 없었으며 어려운 문제를 해결하고 얽힌 것을 풀려고 하다 보니 웅변에 힘쓰지 않을 수 없었다. 그래서 과연 정밀하고 간략함을 주로 할 수 없었던 것이니 또한 무슨 문제가 되겠는가! 다만 시간을 배열하면서 주자가 필시 마흔두세 살 전에는 선학의 틀을 벗어나지 못하였다 하고, 상산을 만나본 뒤에도 오히려 선학에 대해 반신반의함을 면하지 못하였다고 하였는데 이런 것은 잘못이다. 공을 취하고 허물을 덜어 내는 것이 또한 충후한 도리인 것이다.

어떤 사람이 "중국의 선비는 육학에 많이 물들었는데 우리나라에서는 그런 말을 아직 듣지 못하였으니 어쩌면 우리나라 사람의 마음이 중국 사람의 마음보다 훨씬 더 바른 것인가?" 하고 물었다. 다음과 같이 대답하였다.

"육학에 물들지 않고 오로지 주자학을 공부하여 잘 알고 잘 실천한다면 본래 중국보다 낫겠지만 만약 오로지 이욕에만 힘쓰고 주자학과 육학을 둘 다 폐기한다면 어느 것이 낫고 어느 것이 못하겠는가?

나는 일찍이 '중국의 선비는 오히려 일삼는 것이 있어서 마음을 놓치려 하지 않기 때문에 주자학을 하기도 하고 육학을 하기도 하여서 끝내 헛되이 늙지는 않는다. 사특한 학문과 바른 학문이 비록 다르다 하더라도 오히려 배불리 먹고 하루 종일 아무런 의식도 없이 지내는 것보다는 낫다.

우리나라 선비는 주자학도 하지 않고 육학도 하지 않고 오로지 세속의 습관에만 힘쓰는 자가 많다. 이는 날품팔이꾼이나 장사하는 노복奴僕과 무엇이 다르겠는가. 이를 가지고 중국보다 낫기를 구한다면 잘못이 아니겠는가. 이단의 말이란 어찌 반드시 불교와 노자와 선학과 육학만이 그런 것이겠는가. 세상에서 선왕의 도를 그르다고 여기고 나 한 몸의 욕심을 따르는 자는 이단이 아닌 자가 없다. 만약 세속의 습관을 옳게 여기고 부지런히 이욕을 추구하면서 육학을 비웃는다면 사흉을 존경하여 높이면서 양주와 묵적을 비웃고 풍자하는 것과 무엇이 다르겠는가.' 하고 탄식하였다.

아! 세상의 선비 된 자는 오로지 바른 학문에 힘쓰고 날품팔이꾼과 장사하는 노복이 되고 마는 데 이르지 않도록 해야 할 것이다."

『학부통변』이란 학문을 가려서 장애가 되는 것을 통틀어서 변증하여 바른 학문을 드러낸다는 뜻을 담은 책이다. 불교, 육구연, 왕수인의 학문이 주희의 올바른 학문을 가리는 세 가지 덮개라고 지목하고 주희의 문집, 어록, 연보 등에서 관련 구절을 가져와서 비판하였다. 유학자 진건陳建, 1497~1567이 저술하였다. 이이는 공을 취하고 허물을 던다는 관점에서 『학부통변』에 대하여 비평하였다.
이이는 진건의 학업과 덕행이 신뢰를 받지 못하고 성리학에 대한 이해가 부족하지만 이단의 본질을 밝혀낸 점은 위대하다고 평가한다. 또한 『학부통변』이 장황하다는 비평에 대해서도 왕수인의 학문이 크게 유행하는 상황에서 홀로 대항하려다 보니 정밀하고 간략하지 못한 측면이 있다고 인정하였다. 나아가 중국에 육상산의 학문이 유행한다고 지적하는 데 대해서도 차라리 주자학이든 육상산의 학이든 학문을 하면 나름대로 의미가 있지만 조선의 선비들은 이욕에 물들어 있으니 문제가 더 심각하다고 하였다. 이단이란 이단으로 지목된 학문만이 아니라 선왕의 도를 부정하고 한 몸의 이익을 추구하는 것이라고 규정하였다.

긍정적인 내용이나 받아들일 만한 것은 받아들이고 부정적인 내용이나 문제가 되는 것은 굳이 관여하지 않으려 하며, 형식 논리에 사로잡히지 않고 문제의 상황을 조화로운 시각에서 보려는 이이의 관점이 다른 학문이나 학설에 대한 비판에서도 드러난다.

인심도심에 관한 그림과 설명

人心道心圖說

신은 살펴보건대, 천리天理가 사람에게 부여된 것을 성性이라 하고, 성과 기氣를 합하여 한 몸의 주재가 되는 것을 심心이라 하며, 심이 사물에 감응하여 외부에 드러나 표현된 것을 정情이라고 합니다. 성은 심의 체體요 정은 심의 용用*이며, 심은 미발未發과 이발已發을 총괄한 개념總名입니다.* 그러므로 심이 성과 정을 통괄한다心統性情*고 하는 것입니다.

성의 조목은 다섯이 있으니 인仁·의義·예禮·지智·신信입니다. 정의 조목은 일곱이 있으니 희喜·노怒·애哀·구懼·애愛·오惡·욕欲입니다.

* 모든 존재의 형이상적 측면, 또는 원리, 이념, 형상의 측면을 체體라 하고, 형이하적 측면, 작용, 기능, 현상, 질료의 측면을 용用이라 한다. 모든 존재자는 체와 용의 두 측면을 지니고서 존재한다.
* 『중용』에서 희로애락의 감정이 아직 표현되지 않은 마음의 본연 상태를 미발未發이라 하고, 감정이 외부의 자극을 받아 반응하여 표현되는 것을 이발已發이라 하였다. 미발은 중中이며, 이발에서 절도에 맞는 것中節을 화和라고 한다. 중화中和를 이루는 것은 『중용』의 핵심 사상 가운데 하나이다.
* 마음이 본성과 감정을 통괄한다는 심통성정心統性情 명제는 원래 북송의 장재張載가 제기한 것이다. 마음은 본성과 감정을 각각 본체와 작용으로서 감정을 통괄하고 있다.

정이 표현될 때 도의道義를 위해 표현되는 것이 있습니다. 예컨대 어버이에게 효도하려고 하고, 임금께 충성하려고 하는 것과 어린아이가 우물에 빠져 들어가려는 것을 보고 측은히 여기고, 옳지 않은 것을 보고서는 부끄러워하거나 미워하고, 종묘를 지나갈 때 공경하는 따위가 이것입니다. 이런 것을 도심道心이라 합니다. 입과 몸을 위하여* 표현되는 것이 있습니다. 예컨대 주리면 먹으려 하고, 추우면 옷을 입으려 하고, 힘들여 일하면 쉬려고 하며, 정기가 성하면 아내를 그리워하는 따위가 이것입니다. 이런 것을 인심人心이라 합니다.

이理와 기氣는 서로 완전히 하나로 녹아渾融 있어서 원래 서로 떨어져 있지 않은 것이니 심이 운동을 하여 정으로 될 때 표현하는 것은 기이고 표현하는 원리는 이입니다. 기가 아니면 표현할 수 없고 이가 아니면 표현할 내용이 없습니다. 어찌 이발理發과 기발氣發이 따로 있겠습니까.* 다만 도심은 비록 기에서 떨어지지는 않으나 표현될 때는 도의를 위한 것이므로 성명性命에 소속시키고, 인심은 비록 이理에 근본을 둔

* 입과 몸을 위한다는 것은 신체의 본능적 욕구를 위하여 작용하는 감정을 말한다.
* 이와 기를 사단과 칠정에 배속시켜서 그 관계를 논증하면서 벌인 논쟁이 사단칠정 논쟁이다. 이황은 사단을 이발, 칠정을 기발에 배속시켜서 나누어 보았고, 기대승은 기발만 인정하면서 칠정이 사단을 포함하는 관계라고 하였다. 이이는 기대승의 설을 계승하고 보완하여 모든 감정의 표현은 기가 표현되고 이가 거기에 올라탄다는 기발이승氣發理乘만을 인정하였다.

것이나 표현될 때는 입과 몸을 위한 것이므로 형기形氣에 소속시켰습니다. 마음方寸에는 애초에 두 마음二心이 없습니다. 다만 표현되는 곳에 두 가지 발단이 있을 뿐입니다. 그러므로 도심을 일으키는 것은 기이지만 성명이 아니면 도심은 생겨나지 않고, 인심에 근원이 되는 것은 이이지만 형기가 아니면 인심은 생겨나지 않습니다. 이것이 바로 어떤 것은 바른 성명에 근원을 두고 어떤 것은 사사로운 형기에서 생겨나며, 어떤 것은 공변되고 어떤 것은 사사로운 까닭입니다.*

도심은 순전히 천리이므로 선은 있고 악은 없으며, 인심에는 천리도 있고 인욕도 있으므로 선도 있고 악도 있습니다. 예컨대 밥을 먹어야만 하면 먹고, 옷을 입어야만 하면 입는 것은 성현도 면할 수 없는 것이니 이는 천리입니다. 음식과 이성食色을 추구하는 생각에서 나왔으나 흘러서 악이 되는, 이것은 인욕입니다. 도심은 다만 지키기만 하면 그만이지만 인심은 인욕으로 흘러가기 쉬우므로 비록 선하더라도 또한 위태롭습니

* 주희는 『중용장구집주』의 서문에서 이렇게 말하였다. "마음의 텅 비고 영활한 지각 작용은 하나일 뿐이지만 인심과 도심이 달리 있는 까닭은 어떤 것은 사사로운 형기에서 나오고 어떤 것은 바른 성명에서 나오기 때문에 지각이 달라지는 것이다. 이 때문에 어떤 것은 위태로워서 불안정하고 어떤 것은 미묘하여서 알기 어렵다. 그러나 사람은 누구라도 이 몸을 가지고 있으므로 비록 아주 지혜로운 사람이라도 인심이 없을 수 없으며 또한 누구라도 성을 가지고 있으므로 비록 아주 어리석은 사람이라도 도심이 없을 수 없다. 이 두 가지가 한 뼘 공간마음에 섞여 있는데 다스리는 방법을 알지 못하면 위태로운 것은 더욱 위태로워지고 미묘한 것은 더욱 미묘해져서 공변된 천리가 끝내 사사로운 인욕을 이길 수 없다."

다. 마음을 다스리는 자는 한 생각이 일어나면 그것이 도심인 줄 알면 넓혀서 채우고, 그것이 인심인 줄 알면 정밀하게 살펴서 반드시 도심으로 절제하여 인심이 항상 도심으로부터 명을 듣는다면 인심도 또한 도심이 될 터이니 어떤 이理인들 간직하지 않겠으며 어떤 욕망인들 막지 못하겠습니까.

진서산眞西山, 진덕수은 천리와 인욕을 지극히 분명하게 논하였으니 배우는 사람이 공부하는 데 매우 유익합니다. 다만 인심을 오로지 인욕으로만 귀속시켜서 한결같이 다스리려고 생각한 것은 미진한 점이 있습니다. 주자가 이미 "비록 지혜로운 사람이라도 인심이 없을 수 없다."고 하였은즉 성인도 또한 인심이 있습니다. 어찌 전부 인욕이라고 할 수 있겠습니까. 이로써 보건대, 칠정七情은 인심과 도심, 선과 악을 모두 합한 개념입니다. 맹자는 칠정 가운데에서 선한 한 측면만 뽑아내어서 사단四端으로 지목하였으니, 사단이란 곧 도심이며 인심 가운데 선한 것입니다. 사단에서 신信을 말하지 않은 것에 대해서는 정자가 "이미 성실한 마음誠心이 있어서 사단이 된 것이니 신은 그 가운데 있다."고 하였습니다.

대체로 오성五性, 인의예지신 가운데 신은 오행五行 가운데 토土가 정해진 자리가 없고 오로지 작용하는 기專氣가 없이 네 계절에 다 붙어서 작용寄旺하는 것과 같습니다.* 논하는 사람이 혹 사단을 도심으로 삼고 칠정을 인심으로 삼기도 하는데 사단은 본래 도심이라고 할 수 있겠으나 칠정을 어찌 인심이라고만 할 수 있겠습니까. 칠정 밖에 다른 감정이 없는데 만약 치우치게 인심만 가리킨다면 이는 절반만 들고 절반은 버리는 것입니다. 자사子思가 칠정이 아직 표현되지 않은 것을 중中이라 하고 이미 표현된 것을 화和라고 규정하여서 성과 정의 전체 덕德을 논하였습니다.* 그러나 다만 칠정을 들었다면 어찌 인심만 치우치게 들었을 리가 있겠습니까. 이는 명확하여 의심할 만한 것이 없습니다.

성이 마음에 갖추어져 있으면 표현되어서 정이 되니, 성이 본래 선한 것이라면 정도 의당 선하지 않음이 없어야 할 터인데 정이 혹 선하지 않은 것은 무슨 까닭입니까? 이는 본래 순수하게 선하지만 기에는 맑음과 흐림淸濁이 있습니다. 기는 이를 담는 그릇입니다. 아직 표현되지 않았을 때에는 기가 아직 작용하지 않으므로 중의 본체中體가 순수하게 선하지만 표현되면서 선악이 비로소 나뉩니다. 선한 것은 맑은 기淸氣가 표현된 것이고 악한 것은 흐린 기濁氣가 표현된 것이지만 근본

* 목木은 봄, 화火는 여름, 금金은 가을, 수水는 겨울을 전담하는데 토土는 한 계절을 전담하지 않는다는 말이다.

* 중中은 희로애락의 감정이 표현되지 않은 본성의 치우치거나 기울지 않은 본래 상태이므로 성의 전체 덕이라 하고, 화和는 희로애락의 감정이 표현되어서 절도에 맞은 것이므로 정의 전체 덕이라 한다. 감정의 표현이 절도에 맞아서 지나침도 모자람도 없는 상태가 화이다.

은 다만 천리일 뿐입니다.

정 가운데 선한 것은 맑고 깨끗한 기를 타고서 천리를 따라 곧바로 나오므로 중을 잃지 않으니 인·의·예·지의 발단이 됨을 알 수 있습니다. 그러므로 사단으로 지목합니다. 정 가운데 선하지 않은 것은 비록 이에 근본을 둔 것이지만 이미 더럽고 흐린 기에 가려서 본체를 잃고 옆으로 갈라져 나와 중에 지나치기도 하고 미치지 못하기도 하여 인에 근본을 두었으면서도 도리어 인을 해치고, 의에 근본을 두었으면서도 도리어 의를 해치고, 예에 근본을 두었으면서도 도리어 예를 해치고, 지에 근본을 두었으면서도 도리어 지를 해칩니다. 그러므로 사단이라고 이를 수 없을 따름입니다.

주자周子, 주돈이는 "오성五性이 자극을 받아 움직여서 선과 악이 나뉜다."* 고 하였고, 정자는 "선과 악이 모두 천리이다."* 라고 하였으며, 주자朱子는 "천리로 인하여 인욕이 있다."* 고 하였는데 모두 이런 뜻입니다. 오늘날 배우는 사람들은 선과 악이 기의 맑음과 흐림에서 비롯한 것임을 알지 못하여서 그

* 오성이라고 말한 것은 성이 다섯 개 있다는 뜻이 아니라 성의 덕목이 인·의·예·지·신으로 다섯 가지라는 의미이다. 성이 만물에 자극을 받아 나오면 그 양상이 양은 선으로, 음은 악으로 나타난다는 말이다.

* 악은 선처럼 독립된 그 무엇이 아니라 천리에서 나온 선이 변질된 것이므로 이는 선, 기는 악으로 이분법적으로 나눌 수 없다는 말이다.

* 천리는 보편적 원리이고 인욕은 개인의 개체적 욕망이므로 인욕도 근원적으로는 천리에서 비롯된다. 다만 인욕이 곧 천리는 아니다.

이론을 탐구하고서도 터득하지 못하므로 이발을 선으로 삼고 기발을 악으로 삼아 이와 기를 서로 분리하는 잘못을 하였습니다. 이는 밝지 못한 이론입니다. 신이 어리석고 참람함을 헤아리지 않고 삼가 다음과 같이 그림으로 그렸습니다.

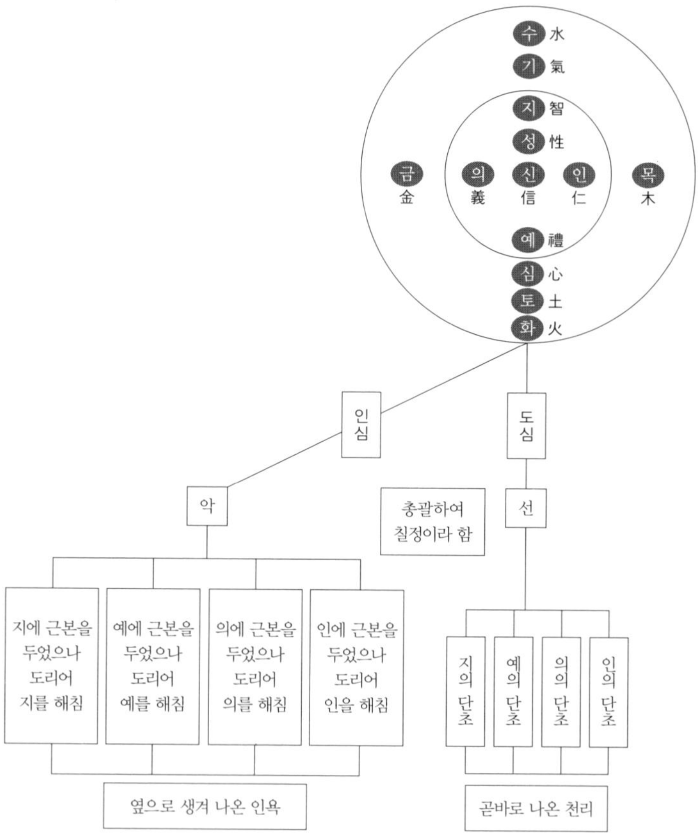

주자학의 중요한 개념인 인심과 도심의 관계를 논술하고 도표를 덧붙인 글이다. 이기론에 관한 이이의 중요한 개념과 사상이 집약되어 있다.

이이의 인심도심 이론은 '마음은 기'라고 하는 그의 이론에 바탕을 두고 있다. 마음은 본래 이와 기가 합친 것이지만 몸을 주재하는 작용의 측면에서는 기라는 것이다. 그리하여 이이는 도덕적인 마음인 도심이든 감각적 마음인 인심이든 작용한 뒤의 마음을 가리키는 것으로 본다.

도심과 인심, 사단과 칠정의 관계에 대해서도 이황은 사단과 칠정을 각각 도심과 인심에 배당시키지만 이이는, 사단은 도심이라 할 수 있지만 칠정은 인심과 도심을 모두 포괄한 것이라 한다.

이이는 사단이든 칠정이든 모두 기가 발동함에 이가 타는 것이라는 기발이승일도설氣發理乘一途說을 견지하고 있는데, 이 글을 쓴 목적도 이발理發과 기발氣發을 선과 악으로 삼아 이와 기를 나누는 것을 비판하기 위한 것이다.

김시습전
金時習傳

김시습은 자가 열경悅卿이고 강릉江陵 사람이다. 신라 알지왕의 후예 가운데 김주원金周元이라는 왕자가 있는데 강릉을 식읍食邑, 국가에서 조세를 공신 등이 받아쓰도록 책정한 고을으로 하였다. 자손이 그대로 강릉을 관향貫鄕으로 삼았다. 그 뒤 연淵이 있고 태현台鉉이 있는데 모두 고려에서 시중侍中이 되었다. 태현의 후손 구주久住는 벼슬이 안주 목사安州牧使에 그쳤으며, 겸간謙侃을 낳았다. 겸간은 오위부장五衛部將에서 마쳤으며, 음보蔭補로 충순위忠順衛가 된 일성日省을 낳았다. 일성은 선사 장씨仙槎張氏에게 장가들어 1435년세종 17 한사漢師, 서울에서 시습을 낳았다.

타고난 자질이 특이하여 생후 여덟 달 만에 스스로 글을 알았다. 최치운崔致雲이 보고서 기이하게 여겨 시습이라고 이름 지었다. 말은 더뎠으나 정신은 명민하여 문장을 대하면 입으로는 못 읽어도 뜻은 모두 깨달았다. 세 살에 시를 지을 줄 알았고, 다섯 살에 『중용』과 『대학』에 통달하여 사람들이 신동이라 불렀다. 명망 있는 재상 허조許稠 등 많은 사람이 그를 찾아보았다. 장헌대왕莊憲大王, 세종이 듣고 승정원으로 불러들여 시로 시험하니 과연 빨리 지으면서도 아름다웠다. "내가 친히 보고 싶으나 세상 사람들이 들으면 놀랄까 두렵다. 마땅히 집에서 노력하게 하며, 재주를 드러내지 말게 하고 가르치고 기르라. 학문이 성취하기를 기다려서 장차 크게 쓰리라."고 하교하며 비단을 하사하여 집에 돌아가게 하였다. 이에 명성이 온 나라에 떨쳐서 오세五歲라고 부르고 시습이라고 부르지 않았다. 임금의 장려를 받고 원대한 안목으로 학업에 더욱 힘썼다.

경태景泰 연간1450~1457에 영릉英陵, 세종, 현릉顯陵, 문종이 잇따라 돌아가시고, 노산魯山, 단종은 3년 되는 해에 왕위를 물려주었다. 이때 시습의 나이 21세였다. 한창 삼각산에서 글을 읽고 있었는데, 서울에서 소식을 가져온 사람이 있었다. 시습은 즉시 문을 닫아걸고 사흘 동안 나오지 않다가 마침내 크게 통곡하고 서적을 모두 불살라 버렸다. 발광하여 측간에 빠졌다가 달아나서 불문佛門에 자취를 의탁하고 승명僧名을 설잠雪岑이라 하였다. 여러 번 호를 바꾸어서 청한자淸寒子·동봉東峯·벽산청은碧山淸隱·췌세옹贅世翁·매월당梅月堂이라 하였다.

사람 됨됨이가 못생겼고 키가 작았다. 기개가 호방하고 재질이 영특하였으며, 진솔하여 위엄 있는 거동이 없고, 너무 강직하여서 남의 허물을 용납하지 않았다. 시대를 슬퍼하고 세속에 분개하여 기가 울울하여 화평하지 못하였다. 스스로 세상을 따라 어울려 살 수 없다고 판단하고서 드디어 몸을 가다듬지 않고 세속 바깥에서 노닐었다. 나라 안의 산천은 발자취가 거의 다 미쳤고 경치 좋은 곳을 만나면 머물러 살았다. 고도故都에 올라 바라볼 때면 반드시 발을 머뭇거리며 슬피 노래하기를 여러 날 동안 그치지 않았다.

남달리 총명하고 영특하여 사서와 육경은 어렸을 때 스승에게서 배웠으나 제자백가는 전수받기를 기다리지 않고 섭렵하지 않은 것이 없었다. 한번 기억하면 끝내 잊지 않았으므로 평소에 글을 읽지도 않고 또한 책 상자를 가지고 다니지도 않았지만 고금의 글과 서적을 빠짐없이 꿰고 있어서 질문하는 사람이 있으면 말에 의문의 여지가 없이 응대하였다.

울울하고 비분강개한 가슴을 스스로 풀어낼 길이 없어서 세상의 바람·달·구름·비와, 산과 숲, 샘과 돌, 궁실宮室과 의식衣食, 꽃과 과일, 날짐승과 길짐승, 인사人事의 시비와 득실, 부귀와 빈천, 삶과 죽음, 질병, 희로애락喜怒哀樂이며 성명性命과 이기理氣, 음양, 저승과 이승에 이르기까지 가리켜 말할 수 있는 것이면 유형이든 무형이든 하나같이 문장으로 나타냈다.

그의 글은 물이 솟구치고 바람이 부는 듯, 산이 간직하고 바다가 삼키는 듯, 신이 메기고 귀신이 받는 듯한 변화가 간간이 보이고 겹겹이 나와서 사람들이 아무도 실마리를 찾을 수 없었다. 소리와 운율聲律, 격조格調는 그다지 크게 신경을 쓰지 않았지만 그 가운데 뛰어난 것은 생각의 경지가 높고 멀어 보통 사람의 생각을 멀리 벗어났으니, 글귀를 다듬고 꾸미는 자가 발돋움하고 바랄 수 있는 바는 아니었다.

도리에 대해서는 비록 완미하여 탐색하고, 마음을 보존하고 본성을 기르는 공부는 적었지만 탁월한 재능과 지혜로써 깨달아 이해하여, 종횡으로 담론하는 것이 대부분 유가의 종지宗旨를 잃지 않았다. 선禪과 도가에 대해서도 또한 대의를 알았고, 그 병폐의 근원을 깊이 규명하였다. 선어禪語, 선문답 짓기를 좋아하여 현묘하고 은미한 뜻을 발휘하고 천명하였는데 날카롭게 빼어나고 막힘이 없었으므로 비록 선에 조예가 깊은 노숙한 이름난 승려라도 아무도 감히 그 칼날을 당해 내지 못하였다. 그의 타고난 자질이 빼어났음을 이로써 입증할 수 있다.

스스로 일찍부터 명성이 높다고 생각하여 하루아침에 세상을 도피하여 마음으로는 유교를 따르고 자취는 불교를 따름으로써 세상 사람들에게 괴상한 행동을 한다는 평판을 받았다. 이에 그는 일부러 미쳐서 이성을 잃은 모습을 보임으로써 진실을 가렸다.

글을 배우려는 선비가 있으면 나무나 돌로 치거나 활을 당겨 쏘려고 하여서 그 성의를 시험하였으므로 문하에 머물러 있는 사람이 적었다. 또 산전山田 개간하기를 좋아하여서 비록 부귀한 집안의 자제라도 반드시 김을 매고 거두어들이는 일로 매우 괴롭혔으므로 처음부터 끝까지 학업을 전수한 자는 더욱 적었다.

산에 가면 자주 나무껍질을 허옇게 벗겨서 시를 쓰고 한참 읊조리다가 번번이 통곡하고선 깎아 버렸다. 종이에 시를 쓰기도 하였으나 역시 남에게 보이지 않고 대부분 물이나 불 속에 던져 버렸다. 혹은 나무로 농부가 밭 갈고 김매는 모양을 조각하여 책상 옆에 벌여 놓고 하루 종일 골똘히 바라보다가 역시 통곡하고 불태워 버리기도 하였다. 때로는 심은 벼가 아주 무성하여 이삭과 낟알이 탐스러울 만하면 술에 취해 낫을 휘둘러 온 이랑을 다 베어 땅에 내버리고서는 큰 소리로 목놓아 통곡하였다. 행동거지가 종잡을 수 없어서 세속 사람들이 크게 비웃고 손가락질하였다.

산에 머물 때 손님이 찾아오면 서울 소식을 묻고는 "마구 비웃고 욕하는 사람이 있더라."는 말을 들으면 반드시 기쁜 빛을 하였고, 만약 "거짓으로 미친 체하며 속에 쌓은 학식이 있다."고 하더라 하면 번번이 눈살을 찌푸리며 기뻐하지 않았다. 제수된 관리의 목록을 보고서 인망人望이 없는 사람이 고관이 되면 반드시 통곡하면서 "이 백성이 무슨 죄가 있어서 이 사람이 이 자리를 맡는가?"라고 하였다.

당시 명망 있는 공경公卿이던 김수온金守溫과 서거정徐居

正은 국사國士로 칭송을 받고 있었다. 서거정이 바야흐로 벽제辟除를 쳐서 행인을 물리치며 바삐 조정에 들어가고 있었다. 남루한 옷차림에 새끼줄로 허리띠를 두르고 폐양자蔽陽子, 천한 남자가 머리에 쓰는 흰 대삿갓를 쓴 김시습이 저자에서 그와 마주쳤다. 앞에서 인도하는 사람을 헤집고 나아가서 머리를 쳐들고 "강중剛中, 서거정의 자이 편안한가?"라고 하였다. 서거정은 웃으면서 응답하고, 초헌軺軒, 종2품 이상 벼슬아치가 타던 수레을 멈추고 서로 대화를 나누었다. 온 저자 사람들이 모두 놀란 눈으로 서로 쳐다보았다.

조정의 관료 가운데 한 사람이 모욕을 당하고서 견딜 수 없어 서거정을 보고는 위에 아뢰어서 죄를 다스려야겠다고 하니, 서거정은 고개를 흔들면서 "그만두시오, 그만둬. 미친 사람과 무얼 따질 것이 있겠소. 지금 이 사람을 죄주면 백 대 뒤에 반드시 공의 이름을 더럽히게 될 것이오."라고 하였다.

김수온이 지관사知館事, 지성균관사로서 '맹자가 양혜왕을 만나 보다孟子見梁惠王'라는 논제를 가지고 태학太學의 유생을 시험하였다. 어떤 상사생上舍生, 성균관에서 공부하는 학생이 삼각산에 가서 김시습을 보고 "괴애乖崖, 김수온의 별호가 장난을 좋아합니다. '맹자가 양혜왕을 만나 보다'가 어찌 논제로 합당하겠습니까?"라고 하였다. 김시습이 웃으면서 "이분이 아니면 이 논제를 내지 못하였을 것이다."라고 하고서 붓을 달려 글을 만들어서 "생원이 스스로 지은 것처럼 해서 이분을 속여 보시오."라고 하였다. 상사생이 그의 말대로 하였더니 김수온이 끝까지 읽지도 않고 급히 "열경悅卿이 서울의 어느 절에 머물고 있는가?" 하고 물었다. 상사생은 숨길 수 없었다. 그가 남에게 인정을 받음이 이와 같았다. 그의 이론은 대략 '양혜왕은 왕을 함부로 일컬은 자이니 맹자가 만나서는 안 된다.'는 내용인데 지금은 잃어버려서 찾을 수 없다.

김수온이 죽은 뒤 그가 좌화坐化*하였다고 말하는 사람이 있었다. 김시습은 "괴애는 욕심이 많은데 어찌 그런 일이 있었겠는가? 설령 있었다 하더라도 좌화는 예禮가 아니다. 나는 다만 증자曾子의 역책易簀*과 자로子路의 결영結纓*을 들었을 따름이다. 다른 것은 알지 못한다."고 하였다. 대체로 김수온이 부처를 좋아하였기 때문에 그렇게 말한 것이다.

1481년 성종 12 김시습은 나이 마흔일곱에 갑자기 머리를 기르고 제문을 지어서 할아버지와 아버지 제사를 지냈다. 제문

* 좌화는 도력이 높은 도교의 도사나 불교의 승려가 앉은 채 죽는 것을 말한다.

* 공자의 제자 증자가 위독할 때 대부大夫가 까는 대자리를 깔고 누워 있었다. 아이가 보고 그것을 지적하자 증자는 예가 아니라 하면서 자리를 바꾸라고 하였다. 바꿔 눕히기도 전에 증자는 죽었다. 그 뒤로 선비가 죽는 것을 역책이라 한다. 『예기』「단궁檀弓·상」.

* 공자의 제자 자로는 무용武勇이 뛰어났다. 뒤에 위衛나라 권력 승계의 과정에서 일어난 내란에 연루되어 죽었다. 적군 장수가 창으로 찔러 갓끈이 끊어지자 자로는 "군자는 죽어도 갓을 벗을 수 없다."고 말한 뒤 갓끈을 다시 매고 죽었다. 『춘추좌씨전』「애공哀公」 15년.

은 대략 이러하였다.

"순 임금이 오교五教, 오륜를 베풂에 부자유친父子有親이 앞에 있었고, 죄가 3천 가지로 나열되지만 불효가 큰 것입니다. 하늘과 땅 사이에 살고 있는 이로서 누구인들 가르치고 길러주신 은혜를 저버리겠습니까. 어리석고 미련한 소자는 가문의 적통과 서출本支* 전체를 이어야 하나 이단에 깊이 빠졌다가 말년에야 겨우 뉘우치고 있습니다. 이에 예전禮典을 상고하고 성경聖經, 유가의 경전을 찾아보고서 먼 조상을 추모하는 큰 의례를 강구하여 정하고, 청빈한 생계를 참작하여 간략하고 정결하기를 힘써 성의가 담긴 제수를 차렸습니다. 한 무제漢武帝는 일흔 살에야 비로소 전 승상田丞相의 말을 깨달았고,* 원元의 덕공德公은 백 살에야 허노재許魯齋의 권고에 감화하였습니다."*

* 본지에서 본本은 적장자를 말하고 지支는 맏아들 이하의 자식과 첩의 소생을 아울러 일컫는 말이다.
* 전 승상은 전천추田千秋이다. 한 무제 말년에 방사인 강충江充의 무고誣告로 황태자가 반란을 도발하였다가 죽는 사건이 일어났다. 전천추가 태자의 억울함을 호소하는 상소를 올려 진상을 알게 된 한 무제는 강충과 일족을 죽여 태자의 억울함을 풀어 주고 전천추를 재상으로 삼아 국정을 일신하였다.
* 덕공은 노재魯齋 허형許衡과 동시대의 승려이다. 허형이 거주하는 집 가까이에 덕공이라는 백 살이 넘은 승려가 있었다. 덕공이 허형에게 "노승은 100년 동안 고행을 하였는데도 부처가 되지 못하고 한갓 불효한 사람이 되고 말았습니다. 지하에 계신 조상을 뵙기가 부끄럽습니다. 다만 젊은 중들에게 환속하여 너희 조상의 후사인 너희들 목숨을 누리라고 권하였습니다."라고 말하고 나서 죽을 때까지 한 사람도 제도하지 않았다. 『노재유서魯齋遺書』「고세략考歲略」.

드디어 안씨의 딸에게 장가들어 아내로 삼았다. 많은 사람이 벼슬하라고 권하였으나 김시습은 끝내 지조를 굽히지 않고 그대로 마음 내키는 대로 살았다. 달 밝은 밤이면 즐겨 「이소경離騷經」[*]을 외웠고 외우고 나면 반드시 통곡하였다. 혹 송사하는 곳에 들어가서는 궤변을 늘어놓아 그른 것을 바른 것으로 만들어서 반드시 이겼으며, 판결 문안이 이루어지면 크게 웃고는 파기해 버렸다. 자주 저자에 뛰노는 아이들과 어울려 놀며 취하여 길가에 드러눕기도 하였다.

하루는 영의정 정창손鄭昌孫이 저자를 지나가는 것을 보고 "이놈아, 멈추어라!" 하고 큰 소리로 불렀다. 정창손은 못 들은 체하였다. 사람들이 위험한 일로 여기고 서로 알고 지내던 사람들이 절교하였는데 오직 종실宗室인 수천부정秀川副正 이정은李貞恩과 남효온南孝溫·안응세安應世·홍유손洪裕孫 등 몇 사람만 줄곧 변함이 없었다.

남효온이 김시습에게 "내 소견은 어떠한가?"라고 묻자 김시습은 "창구멍으로 하늘을 엿보는 거지." 하고 대답하였다. 소견이 적은 것을 이른다. "동봉東峯, 김시습은 소견이 어떠한가?" 하고 묻자 "넓은 뜰에서 하늘을 우러러보는 거네." 소견은 높으나 행실이 미치지 못함을 이른다. 라고 하였다.

* 굴원이 지은 『초사楚辭』의 한 편이다. 사辭와 부賦 장르의 으뜸으로 여겨졌다. 굴원이 참소를 받아 정신적으로 방황하면서 양심 있는 지식인의 불우한 현실을 읊었다.

얼마 뒤 아내가 죽자 다시 산으로 돌아가 두타의 모습頭陀, 불가에서 머리를 깎아 눈썹과 같게 한 것을 두타라고 한다.을 하였다. 강릉과 양양 지방을 즐겨 돌아다녔고 설악·한계·청평 등지의 산에 많이 머물렀다. 유자한柳自漢이 양양의 수령으로 있으면서 예로써 대하며 가업을 회복하고 세상에 나가기를 권하자 김시습은 서신을 보내 사절하였는데 이런 내용이 있었다.

"긴 보습을 만들어서 복령이나 창출을 캐겠소. 온 나무가 서리에 얼어붙거든 중유仲由, 자로의 온포縕袍를 손질하고, 온 산에 눈이 쌓이거든 왕공王恭의 학창의鶴氅衣를 손질하렵니다.* 실의에 빠져서 세상에 사는 것보다는 소요하며 한평생을 보내다가 천년 뒤에나 내 속뜻을 알아주기를 바라는 편이 낫습니다."

1493년성종 24 홍산鴻山, 부여 무량사無量寺에서 병들어 누워 죽었다. 향년이 쉰아홉 살이었다. 화장하지 말고 절 옆에 임시로 빈소를 차려 두라고 유언하였다. 3년 뒤 장사 지내려고 빈소를 열어 보니 안색이 살아 있는 것 같았다. 승려들이 놀라 탄식하며 모두들 부처라고 하였다. 마침내 불교 의식에 따라

* 자로는 솜두루마기를 입고서 갖옷을 입은 사람과 어울려서도 부끄러워하지 않았다고 공자의 칭찬을 받았다. 진晉의 왕공은 용모와 자태가 아름다웠는데 눈 오는 날 학의 털로 만든 옷을 걸치고 가는 것을 보고 맹창孟昶이 신선이라고 찬탄하였다고 한다. 자로와 왕공을 일컬은 것은 아무리 현실이 혹독해도 지조를 굽히지 않겠다는 뜻이다. 『논어』「자한子罕」, 『세설신어世說新語』「기선企羨」

다비茶毗, 불가에서 화장하는 것을 말한다.를 하고 뼈를 거둬서 부도浮圖, 작은 탑을 이른다.를 만들었다.

생시에 손수 늙었을 때와 젊었을 때의 화상 둘을 그리고 또 스스로 찬贊을 지어서 절에 남겨 두었다. 찬의 끝에 다음과 같이 읊었다.

네 모습이 지극히 보잘것없고 爾形至藐
네 말이 아주 미련하다 爾言大侗
마땅하다, 너를 宜爾置之
산골에다 두는 것이 溝壑之中

지은 시문은 흩어지고 잃어버려서 열에 하나도 보존되지 못하였는데 이자李耔·박상朴祥·윤춘년尹春年 등이 앞뒤로 수집해서 인쇄하여 세상에 내놓았다고 한다.

신은 삼가 생각건대, 사람은 천지에 가득한 기운을 받고 태어나는데 맑고 흐리며, 두텁고 엷은 것이 가지런하지 않기 때문에 나면서 아는 이와 배워서 아는 이의 구별이 있습니다. 이는 의리로써 말한 것입니다. 김시습과 같은 사람은 나면서부터 글을 터득하였으니 문자에도 나면서부터 아는 이가 있는 것입니다.

거짓으로 미친 체하여 세상을 도피한 은미한 뜻은 가상하나 반드시 명교名敎, 유교를 포기하고 방탕하게 스스로 마음 내키는 대로 한 것은 무엇 때문입니까? 비록 빛을 감추고 그림자를 숨겨 후세에 김시습이 있었다는 것을 알지 못한다 한들 무슨 근심할 게 있겠습니까. 그의 인품을 생각해 보건대, 재주가 타고난 그릇 밖으로 넘쳐흘러서 스스로 지탱하지 못하였던 것이니 가볍고 맑은 기氣는 풍부하게 받았으나 두텁고 무거운 기는 부족하게 받은 이가 아니겠습니까.

비록 그러하나 절의를 표방하고 윤리를 부지하며 지조를 끝까지 추구한 것을 보면 해와 달과 더불어 밝기를 다툴 만합니다. 그의 기풍을 들으면 나약한 사람도 일어설 터이니 비록 백세百世의 스승이라 한다 하여도 근사합니다. 애석합니다! 김시습이 날카로운 자질로 학문과 실천의 공부를 갈고닦았더라면 성취할 바를 어찌 헤아릴 수 있었겠습니까.

아! 바른말과 준엄한 논의로 기피해야 할 것도 범하고 건드리며, 높은 벼슬아치를 꾸짖고 욕하기를 조금도 서슴지 않았으나 당시에 그의 잘못을 들어 말하였다는 것을 듣지 못하였으니, 우리 선왕의 성대하신 덕과 높은 재상의 넓은 도량이야말로 선비로 하여금 말을 공손하게 하도록 하는 말세와 견주어 볼 때 그 득실이 어떠합니까. 아! 훌륭하도다.

이이가 왕명을 받들어 기록한 김시습의 전기이다. 김시습의 일화와 행적을 간략히 기술하고 끝에 평론을 덧붙였다. 이이는 김시습의 자질을 높이 평가하고 날카로운 자질을 갈고닦아 성취하지 못한 점을 안타깝게 여긴다. 이이는 김시습을 매우 존경하였다. 젊은 때 지은 '우연히 읊다偶吟'라는 시에서 "사마천은 내가 사모하는 사람, 김시습은 내가 친애하는 사람子長吾所慕, 悅卿吾所親"이라고 읊었다. '산수의 흥을 찾기 위해서가 아니라 내가 지닌 진실을 온전히 하고자' 정신의 자유, 정신의 순수함을 지키기 위해 세속의 눈에는 기행과 파행으로 보이기까지 하는 행적을 보인 김시습처럼 이이도 젊은 한때에 정신적 방황을 하면서 자유를 찾아 나선 적이 있었다. 이 글에도 김시습을 친애하는 이이의 감정이 드러난다.

김시습에 관한 관심은 자연 단종 복위라는 역사적 사건과 사육신, 생육신에 관한 평가와 이어진다. 선조가 김시습의 전기를 지어 올리라고 한 것을 보면, 그때까지도 인민의 정서에는 단종과 사육신, 생육신에 관한 연민이 있었고, 아울러 정의를 묻어 두어야만 하는 현실을 인민이 부조리하게 여기고 있다는 점을 감지한 선조가 심리적으로 부담을 느끼고 있었음을 알 수 있다.

사육신은 충신이다. 이 점을 유학자로서는 자명한 사실로 여긴다. 한편으로 유학자가 나라의 치부를 드러내지 않는다는 것도 춘추대의春秋大義의 하나이다. 사육신의 충절을 기리는 것과 세조 이후 왕실의 계보에 대한 인정이라는 둘 사이의 갈등은 조선 시대 학자 관료의 이

율배반적인 심리였다.

사육신에 대한 인민의 동정과 연민은 세조의 혈통인 선조의 감정과 다를 수밖에 없다. 선조는 1576년 선조 9 에 남효온이 지은 『육신전六臣傳』을 가져다 보고서 크게 노하여 언론을 탄압하려고 시도하였다. 이 때의 일과 관련된 사건이 이이의 『경연일기』에 기록되어 있다. 이 일이 있은 지 6년 뒤에 선조가 이이에게 김시습에 관해 기록해 올리라고 한 것은 단종 복위와 세조의 찬탈이 유교 사회 조선에 그때까지도 도덕적 명분에 관한 부담을 안겨 주고 있었음을 나타낸다.

극기복례에 대한 설
克己復禮說

가만히 생각건대, 인仁이란 본래 마음의 전체 덕이요,* 예禮는 천리를 인간관계에서 마디지어 꾸민 것이요, 기己란 한 몸의 사사로운 욕망입니다. 사람은 누구나 이 본래 마음을 갖추고 있지 않음이 없건만 인하지 못하는 까닭은 사사로운 욕망이 끼어드는 데서 비롯합니다. 사사로운 욕망을 제거하려면 모름지기 몸과 마음을 정돈하여 한결같이 예에 따른 뒤에야 한 몸의 사사로운 욕망己을 극복할 수 있으며 예를 회복할 수 있습니다.

의義와 예와 지智가 다 같이 천리인데 유독 예만 들어서 말한 것은, 예는 몸과 마음을 검속하는 것이기 때문입니다. 따라서 보고 듣고 말하고 행동하는視聽言動 것이 모두 하늘의 법칙을 따르고 여러 상황에서 대처하는 모든 행위動容周旋가 모두 절도와 꾸밈에 맞으면, 마음의 덕이 이에 온전해지고 의와

* 인은 의·예·지와 함께 마음에 본래부터 갖추어진 본성의 덕 가운데 하나이지만 또한 의·예·지를 포괄하여 인이 전체를 대표한다. 그래서 인을 마음의 전체 덕이라 한 것이다.

지가 그 가운데 있을 것입니다.

안자顏子는 한번 성인의 교훈을 듣고 그것을 짊어지고 용감히 나아가 바로 천성을 회복하였는데 이것이 유독 그가 '배움을 좋아한다好學'고 칭찬을 받은 까닭입니다.

우리나라 사람의 소견은 고루하여서 다만 정주程朱의 학설만 고수할 뿐 달리 더 부연할 만한 도리가 없으니 비록 그 울타리에 얽매이지 않으려고 하여도 할 수 없습니다. 이제 밝은 물으심으로 인하여 마음으로 추구하는 것을 열게 되고 말로 표현하려는 것을 펼 수 있게 되었으니 놀랍고 고맙기 그지없습니다.

중국 성리학의 세계에는 반드시 정주를 계승하여 일어난 사람이 있을 터인데 지금 선비들의 여론이 도통道統을 이을 수 있다고 인정하는 사람은 누구입니까? 원컨대, 고명하신 가르침을 받아 좁은 소견으로 갖는 의문을 없애기를 원합니다.

마흔일곱 살 되던 1582년 겨울에 명의 사신 황홍헌黃洪憲을 위해 지은 글이다. 안연이 공자에게 인에 대해 물었을 때 공자가 '극기복례'를 인이라고 대답한 의미를 성리학적 관점에서 풀이하고 중국 학계의 동향을 묻는 내용을 덧붙였다.

생질 홍석윤에게 주는 글

贈洪生錫胤說

내 생질 홍석윤이 모친을 뵈러 돌아가려 하면서 나더러 말하였다.

"제가 배우고자 하지 않는 것은 아닌데도 뜻을 세우지 못하여 그럭저럭 날만 보내고 있습니다. 원컨대 경계하는 말씀을 얻어 자리 오른쪽에 붙여 놓고 아침저녁으로 살펴보며 나태한 마음을 일깨우고자 합니다."

"옥은 쪼지 않으면 그릇을 만들지 못하고 사람은 배우지 않으면 도리를 알지 못한다. 도리를 알지 못하면 사람이 될 수 없다. 선비이면서 배우지 않는 자는 모두 금수가 되는 것을 꺼리지 않는 자들이다. 이미 금수가 되는 것을 꺼리지 않는다면 자리에 경계하는 말을 두고 돌아본다 한들 무슨 도움이 되겠는가?"

석윤이 거듭 청하였다.

"원래부터 배우려 하지 않는 사람에게는 경계하는 말이 소용없겠지요. 그러나 배우고자 하나 배우지 못하는 사람은 경계하는 말을 대하면 자극이 됩니다."

"그렇다. 사람의 병폐에 두 가지가 있다. 하나는 혈기血氣의 병이고 다른 하나는 지기志氣의 병이다. 혈기의 병은 의원에게 묻고 약물을 구하여 외물外物로 치료한다. 지기의 병은 스스로 깨닫고 스스로 수양하여 내심內心으로 다스린다. 외물로 다스리는 것은 주권이 남에게 있고, 내심으로 다스리는 것은 주권이 나에게 있다. 주권이 남에게 있는 것은 많은 사람들이 지성껏 다스리기를 추구하면서도 주권이 나에게 있는 것은 조금도 힘을 쓰지 않는다. 아! 또한 괴이하다.

참으로 스스로 수양하려거든, 게으른 것이 병인 줄 알면 부지런하고 독실함勤篤으로 다스리고, 욕심이 병인 줄 알면 이치를 따름循理으로 다스린다. 몸과 마음을 엄격하게 검속하지 못하는 것이 병인 줄 알면 근엄하고 장중함矜莊으로 다스리며, 생각과 사려念慮가 어지러이 흩어지는 것이 병인 줄 알면 마음을 하나로 모음主一으로 다스려야 한다. 병은 비록 내 몸에 있지만 약은 밖에서 구하는 것이 아니므로 다스리지 못할 것이 없다. 어찌 배움을 성취하지 못할 것을 근심하겠느냐?"

"원컨대 몸가짐의 요체가 되는 말을 들려주십시오."

"집에 들어와서는 효도하고 밖에 나가서는 공경하며, 글을 읽어서 이치를 탐구하는 바탕을 삼고, 착한 일을 행하여 본성 회복을 추구하며, 고요하면 경건으로 마음中을 곧게 하고 움직이면 의로움으로 몸外을 반듯하게 하며, 용맹으로 자기를 채찍질하고 오래도록 변치 않음으로써 몸가짐을 지켜야 한다. 이와 같은 것일 뿐이다."

1582년에 누이의 아들인 홍석윤이 이이의 문하에서 배우다가 어머니를 뵈러 돌아가면서 좌우명을 청하자 써 준 훈계의 글이다. 학문을 하는 사람의 몸가짐과 마음의 태도를 간결하면서도 포괄적으로 진술하였다. 유교적 학문 방법론과 수양론을 요령 있게 정리한 것이다.

말과 행실의 어려움
言行難

어떤 사람이 우재愚齋에게 물었다.

"그대의 말은 옛 성인을 추구하여 스승으로 삼는데 그대의 행동은 세속 선비와 섞여서 그것을 따르니 어찌 말과 행동이 서로 어긋나는가?"

우재가 대답하였다.

"성현을 스승으로 삼는 것은 무엇을 말하고 세속 선비를 따르는 것은 무엇을 말하는가?"

"그대의 말은 반드시 도道와 덕德과 인仁과 의義를 귀의歸依로 삼으면서 그대의 행동은 반드시 공功, 공적과 명名, 명성과 이利, 이익와 예譽, 명예를 추구하네. 도·덕·인·의는 성인이 성인에 이르는 수단이요, 공·명·이·예는 세속 선비가 세속 선비로 된 까닭이니 어찌 서로 어긋나는 것이 아니겠는가? 도덕에 뜻을 둔 사람은 공명이 족히 그 마음을 움직일 수 없는데 그대는 공명에 마음을 움직이면서 입으로는 도덕을 이야기하니 그래서야 되겠는가?"

우재가 말하였다.

"그대가 어찌 내 말과 행동을 알겠는가?"

손님이 정색을 하고 말하였다.

"그대의 입에서 나오는 말은 공자의 말씀이 아니면 증자, 맹자, 정자, 주자의 말씀이니 어찌 옛 성인을 추구하는 것이 아닌가? 그대의 몸으로 행동하는 것은, 첫째는 과거에 합격하여 명성을 구하는 것이요, 둘째는 공리功利를 추구하는 것이요, 셋째는 빛나는 명예를 구하는 것이니 이 어찌 세속 선비와 뒤섞인 것이 아닌가?"

우재는 용모를 가다듬고 단정하게 앉아서 한참 동안 수심에 잠겨 있다가 이윽고 말하였다.

"그대가 알 바 아니네. 말이란 마음에 쌓여서 밖으로 표현되는 것이며, 행동이란 몸에서 일어나 일에서 작동하는 것이네. 근거가 없는 말은 오래갈 수 없고 실상이 없는 행동은 진실하지 못하네. 나 같은 사람은 성인을 배우고자 하였으나 이르지 못한 사람이네. 성인의 도는 스스로 선해지려고 할 뿐만 아니라 나의 선을 미루어서 남에게 미치게 하고자 하는 것이네. 나를 미루어 남을 감화하는 일은 성인이 아니면 할 수 없고, 비록 성인이라 하더라도 지위를 얻지 못하면 할 수 없네. 오늘날 지위를 얻는 것은 과거로 명성을 얻거나 빛나는 명예가 아니면 할 수 없네. 이를 버리고서는 방법이 없으니 내가 장차 어디로 가겠는가? 내 뜻은 성인을 추구하고 그 지위를 얻고자 하는 것인데 지위를 얻는 것은 사사로운 일이 아니라 천하 공공의 일이네. 성인을 추구하고자 하기 때문에 말은 성인을 배우고, 그 지위를 얻고자 하기 때문에 행동은 세속 선비와 똑같은 것이니 어째서 서로 어긋남이 있겠는가?"

"그대는 어찌 스스로 과대평가하는가? 그대는 성인인가?"

"내 몸은 성인이 아니지만 내 본성은 성인이니 그것을 넓혀서 채우면 될 뿐이네. 나는 바야흐로 이를 위해 노력하고 있으며 감히 스스로 성인으로 자인自認하는 것은 아니네."

"오늘날 관직에 종사하는 사람들이 다 그대의 마음과 같은가? 아니면 우르르 떼를 지어 나아갔다 떼를 지어 물러나며 관료의 숫자나 채우고 있는가? 아니면 자기 사사로움을 헤아리고 공공을 망각하여 부귀를 탐내고 있는가? 아니면 초월한 성인이 있는가? 아니면 성인도 아니고 어리석은 사람도 아닌 자가 있는가?"

우재는 한참 묵묵히 있다가 이윽고 크게 한숨을 쉬며 말하였다.

"내가 알 바가 아니네."

❁ 1582년에 문답 형식으로 말과 행동이 일치하기가 어려움을 논란한 글이다. 이이는 이 글에서 우재라는 별호別號를 사용하였다. 손님

이 우재에게 말은 성현의 도덕과 인의를 추구하면서 행동은 세속 선비와 같이 공명과 이익, 명예를 추구한다고 비판하자 자기는 성인을 배우고자 하였으나 거기에 이르지 못하였을 뿐이고 과거를 추구하는 것도 교화를 하기 위한 지위를 얻고자 하는 것이라고 변론한다. 성인을 추구하기 때문에 말은 성인을 배우고 지위를 얻고자 하기 때문에 세속의 선비와 같이 행동한다는 것이다. 이이는 또 현재 자기의 몸은 성인이 아니지만 자기의 본성은 성인이니 성인이 되는 것은 본성을 확충하는 데 달려 있을 뿐이라는 성인에 대한 관점을 제시하였다.

이 글에서도 진리를 추구하는 양심적 지식인과 현실적 생활인, 정치인으로서 겪는 자기 정체성의 혼란과 분열에 대한 조선 지식인의 고뇌를 엿볼 수 있다. 조선 시대 지식인이 사회 활동을 할 수 있는 거의 유일한 통로가 과거였기 때문에 학문을 하고 사회를 위해 봉사하려면 과거를 거치지 않을 수 없었다. 한편으로 학자로서 학문적 진리를 추구하는 일은 세속의 명예나 지위, 권력, 물질적 이익과는 다른 것을 지향하는 일이었기 때문에 성인의 글을 읽고 외는 공부와 과거에 합격하기 위해 익히는 공부 사이에는 심각한 불일치가 있었다. 과거를 통해 출사한 학자 관료들도 순수하게 정치적 야망이 강렬하고 권력에 대한 감각이 탁월한 사람이 아닌 한 평생 이런 딜레마를 안고 살았다.

서울을 떠나 배를 타고 해주로 내려가며
去國舟下海州

사방 멀리엔 온통 먹구름	四遠雲俱黑
중천에는 한창 해가 밝은데	中天日正明
외로운 신하가 눈물을 한 움큼	孤臣一掬淚
한양성 향해 뿌리고 있네	灑向漢陽城

1583년 6월에 삼사三司의 탄핵을 받고 물러나면서 지은 시이다. 이때 여진족 2만 군사가 함경도 종성을 포위하여 북쪽 변경의 상황이 위급하였다. 당시 이이는 병조 판서로 있으면서 비상시국을 헤쳐 나가기 위해 군사를 선발하여 전선에 보내고 군수 물자를 조달하고 출정한 병사의 처자식에 대한 구호 등으로 밤낮없이 애쓰고 있었다. 급히 전마戰馬를 징발하기 위해 임기응변으로 3등 이하의 사수射手에게 말을 바치면 병역을 면제하자고 청하는 한편 왕의 재가를 받기 전에 일부 시행하였다. 또 왕의 소환에 나아가다가 격무에 시달린 끝에 현기증이 발작하여 병조에서 잠시 쉬었다. 이런 일로 삼사의 탄핵을 받았던 것이다. 이에 이이는 사직을 청하였으나 허락을 받지 못하였다.

그러자 다시 사간원과 홍문관에서 탄핵 상소가 올라와서 논란이 일어났고 선조는 이이의 사직을 허락하였다.

결국 이이는 해주 석담으로 돌아가면서 이 시를 지었다. 사방의 검은 구름은 사리사욕을 추구하는 신하, 중천의 밝은 해는 임금을 상징한다. 신하들은 사리사욕에 눈이 멀어 이이를 탄핵하고 파직을 청하였지만 임금은 그래도 밝은 판단력을 갖고 이이를 변호하고 이이의 심중을 헤아려 주었다. 그러나 임금도 결국 이이의 명예와 자존심을 지켜주는 선에서 사직을 허락한다. 임금을 올바르게 보좌하여 나라를 이끌어 가려던 외로운 신하는 결국 한 움큼 눈물을 뿌리며 서울을 떠날 수밖에 없었다.

서 어사에게 주는 방략 여섯 조목

六條方略與徐御史

첫째, 번호藩胡, 변방의 오랑캐를 어루만져 받아들이되 임금의 인덕을 베풀고 다음과 같이 말하십시오.

"너희 무리 중에 왕명을 따르지 않는 자가 있어 군사를 일으켜 모반하기까지 하였다. 장수와 무사들이 분발하여 일어나 병력을 다 모아서 소굴을 말끔히 소탕하려고 하였다.

상께서 불쌍히 여겨 '저들이 울타리와 담장藩屛이 된 지도 이미 수백 년이라 우리 백성과 다름이 없는데, 하루아침에 무지하고 못난 소소한 무리가 제 스스로 공손하지 않은 짓을 하고 옥석玉石을 변별하지 못한다고 해서 대뜸 토벌한다면 비록 한때 통쾌할 수는 있겠으나 실은 백년의 원한을 맺게 된다. 이제 모름지기 무마하고 진정시켜서 항복하는 자는 처음과 같이 대하면 항복하지 않는 자는 그 태도가 절로 다를 것이다. 이와 같이 나누어 변별한 뒤에 정벌하는 것이 옳다.' 하고 이르셨다. 너희들이 입에 먹을거리와 몸에 입을 옷을 얻고, 처자식을 편안히 보전하여 오늘날에 이른 것은 모두 우리 성상聖上의 인덕이다.

너희들은 장차 무엇으로써 보답하려느냐? 이제 거의 모든 번호의 항복을 받아들였고 홀로 곤궁한 도적이 된 자는 이호尼胡, 이탕개뿐이다. 이호 한 사람 때문에 너희들의 항복도 분명하지 않게 되었다. 이와 같이 질질 끌어서 금년 봄여름까지도 전쟁이 오히려 그치지 않는다면 너희들은 반드시 안심하고 농사를 지을 수 없을 것이다. 어찌하여 한낱 이호 따위로 해서 이 수백 리 번호를 곤궁하게 한단 말인가. 이호는 종전에 항복하려고 하였지만 마음속으로 의심하여 항복하지 않고 나왔다가 물러갔다 하였으니 이것이 어찌 항복하는 도리이냐.

너희들은 명간明看의 일을 들어보지 못하였느냐? 단신으로 처자식을 거느리고 경원慶源에 투항하여 마침내 죽지 않고 전과 같은 대우를 받았다. 이는 참다운 투항이요, 참으로 항복을 받아들인 것이다. 이호도 만약 명간처럼 한다면 또한 마땅히 처음과 같이 대접할 것이다.

그렇지 않으면 전쟁이나 수비를 빨리 결단하여 우리 병력을 다 동원해서 저들의 부락을 섬멸할 터인데 너희들도 또한 마땅히 말을 먹이고 군사를 독려하여서 달아나는 도적을 같이 토벌해야 하며 앉아서 성패를 관망하다가 뒷날 죄책을 자초해서는 안 될 것이다."

이와 같이 타이르고서 만약 불을 질러 소탕할 때는 온성穩城·종성鍾城·회령會寧 등지의 여러 추장의 처자식을 모두 성중에 볼모로 잡아 두되 극히 후하게 대접하고 또한 반드시 급박하게 재촉하지 말고 다만 나라를 향한 충의의 정성으로 감동시킨다면 저들도 반드시 즐거이 따를 것입니다.

둘째, 군사를 남용하고 무력을 욕되게 한다는 것은 영토를 다투어 사람을 죽이는 일도 마지않는 것을 이르는 말입니다. 지금 이호는 성저城底의 번호*로서 대대로 나라의 은혜를 받아 직품職品이 자헌資憲, 자헌대부에 이르고 드디어 거물 추장이 되었으니 제 한 몸의 부귀와 토지를 소유하고 인민을 소유하는 것은 털끝만 한 것까지도 모두 나라의 은혜입니다. 이런 오랑캐가 하루아침에 감히 침범하여 난을 일으켜서 여러 차례 수만의 무리를 동원하여 우리 변방의 성을 포위 공격하고 우리 변방의 백성을 마구 죽였습니다. 만약 이 오랑캐 종족을 죽여 없애지 않고서는 우리 임금의 위엄을 펴서 번호를 길이 어루만질 방법이 없을 것입니다.

지금 의론하는 자가 모두 이호를 토벌하는 거사를 마치 낭거서산狼居胥山에 깊이 들어가는 일처럼 여기니* 장수와 무사

* 성저의 번호는 6진의 성 부근에 사는 여진족 부족을 일컫는 말이다. 성저야인城底野人이라고도 한다.

* 낭거서산은 기원전 119년에 곽거병霍去病이 대군代郡을 나가 흉노를 치고 봉한 산 이름이다. 낭거서산이 어디인지에 대해서는 아직 정설이 없다. 여기서는 아마도 지형도 익숙하지 않은 깊고 험한 적지에 들어가는 일로 여긴다는 뜻으로 보인다.

의 소견이 녹록함은 참으로 개탄할 만합니다. 비록 그러하나 끝내 그만두어서는 안 됩니다. 저 이호가 만약 우리 군사의 위엄을 듣고 명간이 항복하였듯이 무릎으로 기어서 원문轅門, 군영의 문에 이른다면 혹 피차 무사할 수 있을 것입니다.

그렇지 않으면 번호의 항복을 받아들이는 일을 마치고 그 처자식을 볼모로 잡은 뒤 번호를 향도嚮導로 삼아 말 재갈을 나란히 하여 일제히 진격하여서 불의에 덮쳐 습격하면 저들이 비록 장정은 도주하더라도 노약자는 또한 많이 그대로 붙잡힐 것입니다. 노약자와 처자식을 죽이거나 치지 말고 모두 몰고 돌아와서 뒷날을 위한 볼모로 삼고, 그 부락은 큰 도끼로 낱낱이 파괴하여 흔적도 남기지 말아야 합니다. 이와 같이 하면 저들이 앞으로 나아가도 투신할 데가 없고 뒤로 물러가도 의거할 데가 없으며, 또한 노약자와 처자식이 죽지 않았다는 소식을 들으면 또한 반드시 투항을 계획할 것입니다.

셋째, 근래 사명使命*이 잇따라서 남북도함경도가 괴로움을 견디지 못합니다. 별명別命, 어떤 일을 위해 특별히 명을 받은 사자은 공궤供饋*를 간략하게 하고 여러 고을이 잘 해내지 못하는 일이 있더라도 모름지기 대뜸 위엄과 노기를 보이지 말기를 바

* 사명은 왕의 명을 전달하는 일 또는 왕의 명을 전달하는 사자使者를 말한다.
* 공궤는 음식을 비롯하여 사명을 수행하는 데 따르는 모든 편의를 제공하는 일을 말한다.

랄 뿐입니다. 별명을 띤 사신은 원수元帥와 서로 의기투합하지 못하는 일이 자주 있으므로 천하의 일이 실패는 많고 성공은 적습니다. 이런 뜻을 모름지기 십분 헤아려서 예의와 겸양을 극진히 하여 원수를 대하며 모든 일을 모두 온화하게 상의하여 정하고 조금도 어겨서 거스르는 뜻이 없어야 합니다.

넷째, 여러 고을의 장수 가운데 아무개는 대장으로 삼을 만하고, 아무개는 전장戰將으로 삼을 만하고, 아무개는 수장守將으로 삼을 만하며, 아무개는 재략才略은 있지만 무예가 부족하고, 아무개는 무예는 있지만 재략이 부족하며, 누가 재략과 무예를 겸비하고 있는가 하나하나 상세히 살펴두면 뒷날 재능에 따라 쓸 수 있습니다.

다섯째, 원수와 곤수閫帥, 병사나 수사가 서로 화합하지 않는다는 말이 바야흐로 많이 들리는데 사실이 그러한지 아닌지 알지 못하겠습니다. 모름지기 마음을 두고 혹 융화하여 서로 더불어 일할 수 있을지 여부를 상세히 살펴야 합니다. 만일 융화할 수 없다면 어찌 크게 근심할 일이 아니겠습니까.

여섯째, 변장邊將, 변경의 일정한 지역의 국경 수비를 맡은 장수은 대개가 모두 반드시 겁쟁이는 아니니 그 가운데 어찌 비분강개하여 오랑캐의 무리를 소탕하려는 자가 없겠습니까. 변장의 실정을 하나하나 상세히 살필 때 그 사람의 재능 여부도 보아야 합니다.

이이가 마지막으로 남긴 글이다. 마흔아홉 살이 되는 1584년 초부터 이이는 병으로 누워 있었다. 정월 14일에 서익徐益이 순무사巡撫使로 북쪽으로 가게 되자 방략을 알려 주려고 입으로 불러 주며 아우 이우李瑀에게 받아쓰게 한 것이다. 마지막 숨이 다하는 순간까지도 그의 우국충정은 조금도 줄지 않았다.

국경의 개념이 불명확한 시대에 변경에 거주하는 여진족의 출몰은 조선의 국방 대책에서 이른바 '북로남왜北虜南倭'라고 일컬어질 만큼 중대하고 심각한 문제였다. 그러나 당시 조선은 남쪽이든 북쪽이든 변경에 소요가 일어났을 때 임시 미봉으로 겨우겨우 때워 나가는 정도로 국방 대책이 부실하였다. 게다가 문관이든 무관이든 지방관의 횡포와 착취가 극심하여 나라의 기강이 송두리째 무너지고 있는 형편이었다.

이 글에서 이이는 상황에 따라 귀순과 반항을 번갈아 하는 여진족에 대한 대처, 구체적 소탕과 회유의 방안, 파견된 관리를 접대해야 하는 현지 주민의 부담, 지방 주재 사령관과 임시로 파견된 순무사 사이의 갈등, 현지 인재의 활용 방안 등 북쪽 변방의 소요를 안정시키기 위한 구체적이고도 포괄적인 대책을 정리하여 제시하였다.

1536년 중종 31, 1세

- 12월 26일 강릉 북평촌 외가에서 태어났다. 어머니 신사임당이 태몽으로 용꿈을 꾸고 태어나던 전날 용꿈을 꾸어서 어릴 때 이름을 현룡見龍이라 하였다.

1541년 중종 36, 6세

- 어머니를 따라 서울 본집으로 올라왔다.

1542년 중종 37, 7세

- 「진복창전陳復昌傳」을 지었다.

1543년 중종 38, 8세

- 「화석정花石亭」 시를 지었다.

1548년 명종 3, 13세

- 진사 초시에 합격하였다.

1551년 명종 6, 16세

- 모친상을 당하였다. 「돌아가신 어머님 행장先妣行狀」을 지었다.

1552년 명종 7, 17세

- 상복을 벗고 심상心喪을 더 입었다.

1553년 명종 8, 18세

- 가을에 심상을 벗고 관례를 하였다.

1554년 명종 9, 19세

- 성혼成渾과 친교를 맺었다.
- 봄 3월에 금강산으로 들어갔다. 불교의 학설과 유가의 학설을 깊이 사색한 끝에 불교를 버리고 유교로 되돌아와 하산하였다. 출가에서 환속까지 정신적 방황의 여정을 읊은 시가 여럿 있다.

1555년 명종 10, 20세

- 11조로 된 「자경문自警文」을 지었다.

1556년 명종 11, 21세

- 한성시에서 장원을 하였다.

1557년 명종 12, 22세

- 9월에 성주 목사 노경린盧慶麟의 딸과 혼인하였다.

1558년 명종 13, 23세

- 예안 도산으로 가서 이황李滉을 찾아뵈었다. 이틀을 묵으면서 학문을 토론하고 시를 주고받았다. 이황이 제자 조목趙穆에게 '후생가외後生可畏'라고 평을 하였다. 강릉으로 가서도 시와 편지를 주고받았다. 겨울에 별시別試에서 「천도책天道策」을 제출하여 장원을 하였다.

1561년 명종 16, 26세

- 부친상을 당하였다.

1563년 명종 18, 28세

- 삼년상을 마쳤다.

1564년 명종 19, 29세

- 7월에 생원시, 진사시에 급제하였고, 8월에 명경과에 급제하여 호조 좌랑에 제수되었다.

1565년 명종 20, 30세

- 봄에 예조 좌랑으로 옮겼다.
- 8월에 보우普雨를 논박하는 소疏와 윤원형尹元衡을 탄핵하는 소를 올렸다.
- 11월에 사간원 정언에 제수되어 소를 올려 사양하였으나 윤허를 받지 못하였다.

1566년 명종 21, 31세

- 3월에 다시 사간원 정언에 제수되었다.
- 5월에 시사時事를 논하는 소를 올렸다.
- 겨울에 이조 좌랑으로 옮겼다.

1567년 명종 22, 선조 즉위년, 32세

- 명종이 승하하자 이황에게 글을 올려 국장國葬을 논하였다.
- 10월에 기대승奇大升과 『대학』의 구절을 논하는 편지를 주고받았다.

1568년 선조 1, 33세

- 2월에 사헌부 지평에 제수되었다. 성혼과 『대학』, 『중용』의 주요 개념을 두고 토론하였다. 천추사 서장관에 차출되어 성균관 직강을 제수 받고 명에 사신으로 다녀왔다.
- 겨울에 돌아와 홍문관 부교리에 제수되었다.

- 11월에 이조 좌랑에 제수되었으나 외조모 이씨의 병환을 구실로 사직하고 강릉으로 내려갔다.

1569년 선조 2, 34세

- 6월에 교리에 제수되었다.
- 9월에 11편으로 된 「동호문답東湖問答」을 지어서 왕에게 올렸다.
- 10월에 외조모의 병환으로 휴가를 받아 강릉으로 내려갔다가 외조모상을 당하여 곡을 하였다.

1570년 선조 3, 35세

- 4월에 교리에 제수되어 조정으로 돌아왔다. 조정으로 돌아오기 전 강릉에서 이황에게 출처出處를 의논하는 편지를 주고받았다. 이황은 이이에게 물러나려고 하지 말고 때에 따라 의리에 맞게 처신하고 배운 바를 저버리지 말라고 충고하였다.
- 10월에 병으로 벼슬을 그만두고 처가가 있는 해주로 돌아갔다. 선비들이 문하에 모여들었다.
- 12월에 이황의 부고를 듣고 신위神位를 배설하여 곡을 하였다. 흰 띠를 띠고 바깥방에 기거하였으며, 만시輓詩를 지었다. 제문을 지어서 아우 이우李瑀를 시켜 가지고 가서 제를 올리게 하였다.

1571년 선조 4, 36세

- 정월에 해주에서 파주 율곡으로 돌아갔다. 이조 정랑에 제수되었으나 나아가지 않았고, 여름에 다시 교리에 제수되어 나아갔다가 제수된 여러 벼슬을 사직하고 해주로 돌아갔다. 고산高山 석담石潭의 구곡九曲에 놀았으며 이곳에 은거할 계획을 세웠다.

- 6월에 청주 목사에 제수되었다. 「서원향약」을 지어서 고을 인민을 교화하였다.

1572년 선조 5, 37세

- 3월에 병으로 체직遞職되어 서울로 들어갔다.
- 여름에 부응교에 제수되었으나 병으로 사직하고 율곡으로 돌아갔다. 성혼과 함께 이기理氣, 사단칠정四端七情, 인심도심人心道心을 논하였다. 영의정 이준경李浚慶이 임종 때 차자를 올려 붕당의 조짐을 경고하였는데 이 차자에 대해 논박하는 소를 올렸다.
- 9월부터 12월 사이에 사간원 정언, 홍문관 응교, 홍문관 전한에 제수되었으나 모두 사직하고 나아가지 않았다.

1573년 선조 6, 38세

- 7월에 홍문관 직제학에 제수되어 병으로 사직하였으나 윤허를 받지 못하였다. 조정에 들어가 사은한 뒤 세 차례나 상소를 하여 사직을 윤허 받았다. 삼사三司에서 상소하여 이이를 머물게 하라고 청하였으나 윤허하지 않으므로 8월에 율곡으로 돌아갔다.
- 9월에 직제학에 제수되어 사양하였으나 왕이 윤허하지 않아 나아가 사은한 다음 또 사양하였으나 윤허를 받지 못하였다.
- 11월에 문과 출신이 아닌 사람에게도 대관臺官이 될 수 있는 길을 열어 놓으라고 청하였다. 이황에게 시호를 내리자는 간청을 그대로 따르기를 청하였다.

1574년 선조 7, 39세

- 정월에 우부승지에 제수되었고, 왕의 구언교서求言教書에 응하여

「만언봉사萬言封事」를 올렸다.

- 3월에 사간원 대사간에 제수되어 두 번 사양하였으나 윤허를 받지 못하였다. 선조가 의영고義盈庫에 보관된 황랍黃蠟 500근을 불분명한 용도로 쓰려고 하여 간관들과 함께 간하다가 감정 대립이 일어나 동료와 함께 사직을 청하였다. 성균관과 사학의 유생들까지 상소하여 결국 선조는 황랍을 도로 의영고에 돌려주었다.
- 4월에 우부승지에 제수되었으나 사직하고 율곡으로 돌아갔다.
- 10월에 황해도 관찰사에 제수되어 소를 올려 황해도의 폐단을 개혁하도록 청하였다.

1575년 선조 8, 40세

- 홍문관 부제학에 제수되어 상소하여 사직하였으나 윤허를 받지 못하였다.
- 6월에 차자箚子를 올려 군주의 덕을 논하였다. 사서四書의 언해諺解를 마쳤다. 동서 붕당의 갈등이 심화하여 붕당의 조정과 중재를 시도하였다.
- 9월에 『성학집요聖學輯要』를 완성하여 올렸다.

1576년 선조 9, 41세

- 2월에 율곡으로 돌아갔다. 은퇴를 결심하였다. 동서 붕당의 정쟁이 격화하였다. 우부승지, 대사간, 이조 참의, 전라도 관찰사에 제수되었으나 모두 병을 구실로 사양하고 나아가지 않았다.
- 10월에 해주 석담으로 돌아갔다.
- 12월에 이듬해 정월에 있는 명종의 비 인순 왕후仁順王后의 소

상小祥 때문에 서울로 들어가 병조 참지에 제수되었으나 사양하여 체직되었다.

1577년 선조 10, 42세

- 정월에 석담으로 돌아갔다. 친족과 함께 모여 살기 위한 규례를 정하였고, 사당에 삭망의朔望儀를 행하였다.
- 12월에 『격몽요결擊蒙要訣』을 완성하였다. 향약과 사창社倉을 의논하여 세우고 해주의 풍속을 교화하였다.

1578년 선조 11, 43세

- 해주 석담에 은병정사隱屛精舍를 지었다. 주희朱熹의 사당을 정사 북쪽에 세우고 조광조와 이황을 배향하려고 계획하였다. 사당은 이이가 죽고 2년 뒤 1586년에 제자들에 의해 건립되었다.
- 3월에 대사간에 제수되어 나아가 사은하고 4월에 율곡으로 돌아갔다.
- 5월에 다시 대사간에 제수되었으나 상소하여 사직하였다.
- 6월에 대사간에 제수되었으나 사양하고 나아가지 않았다. 이조 참의에 제수되었으나 나아가지 않았다.
- 7월에 이지함李芝菡의 상에 조문하였다.
- 겨울에 성혼을 찾아가 작별하고 석담으로 돌아갔다.

1579년 선조 12, 44세

- 3월에 「도봉서원 기문道峯書院記」를 지었다. 『소학집주小學集註』를 완성하였다.
- 5월에 대사간에 제수되었으나 상소하여 사직하고 조정의 붕당을

중재하는 방안을 아뢰었다.

- 7월에 구용첩九容帖의 발문을 지었다.

1580년 선조 13, 45세

- 5월에 「기자실기箕子實記」를 지었다.
- 12월에 대사간에 제수되어 나아가 사은하였다. 「정암 조광조趙光祖 선생의 묘지명」을 지었다.

1581년 선조 14, 46세

- 정월에 흰 무지개가 해를 관통하는 이변이 일어나 정사政事를 닦아서 천재天災를 물리치라는 차자를 올렸다.
- 5월에 가뭄이 극심하여 임금이 대책을 묻자 폐법을 개혁하기 위한 정책을 건의하였다.
- 6월에 사헌부 대사헌에 제수되어 두 번 사양하였으나 윤허를 받지 못하였다. 예문관 제학도 겸하게 되어 사양하였으나 윤허를 받지 못하였다.
- 8월에 체임遞任되었다.
- 9월에 대사간에 제수되었으나 병으로 사직하였다.
- 10월에 호조 판서에 제수되어 사양하였으나 윤허를 받지 못하였다. 입대하여 조광조와 이황을 문묘에 배향하라고 청하였다. 이언적李彦迪의 『대학보유大學補遺』를 비평하는 「대학보유후의大學補遺後議」를 지었다. 폐정의 개혁을 주관할 경제사經濟司 설치를 건의하였다. 박운朴雲이 지은 『격몽편擊蒙編』의 발문을 지었다. 중국 사람 진건陳建이 지은 『학부통변學蔀通辨』의 발문을 지었다.

『경연일기經筵日記』를 완성하였다.

1582년 선조 15, 47세

- 정월에 이조 판서에 제수되어 세 번 사양하였으나 윤허를 받지 못하였다. 왕명으로 「인심도심에 관한 그림과 설명人心道心圖說」을 지어서 올렸다. 「김시습전金時習傳」을 지어서 올렸다.
- 8월에 형조 판서에 제수되었다.
- 9월에 의정부 우참찬에 제수되었다.
- 10월에 중국 사신을 접대하는 원접사遠接使에 뽑혀서 사양하였으나 윤허를 받지 못하여 의주로 가서 중국 사신을 맞아 데려왔다. 중국 사신을 위해 「극기복례에 대한 설克己復禮說」을 지었다.
- 11월에 중국 사신을 의주까지 전송하였다. 중국 사신에게 「기자실기」를 주었다.
- 12월에 돌아와 복명復命하였다. 병조 판서에 제수되어 사양하였으나 윤허를 받지 못하였다. 평안도의 민폐를 아뢰었다.

1583년 선조 16, 48세

- 병이 심하여 벼슬을 사양하였으나 윤허를 받지 못하였다. 북쪽 여진족이 침입한다는 정보가 있어서 굳이 사양하지 못하고 나아가 직무를 보았다.
- 2월에 여섯 조항으로 된 시무時務를 아뢰었다.
- 3월에 왕명에 따라 성혼을 추천하였다.
- 4월에 봉사를 올려 시사의 폐단을 아뢰고, 공안貢案 개정, 군적軍籍 개정, 주현州縣 병합, 감사를 오래 유임시킬 것, 서얼 허통庶孼

許通, 공사천公私賤으로 재능 있는 자를 속량贖良할 것 등을 간청하였다.

- 6월에 여진족의 침입으로 비변사에서 군무를 전담하며 군수 지원을 주도하였고, 3등 이하 사수射手에게 말을 바치면 면제를 허락하도록 청하려고 시험 삼아 운용하였더니 응모하는 자가 많아서 한편으로 보고하고 한편으로 말을 징발하여 보냈다. 왕이 추후 윤허하였다. 변경의 보고를 받고 왕이 불러서 대궐로 가다가 현기증이 심하여 도중에 병조에서 잠시 누워 있었는데 왕이 물러가 조리하도록 명하였다. 이 두 가지 일로 삼사에서 권력을 멋대로 휘두르고 교만하여 임금을 업신여겼다고 탄핵하였다. 탄핵을 받고 소를 올려 사직을 청하였다. 결국 체직을 허락받고 율곡으로 돌아갔다. 이이를 탄핵한 대사간 송응개宋應漑 등 세 사람은 좌천되었다. 성혼, 성균관과 지방의 유생들이 상소하여 사정邪正을 밝힐 것을 청하였다.
- 9월에 이조 판서에 제수되어 소를 올려 사양하였으나 윤허를 받지 못하였다.
- 10월에 사은하고 사직을 청하였으나 윤허를 받지 못하였다. 동서 붕당을 조정하기 위한 여론을 주도하였으나 이미 병이 깊었다.

1584년 선조 17, 49세

- 정월 16일에 병으로 대사동大寺洞 집에서 죽었다. 연초부터 병으로 누워 있었는데 14일에 서익徐益이 북쪽의 순무사로 가게 되어 방략을 청해 왔다. 부축을 받고 일어나 앉아 여섯 조목으로 된 방

략을 입으로 구술하고 아우 이우에게 받아쓰게 하였다. 이 일로 병이 더욱 심해져서 회생하지 못하였다.

- 3월 20일에 파주 자운산에 묻혔다.

* 날짜는 음력을 기준으로 한다.

지은이 _ 이이 李珥, 1536~1584

자는 숙헌叔獻, 호는 율곡栗谷이다. 이이는 조선의 학자이며 정치가이다. 그의 학문은 주자학을 충실히 계승하고 자기 관점에서 논리적으로 체계화하여 조선 성리학을 절정에 이르게 하였다. 정치가로서 그는 조선 건국 이후 쌓여 온 모순을 개혁하고 국가의 기강을 재정비하고 인민의 삶을 재건하는 데 일생의 정력을 다 쏟았다. 조선의 제일가는 경세가로 일컫고 있다.

옮긴이 _ 김태완

경북 봉화 출생. 숭실대학교에서 철학을 공부하고 이이의 실리實理 사상을 연구하여 박사학위를 받았다. 대학에서 수년간 강의하였다. 지금은 광주의 (사)지혜학교 철학교육연구소 소장으로 있으면서 청소년과 시민이 인문학적 교양을 쌓도록 돕는 일을 하고 있다. 저서로는『책문, 시대의 물음에 답하라』『경연, 왕의 공부』『율곡문답』『시냇가로 물러나 사는 즐거움』『사자소학, 어울림을 배우다』『중국철학우화 393』 들이 있고, 역서로는『도교』『성학집요』『고대 중국의 축제와 가요』『중국문장가 열전』 들이 있다.

감수 _ 이상하

1961년 경북 성주에서 태어났다. 계명대학교 중어중문학과를 졸업하고 고려대학교 대학원에서 박사 학위를 받았다. 민족문화추진회 국역연수원 상임연구부를 졸업하였다. 조선대학교 한문학과 교수를 역임하였으며, 현재 한국고전번역원 부설 고전번역교육원 교수로 재직 중이다. 번역서로는『아계유고』『용재집』『읍취헌유고』『석주집』 등이 있다.

율곡집

이이 지음 | 김태완 옮김

2013년 2월 25일 초판 1쇄 발행
2017년 8월 31일 초판 3쇄 발행

발행인 신승운
발행 한국고전번역원 | 등록 2008.3.12. 제300-2008-22호
주소 03000 서울시 종로구 비봉길 1
전화 02-6263-0464 | 팩스 02-6339-0724 | 홈페이지 www.itkc.or.kr

기획편집 한국고전번역원
책임편집 강옥순 | 편집진행 김현태 정진라
편집 디자인 씨오디 | 인쇄 (주)동국문화

값 10,000원
ISBN 978-89-284-0185-7 04080

* 이 책은 2012년 교육부로부터 인문학 진흥을 위한 저서출판지원을 받아 출간하였습니다.